SECRETS
DE
FAMILLE

DU MÊME AUTEUR

Chez le même éditeur
Un été sans aube, roman, en collaboration avec A.J. Hacikyan,
    Libre Expression, 1991.
Érica, roman, Libre Expression, 1984.
Parc LaFontaine, roman, Libre Expression, 1983.

Chez d'autres éditeurs
Le Fruit défendu, roman, Les Herbes rouges, 1993.
Amen, novella, revue *Les Herbes rouges*, n° 170, 1989.
La Buse et l'Araignée, récits, Les Herbes rouges, 1988.
Les Esclaves, novella, revue *Les Herbes rouges*, n° 158, 1987.
L'Étranger au ballon rouge, contes, La Presse, 1981.
Les Chevaliers de la nuit, roman, La Presse, 1981.
Un dieu chasseur, roman, La Presse, 1976.

Jean-Yves Soucy
avec Annette, Cécile et Yvonne Dionne

SECRETS
DE
FAMILLE

Libre Expression

Données de catalogage avant publication (Canada)

Soucy, Jean-Yves, 1945-

Secrets de famille

ISBN 2-89111-622-4

1. Dionne (Quintuplées). I. Titre

CT9998.D5868   1995   971.062'3'0922   C95-941414-2

Photographies de la couverture
Stéphan Poulin
Sources des photographies
Archives des Sœurs Dionne
Maquette de la couverture
France Lafond
Infographie
Sylvain Boucher

© Éditions Libre Expression
2016, rue Saint-Hubert
Montréal, Qc H2L 3Z5

Dépôt légal :
4e trimestre 1995

ISBN 2-89111-622-4

IMPRIMÉ AU CANADA

À la mémoire d'Émilie et de Marie.

À la douce mémoire d'Émilie et de Marie,
à ma famille,
à tous mes descendants bien-aimés.

Depuis toujours, je me creuse les méninges afin de comprendre le pourquoi de tant de batailles, de déchirements, de froide distance, l'origine de ces sentiments de haine et de vengeance qui ont tissé mon enfance et mon adolescence.

Dans mon cœur et ma tête d'enfant de huit ans qui se sent déjà plus âgée, je laisse inconsciemment s'accumuler une certaine culpabilité et un mal de vivre qui m'étreint tant au niveau des émotions que physiquement.

Le manque de communication est total et n'aide en rien à la situation. Argent, droits familiaux, langue, religion, politique : autant d'éléments qui nourrissent la querelle et l'enveniment. J'essaie de comprendre pourquoi ma famille est si peu heureuse. C'est petit à petit que je réalise que tous ces traumatismes ont leur source dans ma naissance qu'on dit exceptionnelle et même miraculeuse... Comme cette dernière épithète m'a marquée au plus profond de mon être !

Quelle souffrance ce fut de constater l'inexistence de liens entre les autres membres de ma famille et moi ! Ce que chacun subit est pratiquement inhumain. Ils sont, d'une certaine façon, éclipsés, effacés par la naissance simultanée de cinq bébés issus pourtant de leur propre sein. Il va sans dire que les moments d'entente et de plaisir sont rares et combien fugaces...

Bien spontanément, mon cœur est prêt à faire amende honorable auprès de vous avec qui j'ai vécu dans la «grande maison». Mais avec le passage des ans, je comprends enfin que, n'ayant point de pouvoir sur cet accouchement, je ne suis pas coupable. Il me faut plutôt me pardonner de m'être chargé les épaules de tant de misères et de responsabilités. Cependant, je devine les blessures suscitées par cet événement qui a «empoisonné» votre vie. Croyez donc à mon profond respect envers chacun de vous.

Toutefois, je suis bien touchée de me rendre compte que, pour une autre catégorie de personnes, je puis me considérer comme source d'amour, d'espoir et de courage. Cela me console de réaliser que, par l'intermédiaire des médias, une communication chaleureuse s'est établie... Je déplore que certains pensent que je confonds adoration, admiration avec amour. De toute ma vie, je n'ai jamais eu en tête le désir d'être adorée et admirée.

À toutes les naissances multiples, vivant actuellement ou à venir : je tiens à vous assurer que, comme «doyenne», je ressens tout naturellement un lien, une attirance bien tendre envers vous. Je sens que je vous soutiens et qu'un fil, si ténu soit-il et qui peut vous paraître mystérieux, existe et demeurera. Je suis avec vous, je vous aime. Puissent vos protecteurs célestes vous garder, vous guider et vous protéger. Croyez en leur amour.

Merci à Jean-Yves pour sa délicatesse et son respect lors des entrevues, pour sa sensible et subtile compréhension... Il a été agréable et intéressant de voir la complicité s'accroître tout doucement.

Merci à tous ceux qui m'ont donné la main, qui m'ont soutenue et aidée à entrevoir une lueur au bout de ce long tunnel... À cause de vous, j'apprends à me connaître, à me valoriser, à m'aimer. En m'enseignant à ne pas demeurer «victime» et à me tenir debout pour assumer les expériences, les leçons que la vie distribue si abondamment, vous avez contribué à la transformation de la chenille en papillon. Que ma reconnaissance rejaillisse sur vous en force divine.

Je ne remercierai jamais assez ce Dieu de l'impossible, pour cette grâce d'avoir servi de «canal» à mes chers enfants que j'aime du plus profond de mon être.

Émilie, Marie, Annette et Yvonne, mon cœur sera toujours avec vous, jusqu'au-delà des temps. Je remercie le Très-Haut d'avoir vécu cette expérience avec vous.

En toute humilité et sincérité,

Cécile Dionne, individuelle...

Que la venue des naissances multiples
s'accomplisse dans la joie et la paix. Une
chaleureuse bienvenue.
Que l'étoile divine les protège et guide
chacun de leurs pas.
Assurance de ma tendresse totale.

Annette Dionne

En guise de dédicace, j'offre ces mots
du frère Roger de Taizé destinés à être concrétisés
par chacun et chacune
dans sa vie personnelle.
Si, dans nos vies, il y a des
secousses et même des ébranlements,
une Présence est là. Elle pourrait
vous dire : «Quand tu te trouves
au plus dur de l'épreuve, je me tiens
sous ton désespoir. Et rappelle-toi :
je suis aussi aux profondeurs de
la radieuse espérance.»

Yvonne Dionne

1

— Qu'est-ce qu'on va devenir?

Yvonne tressaille. Est-ce une de ses sœurs qui a prononcé ces mots ou elle qui les a pensés? Elle ne sait trop.

Le front appuyé sur la vitre, la fillette de neuf ans regarde le paysage morne dans la lumière terne de cette fin d'après-midi de novembre. Elle ne remarque pas les champs couleur de rouille ni les épinettes dont le vert semble virer au gris. Ce qui retient son attention, c'est la grande maison de briques ocre un peu à l'écart de la route : la nouvelle demeure de ses parents, avec qui elle n'a jamais vécu. Ses parents... Presque des étrangers dont elle a appris à se méfier au cours des dernières années. Et qu'il lui faut encore apprendre à aimer.

Yvonne serre plus fortement la grande poupée à l'effigie de Shirley Temple qu'elle tient dans ses bras. Son bien le plus précieux. Les larmes lui montent aux yeux, mais elle refoule ses pleurs afin de ne pas décourager ses quatre jumelles, toutes aussi tristes qu'elle. Yvonne se tourne vers ses sœurs, s'étonnant encore une fois que les gens puissent les confondre. Chacune se voit tellement différente des autres! Chacune essaie tellement d'être unique!

Bien sûr, elles ont le même visage rond, les yeux du même brun, comme leurs cheveux épais coupés à la hauteur des épaules, et des fossettes identiques creusent leurs joues lorsqu'elles sourient. Bien sûr, on leur fait souvent porter des robes pareilles et toutes sont d'une taille plutôt courte. Toutefois, mille petits détails différencient leurs traits. Mais, pour s'en rendre compte, il faudrait s'arrêter au visage de chacune plutôt que de les embrasser d'un seul regard. Ce que personne ne fait. Avant d'être Yvonne, Marie, Annette, Émilie ou Cécile, elles sont «les petites», «les jumelles» ou «*the Quints*».

Assise par terre dans un coin, isolée comme cela lui arrive souvent, Cécile berce une poupée semblable à celle d'Yvonne. Elle a l'air encore plus renfermée et pensive que de coutume. Elle lève la tête, les regards des deux sœurs se croisent et chacune reconnaît sa détresse dans les yeux de l'autre. Nul besoin de mots. Durant quelques secondes, elles mènent un dialogue muet. Yvonne, qu'on dit née la première, joue encore une fois son rôle de protectrice un peu maternelle, tente de rassurer Cécile. Peine perdue... Leur univers s'écroule et chacune se demande avec anxiété ce qui les attend.

Au centre de la pièce vide qui était depuis presque dix ans leur salle de jeu, Marie rappelle la fois où Émilie avait retiré la calotte de Mgr Nelligan et l'avait fait essayer à chacune. Son public demeure imperturbable et le rire de Marie sonne faux. Plus petite et plus délicate que les autres, qui ont tendance à la laisser de côté, elle s'en remet souvent aux pitreries pour attirer leur attention. Aujourd'hui, son manège ne fonctionne pas.

Annette conserve une mine renfrognée, un peu butée. Un intense sentiment de révolte l'habite : on ne les a pas consultées sur ce déménagement. D'ailleurs, on ne leur a jamais demandé leur avis sur rien, et cela va continuer ainsi. Il faudra plier l'échine et, comme toujours, «faire semblant».

Le récit de Marie, Émilie non plus ne l'écoute pas. La garçonne insouciante et joueuse de tours a fait place à une fillette désemparée. Elle récite intérieurement une prière, la même depuis une demi-heure, pour que tout cela ne soit qu'un cauchemar. Elle va se réveiller, la vie sera comme avant, pleine de jeux, de rires et des attentions des infirmières dévouées. Une existence protégée par deux clôtures en mailles d'acier et par des gardes armés. Une prison, pensent les gens; le seul monde que connaissent Émilie et ses sœurs. Un monde où elles ont été heureuses sous l'œil bienveillant de leurs infirmières. Inutile de rêver : elles coucheront ce soir dans la grande maison de briques, avec «leur» famille. Émilie éclate en sanglots; Yvonne se précipite vers elle pour la consoler. Bientôt elles reniflent toutes en chœur, même Annette qui jouait les dures.

Dans la «Pouponnière des jumelles Dionne», ainsi que l'identifie une plaque de cuivre près de l'entrée, les cinq enfants les plus célèbres du monde pleurent à chaudes larmes. Elles ont joué dans trois longs métrages et dans des dizaines de courts métrages, des milliers de photographies d'elles sont parues dans tous les journaux du monde depuis le jour de leur naissance, le 28 mai 1934. Leurs frimousses ont servi à la publicité de centaines de produits. On a même inventé pour elles le mot «quintuplées», en français comme dans bien d'autres langues. Depuis près d'une décennie, trois millions de visiteurs sont venus à Corbeil, dans le nord-est de l'Ontario, afin de les entrevoir durant quelques minutes. Perçaient-elles une dent? Avaient-elles le rhume? L'événement faisait la manchette de tous les journaux d'Amérique.

Aujourd'hui, elles ne sont plus que cinq enfants à qui l'avenir apparaît tissé d'inconnu. Elles n'ont qu'une vague idée du combat que leur père a mené durant des années afin de les ravoir, et elles ignorent qu'un compte en banque à leurs noms contient près d'un million de dollars. En ce 17 novembre 1943, les journaux célèbrent la réunion tant attendue des quintuplées Dionne avec leur famille, mais, pour elles, il s'agit du jour le plus triste de leur courte vie.

Le pas de leur père dans le couloir. Les cinq fillettes échangent des regards inquiets et, d'un même mouvement spontané, chacune serre contre elle sa poupée Shirley Temple.

* * *

Une valise au bout du bras droit, leur poupée dans l'autre, les jumelles Dionne suivent leur père qui avance à grandes enjambées dans l'herbe humide. Quitter la pouponnière, ce n'est pas pour autant franchir les clôtures couronnées de barbelés : le terrain de la nouvelle maison a été entouré d'une enceinte grillagée qui rejoint celle qui protégeait déjà la résidence des quintuplées. Une barrière permet de circuler de l'une à l'autre. Pour la première fois, Émilie trouve ces clôtures sinistres, y voyant une sorte de présage. Elle tourne la tête vers ses sœurs afin de quêter un certain réconfort, mais toutes gardent les yeux rivés au sol.

Oliva Dionne n'a pas dit mot durant le court trajet. Plutôt que d'emprunter l'entrée principale, il utilise la porte de service qui donne sur la cuisine. Le cœur battant, Yvonne s'engage la première à la suite de son père. Son anxiété n'est pas moindre que celle de ses sœurs, mais l'obligation qu'elle se fait de veiller sur elles lui tient lieu de courage.

La chaleur qui règne dans la cuisine produit un heureux contraste avec l'air frisquet du soir. Et l'odeur du pot-au-feu confère quelque chose de familier à la pièce.

Durant un moment, Émilie se prend à espérer que cela annule le mauvais augure des clôtures, mais la vue de sa mère devant les chaudrons fumants chasse aussitôt l'espoir naissant. Elle la revoit, les yeux exorbités, la bouche en grimace, qui lui criait : « Tu n'es qu'une petite folle. Une folle à enfermer. »

Émilie avait alors cinq ans. Sous la surveillance de la garde Corriveau, elle jouait avec ses jumelles dans le terrain de jeu entouré par la galerie d'observation. Simone et Lucie s'étaient jointes à elles. Soudain, un cri s'éleva au-dessus de la rumeur sourde faites des rires et des chuchotements des visiteurs :

— Simone ! Lucie ! Venez-vous-en !

Elzire Dionne venait de faire son entrée dans le terrain de jeu public. Elle était de mauvais poil, et Simone et Lucie la rejoignirent sans tarder. La garde Corriveau suggéra aux jumelles d'aller saluer leur mère, mais elles hésitaient. Yvonne répondit à l'infirmière :

— Non, maman nous dit des affaires pas belles.

— Elle dit, renchérit Cécile avec des larmes dans les yeux, que vous, Mlle Michaud, Mlle O'Shaughnessy et le docteur Dafoe êtes sales, pas gentils, qu'il ne faut pas vous écouter. Il faut écouter seulement elle et notre professeur, Mlle Vézina.

— Venez me voir ! appela Elzire d'un ton sec qui n'avait rien d'engageant.

Seule Annette se rendit jusqu'à elle. Yvonne et Cécile demeurèrent près de l'infirmière, Émilie et Marie s'arrêtèrent à mi-chemin et n'avancèrent plus malgré les exhortations répétées de leur mère. En colère, Elzire cria à Marie :

— T'es sale et tu joues avec tes fesses ! Tu fais pleurer le petit Jésus.

À Émilie, elle lança :

— Toi, t'es une petite folle. Complètement folle !

Marie et Émilie coururent en larmes se réfugier dans les jupes de Louise Corriveau. Elzire les suivait en gesticulant. Elle pleurait elle aussi, et hurlait entre ses sanglots :

— Attendez ! Je vais le dire à votre père que vous voulez pas me voir. Je vais lui dire, il sera pas content.

Elle s'arrêta à trois pas de la garde Corriveau, les poings serrés, le visage écarlate.

— C'est de votre faute ! Vous êtes le diable en personne. Vous les aimez pas, mes filles, vous travaillez pour l'argent. Vous les élevez mal ! Tout ce que vous voulez, c'est me les enlever.

Et, durant plusieurs minutes, elle déversa un flot d'injures, des menaces qui s'accompagnaient de grands gestes. La garde Corriveau répondit finalement, d'une voix cinglante :

— Cessez de vous donner en spectacle, ce n'est pas vous que les gens viennent voir !

— Si vous pensez me faire taire ! Il faut que les gens sachent ce que vous me faites endurer, vous et les autres. Vous me volez mes enfants ! Vous les montrez comme des animaux en cage !

Elle se tourna vers les jumelles :

— Votre père veut pas qu'on vous fasse jouer ici, devant tous les gens qui regardent. C'est pas normal, ça ! Moi non plus, je veux pas.

La garde Corriveau regroupa les jumelles, les poussa vers la sortie.

— Nous rentrons.

Elles se dépêchèrent d'obéir, pressées d'échapper à cette scène qui les terrorisait. Leur mère marcha derrière elles, les traitant de sans-cœur et d'ingrates, les menaçant de tout raconter à leur père qui serait fâché.

Comme Annette, Cécile, Yvonne et Marie, Émilie était totalement désemparée. Leur mère avait-elle raison de se fâcher contre la garde Corriveau? Et surtout pourquoi leur disait-elle des méchancetés, à elles, ses filles? Il y avait tant de choses qu'elles ne comprenaient pas dans le monde des adultes, et elles souffraient que leur bonheur de vivre soit si souvent brisé par des querelles entre les grands. Elles se sentaient déchirées. D'une part, leurs parents qu'il fallait aimer, l'institutrice à qui il fallait obéir; d'autre part, le docteur Dafoe en qui elles avaient confiance, les infirmières qu'elles aimaient. Souvent, elles ne savaient plus quoi penser.

Il y a quatre ans que sa mère a prononcé ces paroles pour la première fois dans le terrain de jeu de la pouponnière, mais Émilie n'a jamais pu les oublier. Comme si c'était une condamnation.

— Les petites sont là, annonce Oliva en sortant de la cuisine.

Émilie frémit quand sa mère se retourne d'un bloc, alerte en dépit de son obésité. Les petits yeux vifs d'Elzire Dionne se promènent de l'une à l'autre des cinq filles, un sourire illumine brièvement ses traits. Malgré ses trente-quatre ans et neuf grossesses, son visage n'a pas perdu son apparence juvénile.

— Bonsoir, *mom,* disent en chœur les jumelles.

— Le souper sera bientôt prêt, répond distraitement la mère.

De nouveau préoccupée par sa tâche, Elzire lance un cri en direction du couloir :

— Simone! Lucie!

Les deux fillettes qui s'affairaient dans la salle à manger s'amènent d'un pas traînant.

— Vous avez fini de mettre la table? Montrez la maison aux petites.

Et la mère retourne à ses chaudrons dans le bruissement de l'ample robe mauve à fleurs jaunes qui n'avantage pas sa silhouette.

Simone, treize ans, examine sans aménité les quintuplées, qui portent toujours leur valise et leur poupée. Elle a le sentiment que, du simple fait de leur existence, ces jumelles lui ont volé son enfance. Elles avaient beau ne pas habiter avec la famille, on n'entendait parler que d'elles. À en croire ses parents, on ne serait heureux que lorsque «les petites» reviendraient! Quand, à l'occasion, elle jouait avec elles dans le terrain de jeu de la pouponnière, Simone n'avait pas le sentiment d'être avec ses sœurs, mais plutôt avec des étrangères.

— Venez.

Les quintuplées emboîtent le pas à Simone, Lucie les suit. Montrant des portes closes, Simone annonce: «Les chambres des garçons... Le salon de cuir... Le bureau privé du bonhomme... La salle de couture de la maudite vache...»

Les jumelles sursautent en entendant ces expressions qui désignent leurs parents et échangent des regards étonnés. Mais déjà leurs sœurs les entraînent dans l'immense salle à manger séparée en deux par une arche.

— Ce côté-ci, lance Simone d'une voix cinglante, c'est pour notre famille; l'autre côté, c'est pour votre famille.

Les nouvelles venues encaissent le coup sans réagir, mais chacune y voit la confirmation de ses craintes. La visite se poursuit sans qu'elles osent demander où déposer valises et manteaux. Les pièces sentent encore la peinture, les meubles sont tout neufs: la maison semble froide, inhabitée. Trop vaste. Dans le salon qui s'étire sur neuf mètres, un tableau représentant les quintuplées à cinq ans trône au-dessus de la cheminée.

— Ça ne vous ressemble pas tellement, le peintre avait de l'imagination..., laisse tomber Lucie d'un ton fielleux où le sentiment de sa supériorité se mêle à un certain mépris.

Elle que son père se plaît à présenter comme la « sixième quintuplée », elle se trouve infiniment plus belle et gracieuse que ses célèbres sœurs dont elle est l'aînée de onze mois. Et quand, pour une photographie, on lui fait revêtir un vêtement identique à ceux des jumelles, ses cheveux châtains et bouclés, sa silhouette élancée et la finesse de ses traits la distinguent des cinq autres.

Yvonne a bien perçu l'animosité dans la voix de Lucie, comme elle détecte à présent une lueur sarcastique dans le regard qui la toise. Son sang ne fait qu'un tour, mais elle refrène à la dernière seconde son envie de répliquer. Faire semblant de n'y avoir vu que du feu. Faire semblant, ainsi qu'on le leur a appris depuis toujours. Faire semblant que c'est Noël et déballer leurs cadeaux devant la caméra deux semaines avant le temps, célébrer les fêtes bien avant tout le monde afin que photographies et films puissent sortir à temps. Mais, du moins, on ne leur a jamais demandé de feindre des sentiments qu'elles n'éprouvaient pas.

Quand elles se retrouvent au pied de l'escalier monumental, devant le hall d'entrée, Simone dit à Lucie :

— Montre-leur leurs chambres.

Divisé sur la longueur par un couloir, l'étage comporte huit chambres à coucher et cinq salles de bains. Les jumelles ont un choc en découvrant que dorénavant elles ne dormiront plus toutes les cinq dans la même pièce ainsi qu'elles l'ont fait depuis leur naissance. La seule fois qu'elles ont été séparées pour la nuit, c'est à cinq ans, dans le train spécial qui les conduisait à Toronto afin de rencontrer le roi et la reine d'Angleterre. Deux par chambre ? Elles sont cinq, l'une d'entre elles se retrouvera donc seule.

Devant leurs airs dépités, Lucie ne peut s'empêcher de sourire. Elle désigne Yvonne et Émilie :

— La chambre verte, c'est maman qui l'a décidé.

Émilie se sent soulagée de se trouver avec Yvonne. Les trois autres attendent la suite avec inquiétude.

— La jaune..., commence Lucie qui s'amuse à les faire languir.

Après un moment de suspense, elle pointe l'index vers Cécile puis Annette. Marie montre un visage atterré : elle partagera la chambre rose avec Lucie.

— Moi non plus, ça ne me fait pas plaisir ! lui dit sèchement Lucie.

Cécile trouve cruel que ce soit la plus frêle d'entre elles qui soit séparée de ses jumelles. Selon son habitude, elle veut se sacrifier pour ses sœurs.

— Je vais prendre la chambre avec toi, propose-t-elle à Lucie. Marie ira avec Annette.

Un moment d'hésitation, puis Lucie hausse les épaules.

— Va te plaindre à la grosse, si t'es pas contente.

Cette idée n'enchante pas Cécile ; son intuition lui dit qu'il vaut mieux ne pas causer de dérangements, surtout le jour de leur arrivée. Ayant été à même d'étudier un peu sa famille depuis que leurs rapports sont devenus plus fréquents, il y a trois ans, Cécile sait que Lucie jouit de beaucoup d'influence sur ses parents. Elle suggère donc :

— Si toi tu lui demandais ?

— *No way! Everybody mind his own business.*

Sur ce, Lucie tourne les talons et s'éloigne d'un pas rapide. De toute la famille, c'est d'elle que les quintuplées se sentent le plus près, peut-être à cause de leur faible différence d'âge. Cependant, elles ne savent jamais sur quel pied danser avec l'imprévisible Lucie.

En bas, un cri annonce que le repas est servi. Les jumelles déposent leurs effets dans leurs chambres, retirent en hâte leurs vêtements d'extérieur et courent vers l'escalier.

* * *

La table capable d'accommoder seize convives est presque pleine. Autour d'Elzire et d'Oliva, leurs douze enfants se tiennent raides sur leurs chaises. Il s'agit pour le père d'un moment de triomphe, l'aboutissement de neuf années de lutte, et, tout à sa joie, il ne remarque pas le malaise qui flotte dans la salle à manger : les jumelles sont intimidées, les autres enfants se sentent dérangés par ces intruses. Elzire fait le service en mesurant concrètement, par le nombre de gestes à accomplir, que sa famille vient de passer de neuf à quatorze personnes. Elle n'avait jamais envisagé sous cet angle le retour des quintuplées. Et cette maison de dix-neuf pièces qu'il faudra entretenir !

Assise entre Armand, déjà un homme à dix-sept ans, et Rachel qui en a quinze, Yvonne éprouve un puissant sentiment d'étrangeté. L'impression d'être ailleurs, en même temps que celle d'avoir déjà vécu ce moment. Peut-être que cela lui rappelle ces dimanches des deux années précédentes où elle allait en compagnie de ses jumelles dîner avec le reste de la famille dans la vieille maison de planches grises qu'ils habitaient alors. La maison où s'était produit le «miracle de Corbeil». Le décor est différent, certes, plus luxueux, mais Yvonne sent la même curiosité dans les regards de ses frères et sœurs, le même manque de sympathie. Comme si elle était un animal étrange.

Dans la vieille maison, on les plaçait à un bout de la table; regroupées, il leur était moins difficile de soutenir les regards. Aujourd'hui, elles sont dispersées, séparées les unes des autres par d'autres membres de la famille. Marie est à droite, de l'autre côté de Rachel; Lucie et Roger se trouvent entre elle et leur père. En face, à côté de Serge, Laurent et Simone sont placés entre Cécile, Émilie et Annette.

«Séparées pour dormir, séparées pour manger», songe Yvonne avec un pincement au cœur. Le sentiment que l'intimité qui existait entre elle et ses sœurs ne sera plus permise. C'est vraiment une période de leur vie qui prend fin. Et quand les yeux d'une de ses jumelles se posent sur elle, Yvonne y lit des pensées semblables. Non! Il ne faut pas se laisser aller, appréhender le pire. Après tout, il s'agit du premier soir, du premier repas après la réunion. C'est normal que tout le monde soit intimidé, un peu gauche. Les choses vont s'arranger.

Yvonne cherche des raisons de se réjouir. Cette nappe blanche, le complet trois-pièces et la cravate de leur père : pour créer une ambiance de fête en l'honneur de leur arrivée? Bien sûr, elles ne sont pas entrées par la grande porte, personne ne leur a souhaité la bienvenue. Il faut comprendre qu'une telle réunion n'est pas un événement ordinaire, que personne n'est préparé à une telle chose.

Le repas se déroule dans un silence que troublent uniquement le bruit d'une fourchette qui heurte une assiette et des ordres secs qu'on se lance : «Le beurre!» ou «Le sel!». Yvonne a été habituée à des repas qui étaient des moments de joie, de conversations animées avec les infirmières. Tout le contraire de l'atmosphère lourde qui règne ici.

Oliva Dionne repousse son assiette et déloge avec l'ongle un morceau de viande coincé entre ses dents. Il s'éclaircit la gorge afin d'attirer l'attention.

— Maintenant, on forme une seule famille. Plus de division.

D'abord mal assurée, sa voix s'affermit.

— Vous autres, les petites, faut que vous cessiez de vous voir comme cinq jumelles. Regardez comment vous êtes placées à table : ici, chacune de vous est un enfant parmi douze. Pas une sur cinq, une sur douze.

Après un regard à Elzire qui s'est levée et se rapproche de lui, il conclut :

— J'ai toujours voulu que tous mes enfants soient traités pareils.

Alors qu'elle soupèse le sens exact des paroles de son père, Yvonne remarque que son verre est ébréché et qu'une dent de sa fourchette est tordue. Ceux de ses voisins immédiats sont intacts. Comme elle tend le cou pour vérifier l'état des couverts de ses jumelles, Armand remarque son manège et lui lance :

— Quelque chose qui fait pas ton affaire ?

— Non, s'empresse-t-elle de répondre.

Elle replonge le nez dans son assiette, pour relever aussitôt la tête en entendant la voix de sa mère.

— Tiens-toi droite ! ordonne Elzire en plantant son index entre les omoplates de sa fille. Tu veux avoir le dos aussi croche que ton œil ?

Cette remarque désobligeante à la petite Marie qui souffre d'un léger strabisme blesse profondément Yvonne. Quelques minutes plus tard, Elzire frappe la main d'Émilie, la seule gauchère parmi les jumelles.

— Prends ta main droite. Avec leurs méthodes «scientifiques» d'élevage, les gardes-malades ont même pas été capables de te guérir de ça, hein? Trop occupées à flirter avec les policiers...

Cette méchanceté dans la voix rappelle à Yvonne les scènes que sa mère faisait aux infirmières, pourtant si gentilles. Elle s'efforce de ne pas y penser, mais une réflexion un peu cynique lui vient : si c'est ça, être tous traités pareils!

Après le repas, les quintuplées aident à desservir la table. Comme c'est le jour de leur arrivée, leur mère les dispense d'essuyer la vaisselle. Elles se retrouvent donc désœuvrées, ne sachant ce qu'il convient de faire dans les circonstances. Le reste de la famille se disperse dans la maison sans se préoccuper d'elles. Elles montent donc à l'étage et se regroupent dans la chambre la plus éloignée, celle de Cécile et d'Annette. Assises sur les deux lits, elles ne disent mot. Chacune préfère taire ce qu'elle ressent afin de ne pas démoraliser les autres. Elles regardent la pièce, leur seul refuge dans cette maison étrangère. La chambre est coquette, décorée d'images pieuses et de statuettes, cependant encore impersonnelle. Une porte communique avec la salle de bains, qui sert également à la chambre voisine.

— On pourra se visiter par là, constate Émilie qui regrette aussitôt de rappeler ainsi à Marie qu'elle sera isolée des quatre autres.

La porte donnant sur le couloir s'ouvre brusquement devant Elzire, essoufflée d'avoir monté rapidement l'escalier.

— Qu'est-ce que vous faites là, toutes les cinq, à niaiser?

À cause du ton, les fillettes se sentent prises en faute.

— Vous avez pas entendu votre père, tantôt? Je veux plus que vous vous teniez toutes les cinq ensemble, à part des autres. Chacune reste dans sa chambre. Pis c'est quoi, cette idée de monter sans dire bonsoir? Venez embrasser votre père avant de vous coucher.

Les jumelles la suivent docilement dans la salle à manger, où Oliva écoute à la radio les nouvelles qui parlent de la guerre. À un bout de la table, les cinq aînés jouent aux cartes. Les fillettes se mettent en file, comme elles le faisaient autrefois pour serrer la main d'un visiteur ou embrasser l'anneau d'un «monseigneur». À tour de rôle, elles déposent un baiser sur la joue de leur père en lui souhaitant bonne nuit. Le cœur n'y est pas, elles jouent un rôle comme elles savent si bien le faire pour la caméra.

De retour dans leur chambre, Annette et Cécile défont leurs valises.

— Tu parles d'un accueil! marmonne Annette entre ses dents, de ce ton cinglant qui lui vient parfois pour prononcer des phrases lapidaires.

— Ç'aurait pu être pire.

— Tu trouves?

— Pas si fort! répond Cécile avec un geste d'apaisement. Tu ne voudrais pas qu'on nous entende? Faut pas courir après les troubles.

Annette soupire profondément. Bien sûr, sa sœur a raison. Au bout de quelques secondes, elle demande, dans un murmure :

— J'ai rien senti quand j'ai embrassé *dad*. Toi, Cécile?

— Moi non plus.

— Pourtant, c'est notre père!

— Va falloir qu'on apprenne à aimer nos parents.

— Et comment on fait? Tu le sais, toi, Cécile?

Cette dernière qui range une chemise de nuit de flanelle dans la penderie se retourne, contemple un instant sa jumelle puis secoue la tête.

— Ça va venir tout seul, j'imagine. En attendant, *make believe*, comme disait garde Corriveau.

Annette rigole tout bas avant de murmurer :

— En tout cas, j'espère que j'en viendrai pas à les aimer autant que Simone les aime ! As-tu entendu comment elle les a appelés, *mom* et *dad* ?

— C'est effrayant, c'est vrai, mais ça veut rien dire. Peut-être juste un manque de politesse.

Annette hausse les épaules.

— Toi, t'es toujours prête à excuser tout le monde !

Après un moment de réflexion, elle soupire :

— Pauvre Marie, toute seule dans son coin.

* * *

Oliva sort sur le perron afin de prendre l'air. En face de lui, de l'autre côté de la route, la lune luit sur une toiture de bardeaux recouverte d'une mince couche de givre : la petite maison de ferme, semblable à celles du voisinage, où sont nés tous ses enfants. L'imposante demeure qu'il vient de faire construire, au coût de soixante-dix mille dollars, est la plus grande et la plus luxueuse de la région. Un manoir presque, qui mieux que tout illustre de façon concrète le chemin parcouru en dix ans.

À la naissance des quintuplées, le 28 mai 1934, Oliva était un fermier aux prises comme tous les autres avec les problèmes engendrés par la grande crise économique. Il avait hypothéqué sa ferme afin de ne pas dépendre de l'assistance publique pour nourrir ses cinq enfants. Il pensait passer à travers la tourmente lorsque Elzire a accouché de cinq filles d'un seul coup. Une véritable tragédie ! Et comme si cela ne suffisait pas, journalistes, photographes et curieux se sont mis à affluer, criant au miracle. Il avait suffi d'un entrefilet dans le *Nugget's*, le quotidien de North Bay, pour que la nouvelle fasse le tour du monde en moins de vingt-quatre heures.

Deux jours plus tard, une cinquantaine de journalistes se bousculaient à sa porte, piétinaient le jardin, regardaient par les fenêtres; il a fallu que le père d'Oliva les repousse en les menaçant d'une fourche. Ils demeuraient jour et nuit de faction sur la route, et il en arrivait toujours plus. Oliva ne pouvait plus mettre le nez dehors sans être poursuivi par eux. Un cameraman de la Pathé et un autre de la 20th Century Fox se tenaient à l'affût, filmaient tout : la maison, les langes sur la corde à linge. Le docteur Dafoe, le médecin de Callander arrivé au chevet d'Elzire alors que deux des jumelles étaient déjà dans un panier d'osier posé devant le poêle, jouait à la vedette. Comme s'il était chez lui, il avait même permis aux caméras de filmer les bébés. Et Oliva, qui n'avait jamais demandé qu'à vivre dans l'anonymat comme ses voisins, vit les yeux du monde entier se braquer sur lui et sa famille.

En dépit des sombres pronostics du docteur Dafoe, les jumelles, nées deux mois prématurément, survivaient dans une maison sans eau courante ni électricité. Mais il fallait des infirmières pour s'occuper d'elles et de leur mère, des incubateurs et de l'équipement médical; il fallait trouver dans des hôpitaux de Toronto et de Montréal le lait maternel qu'Elzire ne produisait pas. Et ensuite, ces cinq filles, il faudrait bien les habiller, les nourrir.

Obsédé par tous ces frais qu'il n'avait pas les moyens de payer, Oliva vivait dans un désespoir profond. Il accepta donc, encouragé en ce sens par le curé du village, qui lui servit de négociateur, l'offre d'un promoteur américain : un salaire et un pourcentage des bénéfices à condition qu'il exhibe ses jumelles à l'exposition de Chicago lorsqu'elles seraient en mesure de faire le voyage. Le docteur Dafoe lui dit de signer : «Il te donne de l'argent tout de suite et ta famille en a besoin. De toute façon, les bébés ne survivront pas.»

Ce contrat, Oliva le répudia dès le lendemain, car Elzire ne voulait pas en entendre parler. Mais les journaux eurent vent de l'affaire et en firent un scandale. Ils présentèrent Oliva comme un paysan illettré, lui qui avait pourtant étudié jusqu'en neuvième année, un rustre qui ne songeait qu'à exploiter ses enfants. Le docteur Dafoe se garda bien de dire qu'il avait conseillé le père ; au contraire, il affirma que, tant qu'il serait leur médecin, les quintuplées n'entreprendraient jamais ce voyage.

À partir de là, ce fut la descente aux enfers pour Oliva. On aurait dit que le monde entier était ligué contre lui. Par contre, le docteur Dafoe devenait un héros : l'humble médecin de campagne, dévoué jusqu'à l'oubli de soi, et capable de faire des miracles. Dafoe prit les choses en main, et Oliva se retrouva étranger dans sa propre maison transformée en hôpital. Même cette pauvre Elzire était de trop : elle n'avait pas le droit de s'occuper de ses jumelles, ni même de les tenir dans ses bras. Le docteur Dafoe exigea qu'on place les cinq autres enfants chez des parents.

Puis, un mois après, le gouvernement de l'Ontario prit prétexte du «contrat de Chicago» pour retirer la garde des quintuplées à leurs parents pour une période de deux ans. Il fallait pour cela passer devant un juge, et on fit comprendre à Oliva et à Elzire que, s'ils ne consentaient pas à signer les papiers nécessaires, toute l'aide qu'ils recevaient leur serait retirée. Comme ce n'était que pour deux ans, ils se résolurent à signer.

Un conseil de tutelle fut créé et on construisit une pouponnière, un peu plus loin, de l'autre côté de la route : le *Dafoe's Hospital*! Un établissement destiné uniquement aux quintuplées Dionne. Derrière les grillages et la barrière gardée par des policiers armés, car on craignait que les jumelles ne soient enlevées comme l'enfant Lindbergh, le docteur Dafoe gouvernait en maître absolu. Durant plusieurs mois, Elzire et Oliva ne pouvaient voir qu'à travers une baie vitrée leurs filles qui apprenaient leurs premiers mots des infirmières s'occupant d'elles, faisaient leurs premiers pas vers elles. Elzire en était malade de rage. Par contre, le photographe de l'agence de nouvelles qui avait obtenu un contrat exclusif approchait les quintuplées comme il le voulait. Même chose pour les comédiens et l'équipe technique de la 20th Century Fox qui tournait un long métrage sur la naissance des jumelles Dionne, avec comme héros le personnage du docteur Dafoe.

Comme les curieux affluaient de tous les coins de l'Amérique, on exibait les jumelles sur le perron, tenues à bout de bras par des infirmières. Ces visiteurs faisaient la fortune de toute la région, et elles-mêmes gagnaient gros en cachets et en redevances. La 20th Century Fox avait versé deux cent cinquante mille dollars pour tourner cinq films avec les bébés. Une fortune s'accumulait donc dans le fonds des quintuplées.

Peut-être parce qu'elles constituaient un attrait touristique presque aussi grand que les cataractes du Niagara, le gouvernement de l'Ontario prolongea la tutelle des quintuplées jusqu'à leur dix-huitième anniversaire. La famille Dionne était divisée à jamais. D'un côté de la route, les cinq fillettes qui vivaient comme des princesses, élevées par des étrangères, comblées de cadeaux et riches. En face, le reste de la famille Dionne, à laquelle s'ajoutaient bientôt deux enfants, menait une existence recluse; tous avaient le sentiment qu'on les considérait comme des parias. Oh! que d'efforts et de patience il aura fallu pour renverser la vapeur, amener l'opinion publique et le gouvernement à désirer la réunion de la famille Dionne !

Tout ça, c'est du passé, mais, en dépit de la volonté d'Oliva qui aimerait tourner la page, il sent que cela ne demeurera jamais bien loin dans l'esprit comme dans le cœur. Aujourd'hui, il est, à toutes fins utiles, le seul à la barre ; ses filles lui ont été redonnées, il gère leur fortune de neuf cent mille dollars qui, selon lui, doit profiter à toute la famille. Le gouvernement est d'ailleurs d'accord puisqu'il a autorisé la construction de la nouvelle maison et l'achat des meubles à même le fonds des fillettes. Il est cependant des choses que l'argent ne peut guérir, des blessures qui ne se referment jamais...

Oliva contemple la maison au toit pointu où il a vécu durant sept ans ainsi qu'une bête aux abois. Il songe à la transformer en un musée qui attirerait de nouveau les touristes, qui se font moins nombreux depuis que la guerre a engendré le rationnement de l'essence et des pneus. Car il a eu beau protester contre le fait qu'on exhibe ses filles devant des millions de visiteurs, il a profité lui aussi de la manne avec ses deux boutiques de souvenirs où il vendait même son autographe. Et il n'a pas envie que cela cesse. Il a des projets pour «les petites» : en faire des vedettes du cinéma ou de la scène. Pour cela, il doit garder leur nom présent dans les médias, calculer savamment leurs apparitions. Il sait qu'il peut y arriver, étant devenu au fil des ans expert dans l'art des relations publiques.

* * *

La porte claque, bruit qui réveille Marie en sursaut. La lumière crue du plafonnier l'éblouit aussitôt. Elle se redresse dans le lit, cligne des yeux et, le cœur en émoi, se demande où elle est. Puis elle reconnaît la chambre, sa sœur Lucie qui vient d'entrer.

— Bonne nuit, dit-elle, dans l'espoir de l'amadouer.

— C'est ça, bonne nuit, répond Lucie.

Marie repose la tête sur l'oreiller, ferme les yeux et essaie de retrouver le sommeil. Dire qu'elle a eu tant de peine à s'endormir! Le sommeil était un refuge si agréable. Elle a beau se tourner contre le mur, fermer les yeux très fort, ses paupières ne parviennent pas à recréer une totale obscurité. Et puis Lucie ouvre et referme les tiroirs de sa commode qui grincent, déplace bruyamment des objets. Elle laisse ouverte la porte de la salle de bains dont la lumière s'ajoute à celle du plafonnier. Le bruit du robinet, celui de la chasse d'eau, une porte encore. Simone, dont la chambre communique également avec la salle de bains, rejoint Lucie. Elles parlent fort, de l'arrivée des «petites».

— On était bien, là, juste nous autres! Fallait que...

Marie bouche ses oreilles avec ses mains et fredonne intérieurement la *Sonate à la lune* que les infirmières faisaient souvent jouer le soir sur le tourne-disque de la pouponnière. Elle revoit ces visages aimés, celui de Mlle Corriveau dont la sévérité n'était qu'apparente, les traits si doux de Mlle Michaud. Les souvenirs de toutes ces femmes auxquelles elle s'est attachée et qui sont à tour de rôle sorties de sa vie déboulent pêle-mêle : mains caressantes, voix apaisantes, paroles affectueuses, rires, chants, jeux. Tous ces fragments convergent vers un souvenir qui a encore un nom mais plus de visage : Yvonne Leroux. Pas un souvenir, plutôt une impression diffuse mais toute-puissante, celle d'un parfait bonheur. Pas une image, mais une sensation de chaleur, un parfum, la trace d'un grand amour. La douleur aussi d'un abandon. Yvonne Leroux, qui était là depuis le lendemain de leur naissance, les a quittées quand elles n'avaient que deux ans et demi; et, pour les jumelles, ce fut comme le décès d'une mère bien-aimée. Son visage s'est effacé de la mémoire de Marie, mais cet amour a laissé des marques indélébiles dans son cœur et sa chair. Et, ce soir, cette absence se confond avec celle d'Yvonne, d'Annette, d'Émilie et de Cécile. Qu'il serait doux de dormir près de l'une d'elles, ou même de chercher le sommeil en entendant l'autre respirer dans le noir ! Ramenant la couverture sur sa tête, Marie pleure en silence.

* * *

Quintland, le «royaume des quintuplées» : une quinzaine de constructions en bois au milieu de champs encerclés par la forêt. Quand on arrive de Callander, village situé à environ seize kilomètres de North Bay, on rencontre d'abord sur sa droite les bâtiments de ferme des Dionne et la maison où sont nées les jumelles. Un peu plus loin, les deux boutiques de souvenirs du père. De l'autre côté de la route, la résidence des infirmières, la guérite des policiers, puis la galerie d'observation en forme de U et enfin le magasin des deux sages-femmes qui ont assisté Elzire lors de l'accouchement.

Quintland, nom magique pour les centaines de milliers de visiteurs qui se pressaient chaque été dans les couloirs sombres de la galerie d'observation afin de contempler durant quelques minutes les jeux insouciants de «leurs» jumelles. Et ils repartaient l'œil humide d'émotion, le cœur ravi, sachant qu'ils feraient l'envie de leurs amis qui, eux, devaient se contenter de photos et de films sur les jumelles. Même les stars d'Hollywood venaient en visite à la pouponnière de celles que la presse qualifiait de «famille royale canadienne». Car, dans ces années trente bouleversées par une terrible crise économique et l'instabilité croissante en Europe, le «miracle de Callander» — «de

Corbeil» si l'on était francophone — représentait un signe d'espoir. Les reportages hebdomadaires sur les quintuplées étaient souvent les seules bonnes nouvelles que renfermaient les journaux.

Pour le gouvernement de l'Ontario, les fillettes constituaient un attrait touristique qui injectait chaque année vingt-cinq millions de dollars dans l'économie de la province. Grâce à elles, la région de North Bay avait retrouvé la prospérité tandis que le reste de l'Amérique subissait encore les effets de la «grande crise». Et le plus beau de l'affaire était que les quintuplées, avec les revenus de la publicité, des photographies et des films, payaient elles-mêmes les frais d'entretien de la pouponnière et les salaires des neuf personnes qui veillaient à leur bien-être et à leurs intérêts. Même ceux des policiers provinciaux de faction devant leur porte !

Une époque révolue, ainsi qu'en témoigne la silhouette de la «grande maison» qui domine à présent Quintland. Avec la guerre qui occupe les esprits et aussi parce qu'en perdant leurs charmants minois enfantins les jumelles ont perdu un peu de leur attrait aux yeux de beaucoup de gens, le flot de touristes a diminué au cours des deux dernières années. Il en a donc moins coûté au gouvernement de redonner la garde des quintuplées à leur père. Surtout que, convertie peu à peu à la cause des parents par la campagne qu'ont menée Oliva et ses alliés, l'opinion publique en est venue à souhaiter la réunion de la famille Dionne, une chose qu'elle aurait jugée inadmissible quelques années auparavant.

Ce matin, un grand calme règne sur Quintland lorsque les enfants Dionne sortent de la maison pour se diriger vers l'école. Un calme qui évoque pour Armand celui que le pays connaissait avant la naissance des jumelles. Il avait presque huit ans à ce moment-là et il se souvient de tout le branle-bas qui a suivi l'événement et bouleversé sa vie. Il en subsiste chez lui une rancœur dont il n'a jamais pu se libérer et qui s'est transformée à la longue en une sorte d'apathie.

Le soleil encore bas sur l'horizon irise le givre épais qui recouvre l'herbe. Lorsqu'ils ont franchi la grille qui donne sur le terrain de la pouponnière, Serge, Roger et Laurent se mettent à courir en dehors du sentier, tracent des arabesques dans le foin rendu cassant par le frimas. Suivent Simone et Lucie, penchées l'une vers l'autre, en grande conversation chuchotée. Puis viennent Annette et Cécile qui encadrent Marie, ce qui les oblige à déborder du sentier. Derrière elles, Yvonne tient la main d'Émilie. Les deux plus vieux, Armand et Rachel, ferment la marche.

Dehors, Émilie a l'impression de recommencer à respirer, comme si elle avait manqué d'air depuis son arrivée la veille dans la maison de briques. Il lui tarde de retrouver les murs familiers de l'ancienne pouponnière, les visages amicaux des religieuses. Les heures de classe, qui hier encore lui semblaient des moments dérobés à sa vie, prennent l'allure d'une libération. Elle sent qu'elle aura peine à s'habituer à sa nouvelle vie, sans savoir encore pourquoi.

La voix un peu traînante d'Armand :

— *Our family was happy before you were born, you, the Quints.*

Émilie serre plus fort la main d'Yvonne qui, d'un simple regard, lui dit de ne pas s'en faire.

— *True!* renchérit Rachel. C'est après avoir accouché de vous autres que maman est restée grosse. Ça l'a bien fatiguée... Cinq d'un coup, voir si ça a de l'allure !

Émilie sait que ce n'est pas leur faute à elles, mais elle n'ose pas le dire à voix haute. D'ailleurs, Armand ricane :

— Une portée !

Il rigole un moment avec sa sœur avant d'ajouter :

— Vous avez causé bien des tracas au bonhomme. Tous ces problèmes, ça l'a fait vieillir avant le temps.

— Je me rappelle qu'on allait vous voir à la nursery... Vous restiez dans les jupes des infirmières quand maman vous appelait à elle. Ça, c'est dur pour une mère ! Combien de fois je l'ai vue revenir à la maison en braillant comme un veau !

Dès que Rachel termine, Armand prend le relais.

— *For sure*, le chagrin a ruiné sa santé. Sans parler de son caractère ! Elle n'a plus de patience.

— Sans vous autres, conclut Rachel, les choses iraient bien mieux.

Ne comprenant pas pourquoi ils font preuve de tant de méchanceté, Émilie commence à renifler. Yvonne se retourne vers les aînés et lance :

— O.K., ça va faire !

— Oh ! j'ai peur, dit Rachel en riant.

Elle n'a pas oublié l'affront subi lorsqu'elle avait dix ans, même si à l'époque elle n'avait ressenti qu'une immense déception. Toute la famille avait été invitée à rencontrer le roi et la reine d'Angleterre. Leur mère avait acheté des complets aux garçons, fait confectionner des robes longues aux filles. On est monté dans un train spécial. Il y avait bien sûr un wagon luxueux juste pour les jumelles et, à Toronto, c'étaient elles qui ouvraient le défilé dans une voiture décapotable, c'étaient elles que la foule massée de chaque côté de la rue acclamait en agitant des drapeaux. Mais ça, on avait l'habitude... Une fois dans l'édifice du Parlement, un fonctionnaire tout galonné d'or a avisé Elzire que seules les jumelles, leurs parents, leurs infirmières et le docteur Dafoe pourraient voir les souverains. Pas les autres enfants. Rachel et les autres rêvaient de ce moment depuis des semaines... Cette fois-là, elle a détesté ses cinq sœurs. Tout était toujours pour elles !

Les jeunes garçons se calment lorsqu'ils arrivent près de l'ancienne résidence des infirmières devenue celle des religieuses qui leur enseignent. En effet, Oliva Dionne ne pouvait se faire à l'idée que ses quintuplées fréquentent l'école du village, qu'elles soient en contact avec d'autres enfants. Il a donc obtenu du ministère de l'Éducation la permission de transformer la pouponnière en une école privée réservée exclusivement à ses douze enfants et payée par le fonds des jumelles. Comme enseignantes, il a engagé des religieuses de Nicolet, au Québec, se méfiant de celles de North Bay comme il se méfie de tout le monde.

Sur le perron, la sœur Aimée-des-Anges agite la cloche à bout de bras. Armand s'élance en courant, imité par les autres. Seules demeurent sur place Yvonne qui essuie les yeux d'Émilie avec son mouchoir et Rachel qui les observe en savourant l'effet de ses attaques. Avant de partir, elle lance encore :

— Vous auriez dû rester où vous étiez, on n'avait pas besoin de vous autres.

Une fois seule avec sa sœur, Yvonne lui dit :

— Occupe-toi pas de ce qu'ils disent, Émilie.

— Mais ça me fait mal.

— Fais semblant de rien. Plus on va réagir, plus ils vont en mettre. Ils vont se lasser.

— Tu crois ?

— Viens, on va être en retard, dit Yvonne qui n'est pas certaine de la réponse.

* * *

Les jours s'additionnent aux jours, une première semaine s'écoule, puis une deuxième. Au sol s'accumule la neige dans laquelle les enfants battent par leurs déplacements quotidiens un sentier étroit entre la maison et la pouponnière où a lieu la classe. Annette a l'impression d'être un train qui voyage toujours sur les mêmes rails; elle découvre un sentiment nouveau pour elle, celui d'être prisonnière. Quand elle envisage l'avenir, elle ne voit qu'une répétition infinie des mêmes gestes.

Franchir les grilles n'apporte aucun sentiment de liberté, comme si le monde entier était une vaste prison. Ce monde, les jumelles ne le connaissent pas, n'ayant quitté leur pouponnière qu'à trois reprises : une première fois à cinq ans pour un voyage à Toronto, puis deux ans plus tard pour mousser la vente des Bons de la Victoire, encore à Toronto. Cette année, elles se sont rendues à Superior, aux États-Unis, afin de lancer cinq navires destinés à l'Angleterre et qui portent leurs prénoms. Devant la foule de quinze mille spectateurs, elles ont eu conscience d'être des objets de curiosité et, plutôt que de les flatter, cela les a intimidées.

Depuis qu'elles demeurent dans la «grande maison», elles accompagnent leur famille à la messe du dimanche à Corbeil. Quel plaisir pourraient-elles prendre à cette sortie, quand une voiture de police précède la Cadillac de leur père? Quand les policiers restent de garde derrière la nef durant l'office religieux? Tout pour attirer l'attention! Cela flatte peut-être leur père qui y voit une preuve de son importance, mais cela déplaît aux jumelles, qui aimeraient tellement passer inaperçues, ne pas être le point de mire de tous les regards. Elles gardent les yeux rivés sur leurs missels, ce qui évite à leur mère de répéter trop fréquemment à voix basse : «Tournez pas la tête! Regardez en avant!»

Pas plus que ses sœurs, Annette ne s'habitue à l'atmosphère glaciale de la maison, aux querelles qui éclatent constamment entre les autres membres de la famille, au langage dur et blessant qu'ils utilisent entre eux. Et très souvent ces accrochages où les jumelles n'ont aucune part se terminent par des reproches qu'on leur adresse. Elles finissent par croire que c'est leur faute si tout va mal dans la famille, comme le prétendent leurs frères et sœurs.

À cela s'ajoutent des railleries à propos de leurs goûts musicaux ou alimentaires, qui diffèrent de ceux du reste de la maisonnée. Les autres enfants maîtrisent parfaitement l'anglais, que leur père utilise volontiers pour s'adresser à eux, et ils taquinent à l'envi les quintuplées, qui sont peu à l'aise dans cette langue car Oliva avait interdit qu'on la leur enseigne à la pouponnière. Il faut dire que le docteur Dafoe ne parlait pas français... Et à six ans, obéissant à un ordre de leur mère, elles avaient refusé de saluer en anglais les mamans de toute l'Amérique lors d'une émission de radio en direct à l'occasion de la fête des Mères. Yvonne avait donné en ondes la raison de leur refus : «*It's not nice to speak English.*»

Sans que la chose soit clairement exprimée, Marie, Émilie, Cécile, Yvonne et Annette perçoivent bien les attentes de leur père et de leur mère : qu'elles leur témoignent affection et amour, qu'elles soient heureuses de se retrouver au sein de la famille. Mais les parents ne font rien pour inspirer ces sentiments chez les jumelles; elles ne parviennent à en montrer que les signes extérieurs. Du moins, leur respect est-il réel et sincère, et leur obéissance, une façon de l'exprimer.

Leurs parents les empêchent de se retrouver seules toutes les cinq, leur répètent qu'elles sont comme leurs frères et sœurs. Cependant, ils continuent de les appeler collectivement «les petites», de les coiffer de la même façon, de leur faire porter des vêtements identiques. Tandis que les autres font leurs devoirs dans leurs chambres, les jumelles doivent les faire sur la table de la salle à manger, sous l'œil de leur mère, distraites par la radio que leur père écoute. De même, sœurs et frères peuvent partir une demi-heure avant la classe et parler avec les religieuses, mais les jumelles doivent attendre la sonnerie de la cloche pour se rendre à l'école. Mille petits détails démentent ainsi le discours des parents selon lequel elles ne sont pas différentes des autres.

* * *

Au début de décembre, un vendredi après-midi, M. Sasse arrive de New York afin de photographier les quintuplées au sein de leur famille. Le voyage jusqu'à Quintland, il l'effectue plusieurs fois par année depuis que son agence a obtenu l'exclusivité des photos, il y a presque quatre ans. Auparavant, l'agence concurrente qui avait le contrat maintenait un photographe en permanence sur les lieux. C'était à l'époque où les journaux et les magazines s'arrachaient les images des quintuplées. À présent que la demande est moins grande, on souligne surtout les événements importants dans la vie des fillettes : leur anniversaire, Noël, Pâques, le jour d'Action de grâce. Avec la réunion tant attendue de la famille Dionne, Sasse tient un thème accrocheur qu'il compte exploiter à fond.

Prévenus d'avance de sa visite, Elzire et Oliva l'accueillent comme un invité de marque, presque un ami. Sans prendre ouvertement parti, il s'est toujours montré sympathique à leur cause et plutôt distant avec le docteur Dafoe. Sans doute sentait-il que le règne du médecin à la pouponnière tirait à sa fin. Il est un des rares étrangers à la famille dont Oliva ne se méfie pas. Il a été le premier à photographier les parents avec leurs quintuplées, chose que ne permettaient pas les contrats signés par le conseil des tuteurs et par Oliva avec des agences différentes, et Elzire estime qu'il a toujours fait d'elle des portraits flatteurs.

— Les routes étaient pas trop pires? lui demande-t-elle en essuyant ses mains dans son tablier.

— Je n'ai pas remarqué, tellement j'avais hâte de goûter de nouveau à votre cuisine.

— Vous exagérez, proteste-t-elle, tout de même flattée.

— Aucunement. Mais je crains de vous déranger durant les deux prochains jours, madame Dionne. Il faudrait qu'on change à quelques reprises leur coiffure et leur habillement. Pour avoir un peu de variété.

— Pas de problème, monsieur Sasse, ça me fera plaisir.

— Vous allez prendre toute la famille? s'enquiert Oliva d'un ton qui est plus celui d'une affirmation que d'une question.

— Bien sûr! Je veux des images qui reflètent la joie des retrouvailles, le bonheur des *Quints*, qui montrent une famille heureuse, un quotidien serein. Peut-être vous, madame Dionne, qui leur enseignez à cuisiner. Toute la famille autour de la table. Des choses comme ça.

Cette réponse enchante Oliva car c'est l'impression d'une famille unie qu'il veut donner même si ce n'est pas encore la réalité. Cela viendra, il le sait. Il prend la valise du visiteur.

— Je vais vous conduire à votre chambre. Les petites sont encore à l'école; si vous voulez vous reposer un peu avant le souper...

— Ce n'est pas nécessaire, je vous remercie. J'aimerais que vous me montriez la maison, que j'aie une idée du décor, que je choisisse tout de suite des angles.

— Vous allez goûter à l'orignal qu'Oliva a tué cet automne, dit Elzire en se dirigeant vers la cuisine.

Le photographe suit Oliva dans l'escalier, non sans avoir jeté un coup d'œil au salon.

— Une maison magnifique, monsieur Dionne. Le public va aimer le cadre de vie que vous avez créé pour les jumelles.

En observateur perspicace, le photographe remarque l'immense tristesse qui se lit dans les yeux des quintuplées dès qu'elles ne se sentent pas observées. Leurs visages, qu'il a connus si ouverts et sereins à la pouponnière, sont empreints de mélancolie. Leurs attitudes et leur maintien témoignent d'une espèce de résignation. Mais ce sont de vrais modèles professionnels! Dès que l'objectif de l'appareil photo est braqué sur elles, elles adoptent d'instinct la physionomie qui convient à la mise en scène. Assises autour de leur père qui leur présente un chien, elles se montrent charmées et intéressées. Lorsqu'on simule une leçon de couture avec leur mère, Sasse n'a même pas besoin de leur dire de faire semblant : elles paraissent concentrées sur leur travail, elles qui n'ont jamais tenu une aiguille. Et assises par terre sur le tapis du grand salon, chacune tenant sa poupée Shirley Temple dans ses bras, elles ont le sourire épanoui d'enfants comblés, leurs regards s'allument et pétillent.

Deux jours que durent les séances de pose! Annette n'en peut plus de tous ces simulacres, mais elle devine que la satisfaction du photographe est garante de celle de ses parents. Faire ce qu'on attend d'elle, c'est éviter des critiques et des reproches, elle l'a vite compris. Ce qu'elle a trouvé le plus dur, c'était d'apercevoir du coin de l'œil un frère ou une sœur en retrait de M. Sasse, de sentir l'ambiguïté du regard de celui ou celle qui les épiait, un mélange d'envie et de mépris. Et il y avait aussi les gestes brusques de leur mère, lasse de nouer des nattes à ses cinq filles pour les défaire peu après afin de les friser avec un fer.

Heureusement, la corvée vient de prendre fin. M. Sasse parti, les jumelles se préparent à monter à leurs chambres. Leur père les arrête d'un geste du bras. «Il va nous féliciter de notre patience», se dit Annette qui espère toujours un premier compliment de lui. De la voix sans émotion qui lui est coutumière, il annonce :

— Le docteur Dafoe est mort.

Annette est consternée, voit qu'il en est de même pour ses sœurs. D'autres sentiments risquent d'apparaître sur leurs visages; et leur père semble en guetter la manifestation, pour s'en fâcher ensuite. Annette se hâte de distraire son attention.

— Quand est-ce arrivé, *dad*? demande-t-elle d'un ton en apparence indifférent.

— En juin.

Il y a six mois ! Et on ne leur a rien dit ! Annette conserve un visage fermé, comme si la nouvelle ne la touchait pas. Ses sœurs ont compris et font de même. Satisfait, car il ne veut pas que les jumelles soient attachées à quiconque en dehors de la famille, surtout pas à son vieil ennemi, Oliva Dionne s'éloigne. Les fillettes montent à leurs chambres en silence. Mais une fois hors de vue, en haut de l'escalier, elles échangent des regards navrés. Pas question de commenter : on dirait que les murs ont des oreilles dans cette maison et tout ce que vous dites vous retombe sur le nez un jour ou l'autre.

Une fois dans sa chambre, Marie s'assure que Lucie ne se trouve pas dans la salle de bains. Satisfaite, elle s'agenouille à côté du lit, pose le front sur ses mains jointes et laisse couler ses larmes. Elle essaie de prier, mais des images se bousculent dans son esprit. Elle revoit le médecin qui, du plus loin qu'elle se souvienne, venait les voir deux fois par jour. Il portait un vieux chapeau trop étroit pour sa grosse tête, son complet était constamment fripé et il sentait la fumée de tabac. Toujours la pipe accrochée aux lèvres sous sa moustache grise. Il riait et parlait avec douceur. Yvonne prétendait que Marie était la préférée de celui qu'elles appelaient d'abord «da-da», puis, lorsque plus habiles avec le langage, «dotteur». Sa préférée? Peu importe que ce soit vrai ou non, elle éprouvait beaucoup d'affection pour lui. Elle en ressent encore, même si, les dernières années, il ne fallait pas le montrer afin de ne pas déplaire à *mom* et à *dad*, et même si le médecin s'est mis à espacer ses visites à la pouponnière. Marie parvient enfin à trouver les mots du Notre Père et s'y accroche.

Dans la chambre voisine, Émilie et Yvonne discutent tout bas, la voix légèrement tremblante.

— Il était vieux, Yvonne?

— Au moins soixante ans. Il a été bien malade ces derniers temps.

Émilie approuve de hochements de tête distraits. Elle songe à la dernière visite du médecin, il y a plus qu'un an et demi de cela. En février ou mars. Il y avait de la neige. On venait juste de commencer la construction de la «grande maison». Une rencontre dont elle conserve un souvenir amer, une certaine culpabilité.

— C'est pas notre faute, murmure Yvonne qui devine les pensées de sa jumelle. Mlle Vézina restait dans la porte.

L'allusion est claire pour Émilie. Leur institutrice, une amie de leur père et de leur mère, surveillait la rencontre;

45

elle allait tout rapporter aux parents. Il valait mieux demeurer froides et distantes, même si on n'en avait pas envie, même si cela chagrinait visiblement leur vieil ami.

— Il a dû comprendre, ajoute Yvonne en concluant à voix haute la réflexion muette de sa sœur.

— J'espère, fait Émilie, au bord des larmes.

— S'il le savait pas, il le sait aujourd'hui.

C'est vrai, Émilie n'y avait pas pensé : à présent, il les voit de là-haut. Il voit qu'elle pleure. Il sait à quel point elles ont souffert du conflit qu'elles percevaient entre leurs parents, lui-même et les infirmières. S'il les aimait comme elle le croit, il leur a sans doute pardonné leur indifférence feinte. Et même s'il était un protestant, cela lui plairait de constater qu'elles prient pour lui.

— On devrait réciter un rosaire, suggère Émilie en tendant la main vers son chapelet en cristal de roche posé sur la commode.

— Tu as raison.

La lumière est déjà éteinte dans la chambre de Cécile et d'Annette.

— Tu dors ? souffle Annette.

Pas de réponse. Elle envie sa sœur qui est parvenue à se réfugier dans le sommeil. À moins qu'elle ne fasse semblant ? Annette essaie de ne pas penser au docteur Dafoe ; elle voudrait ne le faire que les jours suivants, un petit peu à la fois, pour que cela soit moins souffrant. Le mot « départ » tourne dans sa tête comme un train électrique sur une voie circulaire. Une image qui s'applique tellement bien à leur existence ! Un mouvement qui est une sorte d'immobilité. Elles ont toujours été immobiles, c'était le monde qui venait à elles. Venait et repartait. On pouvait avoir l'impression d'un changement constant. Plus aujourd'hui.

Il semble à Annette que sa vie, qu'elle ne peut dissocier de celle de ses sœurs, n'a été qu'une suite de départs. Départs des autres, pas les leurs. Une série d'abandons. Tous ceux qui semblaient les aimer finissaient par disparaître de leur univers. D'autres les remplaçaient mais, d'une fois à l'autre, il devenait plus difficile, plus coûteux de s'attacher à eux. Seul le docteur Dafoe demeurait fidèle. Puis lui aussi s'en est allé, après s'être fait de plus en plus rare. Son départ définitif marque mieux que tout la fin de leur ancienne vie.

Elle répète, plus fort :

— Tu dors, Cécile ?

2

— *C'est le mois de Marie, c'est le mois le plus beau...*
Émilie chantonne en vérifiant de la main la tempé-
rature de l'eau du bain. Elle n'a que ce cantique en tête
depuis la cérémonie de prières au pied de la statue de la
Vierge logée dans une grotte artificielle derrière la maison.
Ces pratiques de dévotion, les religieuses les organisent
chaque soir du mois de mai et toute la famille Dionne y
participe.

— Cette fois, une autre passe en premier! déclare
Émilie d'un ton impératif en se retournant vers Annette,
Cécile et Yvonne qui l'observent avec gravité.

— Pas question! réplique Yvonne. À toi d'abord.
Ses deux sœurs l'appuient de hochements de tête
affirmatifs. Leur mère a ordonné qu'elles prennent toutes
les quatre leur bain dans la même eau. Comme celle-ci
refroidit vite, la dernière a droit à un bain glacé qu'elle
expédie le plus rapidement possible. Parce qu'elle est plus
fragile et plus souvent malade, ses jumelles ont décidé
qu'Émilie passerait toujours en premier. Les trois autres
occupent tour à tour les autres rangs. De son côté, Marie
prend son bain après Lucie qui fait exprès, on dirait, de
s'attarder jusqu'à ce que l'eau soit moins que tiède et grise
de savon dissous.

— En tout cas..., fait Annette avec un air que les autres comprennent.

Conciliante, Cécile lui répond :

— Imagine combien ça prendrait de charbon pour l'eau chaude de quatorze bains ! Déjà qu'il faut chauffer dix-neuf pièces.

— Y a juste nous autres qui avons pas droit à de l'eau nette ! proteste Annette. Les autres...

Elle s'interrompt, tend l'oreille vers le couloir. Yvonne en profite pour lancer, en baissant la voix :

— C'est comme ça, faut s'arranger avec ça.

— Je me demande si papa est au courant, insinue Annette.

Yvonne fronce les sourcils pour tancer sa sœur d'un regard appuyé.

— Fais jamais ça !

Cécile renchérit :

— Empire surtout pas les choses, Annette.

Puis elle abandonne son air soucieux, sourit et change de sujet.

— Un poney !

— Ah oui !..., soupire rêveusement Annette qui s'imagine galopant dans le champ à l'extérieur de l'enceinte entourée de barbelés.

Elle se voit tantôt en cow-girl de western, tantôt en princesse coiffée d'un hennin. Elles sourient toutes, enchantées par la perspective d'avoir un animal bien à elles. Les deux chiens de la maison, Carlo, un saint-bernard, et Bichonne, un danois, demeurent dehors, à faire leur travail de gardiens.

— Le journal dit que c'est une femelle, ajoute Cécile. Comment on va l'appeler ?

Les quatre s'interrogent du regard, concertation muette où il est finalement décidé de confier le choix du nom à Marie. Qu'elle ne se sente pas exclue du groupe.

Le cadeau qu'elles recevront pour leur dixième anniversaire, la semaine prochaine, elles en ont lu la description dans le journal de North Bay, *The Nugget's,* dont l'éditeur est un ami de leur père. C'est aussi là qu'elles ont appris d'avance en quoi consisteraient leurs étrennes du premier de l'an. Elles découvrent parfois dans les pages du quotidien des déclarations qu'on leur attribue et qui font état de leur bonheur d'être enfin au sein de leur famille. En d'autres occasions, ce sont des nouvelles les concernant, qu'elles sont les dernières à connaître.

— Émilie! lance Yvonne depuis sa chambre. Où astu caché ma Shirley Temple? C'est pas drôle.

— Je ne lui ai pas touché.

Émilie rejoint sa sœur, les deux autres sur les talons. Elle constate que sa propre poupée non plus n'est pas sur son lit, vérifie dans le placard. Rien. Annette se précipite dans sa chambre et en revient vite, l'air ahuri.

— La mienne aussi a disparu! Et celle de Cécile.

— Qui a fait ça? s'exclame Cécile en colère.

Silence. Chacune croit connaître la réponse. Puis les regards se tournent vers Yvonne qui devine qu'on s'en remet à elle. Après une grande inspiration, elle se dirige vers la porte. Marie sort de sa chambre en entendant le pas de sa sœur dans le couloir. À ses traits défaits, Yvonne comprend. Elle calme Marie d'un signe de la main.

— Nous autres aussi... Je m'en occupe.

Elle va frapper à la porte de la grande chambre qu'occupent les parents. Pas de réponse. Ils sont en bas. À mesure qu'elle descend les marches, Yvonne voit sa détermination diminuer.

Installée à la table de la salle à manger, Elzire fait les comptes du fonds des quintuplées que gère son mari. La fin du mois approche, et le vérificateur désigné par le gouvernement, Percy Wilson, viendra examiner les livres. Une formalité qui n'a rien d'inquiétant. Wilson sait se montrer accommodant et s'entend très bien avec Oliva qui dit de lui : «C'est la réponse à une de nos prières.»

— *Mom?*

— Qu'est-ce qu'il y a encore? demande Elzire avec brusquerie, sans lever les yeux de ses papiers.

Intimidée, Yvonne ne trouve qu'un filet de voix pour dire :

— Nos Shirley Temple...

— Parties!

— Comment ça?

Sous l'emprise d'une soudaine émotion, Yvonne n'a pu s'empêcher de hausser le ton. Sa mère se retourne enfin vers elle, le visage sévère, le regard perçant. Yvonne craint que sa mère n'explose, comme cela lui arrive souvent, et elle recule instinctivement d'un pas. Mais la perte subie est trop grande pour qu'elle se taise. Elle plaide :

— On les a depuis des années, on les aime. C'est la seule chose qu'on a.

— La seule chose qu'on a! ricane Elzire. Vous avez toujours tout eu! Ils vous ont pourries à force de vous gâter. Si je vous avais élevées, vous seriez normales, comme les autres.

Yvonne se revoit toute petite dans le terrain de jeu de la pouponnière. Elle entend alors Elzire dire à Annette qui vient de se faire mal et qu'elle refuse de consoler : «Je ne t'aime pas comme ma fille.» Elle retient avec peine les larmes qui s'accumulent sur le bord de ses paupières.

— Nos poupées..., supplie-t-elle.

Elzire demeure inflexible.

— Vous êtes plus des enfants ; les poupées, c'est pas de votre âge. Moi, à dix ans, je faisais le travail d'un homme dans les champs, puis en plus celui d'une femme dans la maison. Plains-toi pas !

Yvonne a courbé l'échine mais demeure sur place. Elzire claque le plat de sa main sur la table de bois verni et ordonne, d'un ton sec :

— Dans ta chambre !

La fillette sursaute, tourne les talons et repart, la tête basse. Rien n'ébranlera sa mère, elle le sait. Elle peut même s'estimer heureuse, sa démarche aurait pu avoir des conséquences fâcheuses pour elle. Elzire s'emporte facilement et elle a la main lourde...

Quand elles voient la mine d'Yvonne, les autres savent tout de suite de quoi il retourne. Cécile la serre dans ses bras et Yvonne, la forte, la décidée, sanglote dans son épaule. Toutes adoraient leur poupée, mais aucune n'y était autant attachée qu'Yvonne. En la recevant, à cinq ans, elle avait été fascinée de constater qu'une personne pouvait être reproduite en plusieurs exemplaires tout en demeurant unique ; les poupées qui les représentaient, ses sœurs et elle, venaient toujours par cinq. Avec sa Shirley Temple, Yvonne créait une intimité à deux qui brisait le cercle étroit des cinq sœurs. Quand elle avait du chagrin, elle s'en consolait en consolant sa poupée ; la tendresse et l'affection qui lui manquaient parfois, elle les obtenait en les donnant à Shirley.

— L'eau va être froide, dit Cécile à Émilie qui disparaît dans la salle de bains.

Et, d'un mouvement des yeux, elle invite Annette à partir. Cette dernière ne demandait pas mieux : supporter le chagrin de sa sœur lui était pénible. Elle a bien assez du sien.

Cécile frotte doucement le dos d'Yvonne qui murmure, entre ses hoquets :

— Qu'est-ce qu'il me reste ?

— Nous autres, répond Cécile en la serrant plus fort.

* * *

Pour souligner le dixième anniversaire de naissance des quintuplées à qui la science ne donnait pas deux jours à vivre, les journaux et les magazines de toute l'Amérique publient photos et articles. Encore une fois, on relate les péripéties de leur naissance, les grands événements de leurs premières années, une histoire mille fois racontée, enjolivée ou déformée au point que même ceux qui en ont été les acteurs ne sont plus certains de leur mémoire.

À Quintland, nom que les journaux francophones ont traduit par «Dionneville» afin de marquer leur appui aux parents, la fête d'anniversaire est simple. En plus de la famille, peu d'invités. Lilian Barker, une journaliste de New York qui est une alliée des parents depuis 1934 et a écrit un livre prenant leur parti, a accepté de venir. Bien sûr, M. Sasse est là avec son appareil photo. Il y a aussi le père Gustave Sauvé, qui a fait le voyage depuis Ottawa sans qu'on ait eu à l'inviter.

Membre influent de l'Association canadienne-française d'éducation de l'Ontario qui a appuyé la cause d'Oliva et d'Elzire depuis 1937, le prêtre est comme chez lui dans leur maison. Au plus fort de la guerre entre le docteur Dafoe et Oliva, il visitait les jumelles à la pouponnière. Mandaté par son association, il s'assurait qu'on les élevait dans la foi catholique et la langue française, et il conseillait les parents. Et depuis il s'amène plusieurs fois par année en observateur discret. La chose est entrée dans les mœurs, et, même s'il ne jouit d'aucun statut bien défini, personne ne met en doute le bien-fondé de sa présence à Corbeil.

Oliva s'en méfie, comme de tous les étrangers, particulièrement les prêtres et les religieux, qui pourraient avoir une influence sur «ses» jumelles, s'interposer entre elles et leurs parents. Mais comment tenir le père Sauvé à l'écart sans paraître ingrat? Surtout qu'il se montre discret, fait bien attention de ne jamais remettre en question l'autorité d'Oliva ou de ne pas lui donner de sujets d'alarme. Et puis tous les enfants apprécient ses visites car il apporte des films qu'il leur projette : westerns pour plaire aux garçons, comédies musicales pour les filles.

Ce jour-là, après la séance de cinéma qui a eu lieu dans la salle de jeu au sous-sol, Annette s'attarde tandis que le prêtre rembobine un film. Elle attend que ses frères et sœurs soient partis. Le crâne chauve entouré d'une couronne de cheveux fins, le père Sauvé a un visage carré qui donne une impression de bonté et de sérénité. Annette l'observe alors qu'il manipule le projecteur avec des gestes précis. Bien qu'elle le connaisse depuis toujours, il continue de l'intimider à cause de ce regard qui semble lire en son interlocuteur. Et puis sa voix a beau être calme et posée, elle vibre d'une espèce d'autorité.

Conscient de la présence de la fillette, il attend un bon moment avant de le laisser paraître. Comme elle ne dit rien, il demande, en ayant l'air d'être absorbé dans son travail :

— Tu as aimé le film, Annette?

— Oui, père Sauvé.

Il retarde un peu le moment de lancer le moteur, mais les confidences ne viennent pas. Alors que l'appareil ronronne, Annette jette un coup d'œil en direction de l'escalier. Elle n'est plus si sûre de sa décision. Elle voulait lui révéler que ses sœurs et elle ne sont pas heureuses dans leur famille, qu'on n'est pas gentil avec elles, qu'elles préféreraient retourner à la pouponnière. Ou aller dans un pensionnat.

— Tu voulais me parler, ma petite Annette?

— Euh..., fait-elle, surprise.

— Tu sais, même quand ce n'est pas en confession, ce qu'on dit à un prêtre reste un secret.

Justement, elle ne voudrait pas qu'il garde cela secret mais qu'il agisse. Et, tout à coup, les conséquences possibles lui apparaissent : cris, reproches, pleurs, coups. Et si l'abbé n'y pouvait rien changer? Son père est tellement puissant! Tout le monde le craint.

— Je suis ton ami, insiste le prêtre avec douceur. Tu peux me parler.

Annette entend le pas lourd de sa mère qui fait craquer le parquet du salon au-dessus de leurs têtes.

— Je voulais vous dire... Je suis contente que vous soyez venu à notre anniversaire.

Elle se sauve en une course sautillante en disant :

— Me semble qu'on m'appelle.

Le prêtre la regarde partir et demeure perplexe.

Lorsqu'on les emmène dehors pour leur présenter leur cadeau, les jumelles feignent la surprise en apercevant le poney, mais leur joie est authentique. Avec sa longue crinière et sa queue qui touche presque à terre, la bête est encore plus magnifique qu'elles l'imaginaient. Marie a proposé de l'appeler «Belle», ce que les autres ont tout de suite accepté. Avant d'approcher de leur petit cheval, elles courent toutes les cinq embrasser leur père et leur mère, les remerciant à plusieurs reprises. Armand, l'aîné, tient la bride tandis que le père installe les jumelles en selle à tour de rôle. L'appareil photo de M. Sasse cliquette sans arrêt, croquant des visages rayonnants.

Les jumelles doivent bientôt s'arracher au plaisir afin de couper le gâteau d'anniversaire confectionné par leur mère. Elles mangent leur part en jetant par la fenêtre de fréquents coups d'œil à leur poney qui broute l'herbe en bordure de l'allée. Le temps semble s'étirer, ne plus passer. Et puis il y a encore les invités qu'il faut reconduire aux voitures, regarder s'éloigner en leur envoyant la main.

Enfin libres! Les jumelles s'élancent vers Belle.

— Faut la ramener à l'écurie, déclare Oliva qui fait signe à Armand de s'en charger.

— Mais, *dad,* on vient juste de l'avoir, protestent en chœur les fillettes.

— Faut qu'elle se repose.

— D'abord, on peut aller la reconduire avec Armand? demande Yvonne.

— On la brosserait, renchérit Marie qui trépigne d'impatience.

— Non!

Un non qui claque comme un fouet. Les jumelles baissent les yeux. Personne dans la maison ne réplique au père ni ne lui tient tête.

— Ce n'est pas votre poney, reprend Oliva.

Leur cœur s'arrête de battre, elles croient avoir mal entendu.

— Qu'est-ce que vous voulez dire, *dad*? demande Cécile d'une petite voix polie.

— Je l'ai acheté pour Roger.

Le garçon saute de joie. Son frère Laurent court vers la maison, amèrement déçu. Il répète aux autres qu'il est, aux yeux de son père, le mouton noir de la famille et qu'aujourd'hui il en a une nouvelle confirmation.

— Un cheval, c'est pas pour les filles! s'exclame triomphalement Roger à l'adresse des quintuplées.

Médusées, elle regardent leur jeune frère grimper sur le dos de «leur» poney qu'Armand conduit par la bride à l'étable derrière la vieille maison déserte, de l'autre côté de la route. Elles l'ont à peine touchée, Belle, mais c'est une véritable peine d'amour que vit chacune des jumelles. Comment peut-on leur faire ça?

— Le voilà, votre cadeau, annonce le père.

Il désigne de la main Simone et Lucie qui tournent le coin de la maison en poussant chacune une bicyclette.

— Deux bicycles : vous vous arrangerez toutes les cinq avec ça. Je veux pas entendre de chicane.

— On pouvait quand même pas en acheter cinq, explique Elzire qui sent la déception de ses filles.

S'efforçant de sourire, les jumelles remercient de nouveau leurs parents, cette fois pour les bicyclettes.

— Ça me fait plaisir, rétorque Oliva. Mais défense de sortir de la cour avec, sinon...

L'idée d'aller pédaler sur la route ne leur était pas venue. Elles n'ont même pas le droit de franchir à pied la grille fermée en permanence par un gros cadenas!

Comme Annette s'assoit sur la selle de la bicyclette que Cécile et Yvonne tiennent en équilibre, le poney lance un hennissement. «Un adieu», songe-t-elle, le cœur plein d'une révolte dont elle se sent coupable. Elles comprennent qu'elles ne possèdent rien en propre, que tout peut toujours leur être repris et, par conséquent, qu'elles ne doivent s'attacher à rien.

* * *

Un dimanche sur deux, le grand-père Legros, père d'Elzire, vient dîner. Ce jour-là, après la messe, une querelle éclate toujours entre Elzire et Oliva, qui n'aime pas son beau-père et trouve mille choses à lui reprocher.

Et tous les dimanches, dès le repas du midi terminé, Oliva part dans sa Cadillac sans dire à personne où il va. Elzire ne lui pose pas de questions, soit qu'elle préfère ne pas savoir, soit qu'elle connaisse sa destination. Il n'est jamais rentré lorsque les jumelles vont au lit. Comme c'est le jour de congé d'Armand qui s'occupe de la ferme, Elzire doit se charger avec les enfants de nourrir les bêtes et de traire les vaches.

Quand Oliva est absent, la mère devient moins tendue, s'oublie parfois au point de rire. On dirait qu'à l'instar du reste de la famille elle a peur de son mari. Chose curieuse, lui aussi semble craindre sa femme. Un peu comme les complices d'un crime qui ensuite se méfient l'un de l'autre. Depuis la réunion des Dionne, il y a de cela six mois, Oliva se montre de plus en plus déçu. Morose et taciturne, il ne sourit qu'en présence des étrangers et devant les appareils photo et les caméras.

La mésentente que les jumelles ont toujours sentie entre leurs parents grandit sans cesse et elles s'en sentent responsables. D'ailleurs, tout dans l'attitude d'Elzire et d'Oliva confirme ce sentiment. Lors de leurs fréquentes disputes, l'expression «les petites» finit toujours par être prononcée, quel que soit le motif à l'origine de la querelle. Les jumelles perçoivent confusément une espèce de cul-pabilité chez leurs parents, comme s'ils avaient péché en les mettant au monde. À la longue, les fillettes développent une honte d'être nées cinq. Chacune rêve en secret d'avoir été enfant unique; cependant, elle ne peut imaginer ce que sa vie aurait été alors, car les quintuplées ignorent ce qu'est une vraie vie de famille. Au milieu des neuf autres Dionne, elles se sentent orphelines.

Un peu comme leur père, elles voient leurs espoirs déçus. Jamais elles ne seront acceptées comme membres à part entière de la famille, traitées sur un pied d'égalité. Au contraire, on fait tout pour les inférioriser. Elles n'attendent plus de marques de tendresse et d'affection de leurs parents, elles savent qu'elles ne parviendront jamais à éprouver un amour total pour eux. Le respect mais aussi la crainte en tiendront lieu.

Avec la clé suspendue en permanence à un clou fiché dans un mur de la cuisine, Elzire ouvre le cadenas qui ferme la barrière.

— C'est beau, toutes ces couleurs, dit-elle en désignant les fleurs sauvages qui foisonnent dans l'herbe de chaque côté de la route.

Elle arbore un sourire rêveur en s'écartant pour laisser sortir ses enfants. Sauf Armand qui doit flâner au village, et Simone et Lucie qui sont demeurées introuvables, ils sont tous là. Les jeunes garçons prennent les devants, traversent la route au pas de course et se bousculent.

— Cessez de vous chamailler! lance Rachel qui seconde sa mère.

Les jumelles suivent Elzire de près.

C'est avec un grand soulagement que Cécile voit s'achever la journée du dimanche. Il n'y a pas eu de drame, cette fois-ci. Les samedis et les dimanches l'inquiètent toujours un peu car il n'y a pas le répit que procurent les heures de classe. À l'école, les religieuses ont un règlement et s'y tiennent, on sait toujours à quoi s'attendre. Tandis qu'à la maison règne l'arbitraire : ce qui vaut un jour n'a pas nécessairement cours le lendemain. Difficile de régler une fois pour toutes sa conduite, on ne sait jamais ce qui vous pend au bout du nez.

Cécile s'épuise à parer les ennuis pour ses sœurs et pour elle, à tenter d'aplanir les difficultés ou de désamorcer les conflits potentiels, à aller au-devant des désirs des parents. En un mot, mettre de l'huile dans les rouages afin d'éviter le plus possible les réprimandes et les récriminations. Elle s'oublie afin de veiller au mieux-être de ses jumelles.

Le dimanche soir lui apparaît comme une oasis : le lundi approche, qui signifie le retour en classe, et surtout elles accompagnent leur mère à l'étable. C'est chaque fois une fête. Leur seule occasion de quitter l'enceinte autrement que dans la voiture paternelle. Quel plaisir d'entendre la grille grincer, de la voir s'écarter devant soi ! Et puis de fouler le gravier de cette route qui s'étire à l'infini de part et d'autre, qui file vers l'ailleurs... Durant un trop bref instant, une sensation de légèreté. Peut-être le goût de la liberté.

— J'ai hâte aux petits fruits, dit Elzire, un peu essoufflée. Bientôt ce sera le temps des fraises, puis des framboises, des bleuets.

— On pourra y aller avec vous, *mom* ?

Elzire tourne la tête vers Cécile qui vient de parler et elle s'exclame d'un ton enjoué :

— J'y compte bien ! Cinq cueilleuses de plus !

Elle s'arrête, pose sur Marie un regard glacé.

— Pas toi ! Ça sert à rien de t'emmener. Avec tes yeux croches, tu verras pas les fraises, tu vas marcher dessus.

Et elle se remet en route. Même durant ses moments de bonne humeur, Elzire ne peut s'empêcher de lancer des remarques blessantes. Marie baisse la tête ; sans même y penser, Yvonne se range près de sa sœur et lui prend la main.

Le groupe passe devant la vieille maison que l'abandon rend sinistre. La véranda, refaite quelques années plus tôt mais jamais peinte, tourne au même gris que les murs dont le bois a été craquelé par les intempéries et le soleil.

«Le miracle de Corbeil», songe Cécile en regardant les fenêtres vides comme les orbites d'un crâne de vache sur un tas de pierres. Le «miracle», c'est elle et ses sœurs, leur naissance! Et puis c'est celui de la guérison inexpliquée de la poliomyélite dont a souffert Émilie vers cinq ans et qui n'a pas laissé de séquelles. Un miracle attribuable, celui-là, à sainte Anne. C'est du moins ce qu'affirme leur mère. Leur a-t-on assez répété que leur existence même était un miracle! Cécile se dit souvent que c'est aujourd'hui qu'il en faudrait, un miracle. Jour après jour, elle ressasse une question dont elle ne trouve pas la réponse, peut-être parce qu'elle n'existe pas : «Comment sortir mes sœurs d'ici?»

Ces pensées chagrines quittent l'esprit de Cécile dès qu'elle approche du jardin, où bientôt ils s'affairent tous à désherber et à biner les plants. Il s'agit des rares fois où leur mère ne se plaint pas de la qualité de leur travail.

Une fois le jardin sarclé à son goût, Elzire ramène son monde. En passant devant la maison qu'elle a habitée depuis son mariage, à l'âge de seize ans, et où elle a donné naissance à tous ses enfants, elle ne peut réprimer un frisson. Les dernières années lui ont laissé un goût amer.

Peut-être à cause du soleil déclinant sur l'horizon, elle repense à ce dimanche soir de mai, il y a dix ans.

Sa grossesse se déroulait mal et le docteur Dafoe avait ordonné qu'elle garde le lit. Mais on n'avait pas les moyens d'engager une aide domestique, il fallait bien qu'elle s'occupe de ses cinq enfants, de son mari et de la maison. Ce dimanche-là, Oliva s'était absenté. Quand elle a ressenti les premières douleurs, vers minuit, elle n'en a pas reconnu tout de suite la nature. Après tout, l'accouchement n'était prévu que pour juillet. Il lui a vite fallu se rendre à l'évidence.

Quand Oliva est arrivé, un peu après deux heures du matin, elle l'a envoyé chercher sa tante Donalda qui elle-même a réclamé l'aide de Mme Lebel, la meilleure sage-femme de la région. À l'air désemparé des deux femmes, pourtant habituées à mettre des enfants au monde, Elzire a compris que les choses allaient mal. D'ailleurs, les douleurs du travail n'avaient rien de comparable à ce qu'elle avait connu lors de ses six accouchements précédents. Elle faiblissait, perdait conscience par moments, se sentait partir. L'habitaient la certitude de mourir, la détresse de laisser ses enfants orphelins. Et elle repensait d'une manière presque obsessive à Léo, son quatrième enfant, mort de pneumonie à l'âge d'un mois.

Elle n'a pas vraiment eu connaissance de l'accouchement. Quand sa tante lui a appris qu'elle venait de mettre au monde cinq filles, cinq jumelles, Elzire s'est tout de suite demandé comment nourrir et vêtir dix enfants en pleine crise économique. Et quand Oliva est venu à son chevet un peu plus tard, Elzire avait de nouvelles préoccupations. Elle lui a murmuré : «Qu'est-ce que les gens vont dire en apprenant ça? Ils vont penser qu'on est des cochons.»

Elzire balaie du regard le paysage que la naissance des quintuplées a transformé. Les boutiques de souvenirs, le parc de stationnement, les toilettes publiques, le magasin des sages-femmes, la galerie d'observation et la pouponnière ont remplacé des pâturages. Et maintenant s'y ajoute la grande maison de briques. Ces constructions lui rappellent des années si pénibles, misérables même; bien sûr, Oliva et elle n'avaient plus de problèmes financiers. Mais tous les autres qui pleuvaient dru!

C'est avec un peu de nostalgie qu'elle porte de nouveau les yeux sur la vieille maison déserte. Le temps d'avant... Ils étaient heureux et ne le savaient pas. Ils avaient leur ferme, vivaient au milieu de parents et d'amis, à l'écart du monde et des journaux. Les jours s'écoulaient paisiblement. La porte de la maison n'avait même pas de serrure. Puis les hordes d'étrangers! Journalistes, curieux, profiteurs, médecins, ministres, avocats... Ils ont envahi la place, pris les choses en main, déchu les parents de leurs droits divins, divisé la famille.

Elzire soupire longuement et traverse la route. Le gros cadenas qu'il faut encore ouvrir. Cadenas, serrures, grillages : elle n'est jamais parvenue à s'y habituer. L'impression d'être prisonnière chez elle.

Même si cela ne fait pas le bonheur d'Oliva, Elzire se réjouit que le flot incessant de curieux se soit tari. Il n'y a plus que quelques centaines de touristes qui viennent à Quintland comme on va visiter les ruines de quelque monument ancien. Ils fréquentent les boutiques de souvenirs d'Oliva et le magasin de Mme Legros, photographient la pouponnière et la galerie d'observation, puis s'attardent devant la grille de la grande maison dans l'espoir d'entrevoir les quintuplées, de leur parler.

Ces dernières ont été bien averties de rentrer dans la maison ou de se cacher à l'arrière lorsque des voitures s'amènent. Il n'a pas été nécessaire d'insister : elles détestent la curiosité qu'elles suscitent. Du moins, c'est ce qu'elles affirment. Toutefois, Elzire se dit qu'elles doivent souffrir de ne plus être des vedettes qui visitent d'autres vedettes, le point de mire de tous les regards, l'objet de toutes les attentions. Comment expliquer autrement cette tristesse qu'elles ne parviennent pas toujours à cacher? Peut-être se sentent-elles délaissées, abandonnées par ceux qui prétendaient les aimer... Cela leur passera. Elles vont apprendre qu'elles sont des enfants comme les autres et, surtout, que seuls leurs parents peuvent les aimer vraiment.

— C'est l'heure de faire le train! lance Elzire aux garçons qui courent en direction de la porte de la cuisine.

Ils s'arrêtent net pour attendre les autres, puis le groupe contourne la grande maison de briques et se dirige vers les bâtiments construits récemment derrière la nouvelle demeure familiale.

Cécile a toujours plaisir à se retrouver dans l'étable. Ici, le travail n'est plus une corvée comme à la maison mais presque un jeu. Et puis il y a des chats qui y vivent, qui se laissent caresser. Elle se demande d'ailleurs pourquoi on n'en garde pas à la maison.

— Je vais chercher les vaches, annonce Laurent.

— Non, toi tu vas écurer. Roger, ramène les vaches.

Le garçon rage intérieurement parce que son frère se voit une autre fois confier une tâche agréable. À lui le fumier qu'il faut charger dans une brouette et empiler sur le tas derrière le bâtiment.

Cécile ne trouve aucune consolation dans le fait que les injustices ne soient pas réservées uniquement à elle et à ses jumelles. Au contraire, elle compatit aux vexations de son frère, comprenant bien ce qu'il doit ressentir. Et elle se dit qu'il suffirait de si peu pour que l'harmonie et l'entente règnent dans la famille. Un rêve chimérique, elle le sait.

Tandis que Rachel et Annette aident leur mère à laver les seaux à lait et à remplir les abreuvoirs, Émilie, Marie et Serge vont donner du grain aux poules et aux dindons, des épis de maïs aux cochons. Armées de fourches, Yvonne et Cécile transportent depuis la grange de la paille qu'elles étendent comme litière dans les stalles. Puis elles grimpent dans le fenil et s'en donnent à cœur joie dans le foin odorant. Il s'agit pour elles de faire chuter près de la porte de l'étable le foin destiné aux bêtes. Mais, à l'abri des yeux et des oreilles de leur mère, elles agrémentent le travail de bousculades, de plaisanteries et de rires. Une insouciance qu'elles n'ont connue qu'à la pouponnière, du temps des infirmières et du docteur Dafoe.

Avant de descendre par l'échelle, Cécile tourne vers sa sœur un visage grave.

— J'aimerais ça qu'on soit heureuses. Tout le monde pourrait être heureux.

— Ça, ça dépend ni de toi ni de moi, décrète Yvonne d'un ton un peu aigre.

— On n'en demande pas tant que ça, me semble.

— Et à qui tu le demanderais, ma pauvre Cécile?

— Si on avait seulement la paix, ce serait déjà énorme.

— Veux-tu que je te dise ce que je pense? Les cris et les chicanes, ils ont toujours connu ça. C'est pas parce qu'on est là!

En méditant les paroles de sa sœur, Cécile descend par l'échelle. Quand Yvonne la rejoint, elle lui dit encore, à voix basse car elles sont près de la porte :

— Le mieux, ce serait qu'on soit pensionnaires.

— J'y pense des fois, répond Yvonne. Chacune dans un pensionnat différent.

— Séparées?

— Autrement, on continuerait à être les *Quints*. Pas des filles comme les autres.

Cécile préfère ne pas poursuivre cette conversation et emporte une fourchée de foin dans l'étable. Sa sœur a sans doute raison, mais la perspective d'une séparation lui donne le vertige.

Attachées dans les stalles, les vaches meuglent en captant l'odeur du foin. Elzire, Rachel et Annette s'occupent à les traire. Annette est devenue si habile qu'elle n'a plus à se concentrer sur sa tâche. Elle se met à chanter.

— *Frère Jacques, frère Jacques...*

Avant que Cécile et Yvonne ne puissent reprendre en canon, la voix de leur mère s'élève :

— Cesse ça, Annette, tu vas énerver les vaches.

Il ne s'agit pas d'une taquinerie mais d'un ordre. Yvonne et Cécile se regardent, intriguées. Pourquoi leur refuser le droit de chanter? Quand elles ont voulu le faire en essuyant la vaisselle que lavait leur mère, ce fut la même chose. Pourtant, aux dires de la sœur Saint-Louis, elles ont de belles voix et chantent juste. Elzire n'aimerait pas les chansons?

Lorsque son mari n'est pas à la maison, Elzire cuisine peu ou pas du tout. Ce soir, elle sert aux enfants le jambon froid qui reste du dîner. Et comme il y a peu de vaisselle à laver, elle ne garde que Marie et Émilie pour l'essuyer. Alors que les autres prennent le chemin de leurs chambres, Elzire leur lance :

— Trouvez-moi Lucie et envoyez-la-moi. J'ai deux mots à lui dire!

Le ton de la voix ne laisse présager rien de bon. Dans l'escalier, Annette souffle à ses sœurs :

— Pour une fois que ça tombe pas sur nous autres...

Prévenue par Yvonne, Lucie descend rejoindre sa mère en maugréant. Yvonne la suit de loin, puis s'arrête au milieu de l'escalier, là où elle pourra entendre sans être vue. Elle ignore pourquoi elle agit de la sorte, pareille curiosité n'est pas dans ses habitudes. Les éclats de voix qui viennent de la cuisine sont d'abord confus, puis le ton monte encore, les mots deviennent intelligibles. Lucie se défend :

— C'était pas mon travail!

— Menteuse! crie Elzire. Prends-moi pas pour une folle.

Il y a du brouhaha, puis Lucie hurle, d'un ton menaçant :

— Touche-moi juste une fois, ma grosse vache, pis
papa va l'apprendre.

Silence soudain. Après quelques secondes, Lucie s'en
vient d'un pas rageur et répète tout bas : «La maudite
vache!» Elle croise sans la regarder Yvonne qui descend
les marches avec désinvolture comme si elle n'avait eu
connaissance de rien.

Lorsqu'elle arrive au pied de l'escalier, Yvonne entend
les cris colériques de sa mère.

— Vous faites jamais ce qu'on vous dit! Je vais vous
apprendre, moi.

Des bruits mats, des plaintes, des pleurs. Yvonne se
précipite dans la cuisine. Le visage empourpré, Elzire
frappe à tour de bras Marie et Émilie qui reculent en
essayant de protéger leur visage avec leurs mains.

— *Mom!* lance Yvonne à tue-tête. Qu'est-ce que vous
faites là?

Surprise, Elzire s'arrête, la main en l'air. Puis, reconnaissant la voix d'Yvonne, elle reporte son attention sur
les petites qui ont baissé leurs défenses. Elle attrape Émilie
par le bras et la secoue violemment.

— Toi, ma petite folle, on va t'enfermer dans une
école de réforme.

Sans réfléchir, Yvonne bouscule sa mère, tente de lui
faire lâcher prise, de la raisonner.

— *Mom! Mom!* Arrêtez!

Mais Elzire n'écoute pas. Corpulente et d'une force
imposante, elle n'est pas dérangée par les efforts d'Yvonne
pour s'interposer entre elle et Émilie qu'elle continue
d'invectiver. Yvonne élève la voix afin de dominer celle
de sa mère :

— *Mom!* Pourquoi vous faites ça, *mom*? Laissez-la tranquille!

Elzire repousse Émilie et se retourne d'un bloc vers Yvonne. Les petites en profitent pour décamper.

Sans avertissement, la main maternelle s'abat lourdement sur la joue d'Yvonne qui chancelle. Le visage en grimace, Elzire jette un regard hargneux sur sa fille.

— C'est moi qui mène ici! Si tu penses que tu vas me tenir tête parce que t'es la préférée de ton père!

Flanquée du revers de la main, une nouvelle gifle envoie Yvonne rouler par terre où elle demeure plusieurs minutes, à moitié assommée.

— Pourquoi? fait-elle d'un ton implorant alors qu'elle se relève avec peine.

Elzire lui tourne le dos et se remet à laver des assiettes.

— Viens essuyer à la place de tes sœurs!

Les joues en feu, la fillette travaille en se tenant le plus loin possible de sa mère. Cette dernière semble calmée, mais un autre accès de colère peut survenir à tout moment. Elzire regarde fixement par la fenêtre en face d'elle les champs qui s'étalent jusqu'à la lisière de la forêt.

La mère et la fille n'échangent aucune parole. Sa question demeurée sans réponse obsède Yvonne : pourquoi? Pourquoi tant de rage chez Elzire, tant d'acharnement contre ses jumelles? Elles n'ont rien fait pourtant qui mérite pareilles punitions. Au contraire, elles s'efforcent de plaire à leurs parents, elles exécutent sans se plaindre plus que leur part des tâches domestiques. On dirait que plus elles font preuve de bonne volonté, plus elles endurent en silence, plus on exige d'elles, plus on abuse.

Menacer de se plaindre à leur père, ainsi que le font les autres? Elzire sait bien qu'elle n'oserait pas. Pas plus que Cécile, Annette, Émilie et Marie. D'ailleurs, Yvonne doute fort que parler à leur père change quoi que ce soit à la situation. Elzire et lui rivalisent de sévérité envers leurs jumelles. Et puis, après cette démarche inutile, la vie deviendrait infernale, leur mère se vengerait. Il n'y a pas de solution. Courber l'échine et subir.

— Va te coucher! ordonne Elzire lorsque la vaisselle est rangée.

— Bonne nuit, *mom,* marmonne Yvonne avant de quitter la cuisine.

— On n'embrasse plus sa mère? s'étonne Elzire, sur un ton de reproche.

La fillette effleure du bout des lèvres la joue tendue, répète machinalement sa salutation.

— Dors bien, répond la mère d'une voix neutre comme s'il ne s'était rien passé.

En haut de l'escalier, Yvonne surprend Simone qui console Émilie et Marie toujours en pleurs. Elle essuie leurs joues avec un mouchoir en répétant :

— C'est pas grave, faites-vous-en pas. Elle est comme ça, on peut pas la changer.

Yvonne ne sait que penser de sa sœur qui a presque quatorze ans. Leurs rapports sont tendus, une grande rivalité existe entre elles, tout comme avec Lucie. D'ailleurs, ses deux sœurs se liguent souvent contre Yvonne qui leur tient tête, qui réplique à chaque provocation. Envieuse et querelleuse, Simone ne manque pas une occasion de dénigrer les jumelles, de se moquer d'elles, de les accuser de fautes qu'elles n'ont pas commises. À tel point qu'Annette l'a surnommée «langue de vipère». Pourtant, c'est la même Simone qui a soigné Yvonne et Cécile avec beaucoup de délicatesse lorsque chacune s'est planté les dents d'une fourche dans le pied. C'est encore elle qui réconforte les jumelles quand la mère les punit injustement, qui s'occupe d'elles quand elles sont malades.

— Elle t'a battue? demande Simone à Yvonne qui arrive près d'elle.

Yvonne acquiesce avec un signe d'impuissance.

— Pourquoi tu lui parles pas, Simone? *Mom* a confiance en toi, elle t'écouterait.

— Ça sert à rien, elle écoute personne. Sauf le bonhomme.

— Tu pourrais essayer, insiste Yvonne, on ne sait jamais.

— Non!

La fin de non-recevoir a été exprimée sèchement. Les deux filles se dévisagent avec froideur durant quelques secondes. Yvonne comprend que c'est chacun pour soi dans cette maison. L'indéniable influence que Simone a sur sa mère, elle ne l'exercera jamais au profit des autres.

— Venez, dit Yvonne à ses jumelles.

Tandis qu'elles se dirigent toutes trois vers leurs chambres, Yvonne se répète intérieurement qu'elles sont seules, que personne ne prendra jamais leur part.

* * *

Un cri réveille Yvonne. Cela venait de tout près.

— Émilie?

Elle dort sur le dos, complètement immobile.

Yvonne s'assoit dans le lit. Ce doit être le matin car une lumière intense filtre autour des rideaux. Elle tourne la tête en direction de sa sœur et remarque la pâleur inaccoutumée de son visage. Elle a les yeux grands ouverts.

— Émilie? s'inquiète Yvonne.

Elle se lève, s'approche de sa sœur, se penche sur elle. Les yeux sont révulsés, le regard fixe. On dirait que les joues bleuissent. Yvonne lui touche le bras, trouve les muscles contractés comme si Émilie forçait pour lever un objet lourd. Elle la secoue afin de la réveiller.

— Émilie! Émilie!

Aucune réaction. Yvonne court chercher ses sœurs. Depuis qu'elles sont arrivées dans la grande maison, elles ont été affligées de maladies dont souffrent habituellement les bébés et les très jeunes enfants. Le médecin de la famille, le docteur Joyal, affirme que c'est dû au fait qu'ayant vécu isolées elles n'ont pas développé de défenses immunitaires.

Marie, Annette et Cécile se précipitent au chevet d'Émilie dans l'intention de s'occuper d'elle sans déranger le reste de la famille. Jouer au médecin et à l'infirmière était leur passe-temps favori à la pouponnière, et elles sont portées d'instinct à se prodiguer mutuellement les soins que nécessitent une petite blessure ou un rhume.

Le visage presque noir d'Émilie et les tremblements violents qui la secouent les terrorisent.

— La fièvre? demande Marie qui se rend compte immédiatement que sa question n'a pas de sens.

Elles s'élancent toutes les quatre dans le couloir pour frapper à la porte de la chambre des parents. Énervées, elles parlent toutes en même temps et ni Elzire ni Oliva ne parviennent à saisir leurs propos. Cependant, la panique des fillettes leur fait comprendre qu'il est survenu quelque chose de grave.

Tirées du sommeil par le brouhaha, Rachel, Simone et Lucie suivent les autres dans la chambre d'Émilie. Secouée de convulsions, cette dernière se débat, une écume sanguinolente sort de sa bouche tordue. Elzire recule précipitamment, se prend la tête à deux mains.

— Mon Dieu! s'exclame-t-elle d'une voix horrifiée. Le grand mal!

L'expression que les enfants ne connaissaient pas leur inspire de la terreur et ils ont tous un mouvement de recul.

Durant plusieurs minutes, les sept filles et leurs parents demeurent paralysés, dans le silence le plus total. Puis, surmontant leur peur, Yvonne, Annette, Marie et Cécile se rapprochent de leur sœur.

— Il faut appeler le médecin! implore Cécile.

Comme ses sœurs, elle voudrait tellement prendre sur elle la souffrance d'Émilie, la partager en cinq afin qu'elle soit moins terrible.

— Oui, le médecin, approuve Yvonne.

Ces mots tirent Elzire de sa léthargie.

— Empêche-la de se mordre la langue, dit-elle à Oliva.

— Non. Fais-le, toi!

Il paraît dégoûté. Toutefois, il se rend compte que la peur de sa femme est plus grande que la sienne et qu'elle ne bougera pas. Quand il voit Annette se pencher sur Émilie, il se décide à agir. Un genou sur le lit, il crie à Simone qui se tient dans l'encadrement de la porte :

— Va chercher une cuiller.

— Quelle sorte?

— *A spoon is a spoon, stupid!*

— Il y en a une dans la salle de bains de ma chambre, dit Elzire à sa fille.

— Pourquoi on n'appelle pas le médecin? demande Annette d'une voix impatiente.

Rachel touche le bras de sa mère.

— Elle a raison. Voulez-vous que j'appelle le docteur Joyal?

Elzire consulte du regard Oliva qui force pour desserrer les mâchoires d'Émilie, puis elle répond :

— Oui, mais tu lui dis seulement qu'elle est malade, pas de détails.

Peu à peu, les tremblements d'Émilie se calment et s'espacent. Elle paraît dormir profondément, en respirant fort, et ne réagit pas quand Cécile lui lave le visage qui reprend une couleur normale. Elzire replace les couvertures tombées sur le plancher, borde sa fille.

— Comme ça, on dirait que rien s'est passé. Laissons-la se reposer.

Les jumelles préféreraient demeurer dans la chambre, à veiller leur sœur, mais leur mère leur ordonne de descendre avec les autres.

Toute la famille est dans la cuisine où Elzire prépare le café. Déçus d'avoir manqué le spectacle du drame, les garçons harcèlent Lucie et Simone de questions, demandent des précisions.

— C'est quoi, le « grand mal », *mom* ? demande Annette, la voix brisée.

— L'épilepsie.

La réponse n'éclaire aucunement les jumelles. Marie voudrait être rassurée et dit avec confiance :

— Le docteur Joyal va la guérir.

— On ne guérit pas de cette maladie-là, répond Oliva. Ça va toujours lui arriver, à Émilie, des crises pareilles.

Les jumelles se regardent, atterrées. Yvonne n'arrive pas à le croire.

— Toujours ? Vous êtes certain, *dad* ?

— Si je le dis !

— Peut-être que le docteur...

Elle s'interrompt car son père la fusille du regard. Il claque la main sur le bord de l'évier et promène un regard sévère sur ses enfants.

— Écoutez-moi bien tous : pas un mot de ça à personne, ni au docteur, ni aux religieuses. C'est compris ? Si jamais ça sort de la maison, ça va aller mal...

La menace n'a pas besoin d'être explicitée pour que chacun opine de la tête. Elzire ajoute :

— S'il fallait que les gens apprennent ça, j'aurais tellement honte! Une maladie comme ça, ça nuit à la réputation d'une famille. On a assez attiré l'attention déjà. Et puis vous auriez tous de la misère à vous marier, si ça se savait.

Comme son mari, Elzire a parlé en regardant les quatre jumelles avec intensité. La mise en garde s'adresse particulièrement à elles. Mais Émilie dans tout ça? D'une voix implorante, Yvonne plaide auprès de son père :

— Il faut faire quelque chose pour elle.

Après quelques secondes de réflexion, il dit :

— Pas question d'aller à North Bay. Je vais l'emmener dans un hôpital à Montréal; comme ça, personne ne sera au courant. Mais ça donnera pas grand-chose.

— Montréal ou ailleurs, ça se soigne pas, le grand mal. Un point, c'est tout! conclut Elzire, tout en sachant qu'elle ne fera pas changer d'idée à son mari.

— Qu'est-ce qu'il va arriver à Émilie si elle guérit pas?

Elzire est contrariée que Cécile pose encore une question après qu'elle a voulu clore la discussion. Oliva hausse les épaules.

— Rien. Elle va avoir des crises régulièrement. Faut pas s'en faire, c'est pas plus grave que ce qui est arrivé tout à l'heure...

— On peut pas l'aider?

— Vous avez vu ce que j'ai fait? Le manche de la cuiller pour qu'elle ne se morde pas la langue. À la prochaine crise d'Émilie, faites la même chose. Et surveillez-la pour pas qu'elle se blesse en se débattant. C'est pas nécessaire de venir nous chercher, moi ou votre mère.

Il se tourne vers Armand qui s'est habillé afin d'aller traire les vaches.

— Prends la clé et va ouvrir la barrière pour le docteur Joyal.

Le médecin, à qui personne n'a décrit les symptômes d'Émilie, conclut à un simple évanouissement. Et il glisse à l'oreille d'Elzire :

— Elle a commencé à avoir ses règles.

Marie a entendu les mots du docteur Joyal, mais elle n'en décode pas le sens, pas plus que ses jumelles à qui elle rapporte ces propos. Pourquoi le médecin a-t-il dit ça à voix basse, comme un secret ? Cela a peut-être quelque chose à voir avec l'épilepsie.

Dans la chambre verte, Yvonne, Marie, Annette et Cécile guettent le réveil de leur sœur. Quand elle ouvre les yeux, Émilie s'étonne de les voir toutes là. Elle ne se souvient de rien. Yvonne l'interroge.

— Comment tu te sens ?

— J'ai mal partout, au dos, aux bras, aux jambes, comme si j'avais travaillé fort.

— T'as pas senti que... que...

Yvonne ne sait pas comment formuler sa question. Elle regarde Cécile, Annette et Marie pour avoir leur accord. Pas de secrets entre elles. Elles racontent donc à Émilie ce qui lui est arrivé. Elles choisissent leurs mots afin de ne pas trop l'apeurer, ce qui n'empêche pas la fillette d'éprouver une véritable stupeur. Et lui vient le sentiment désagréable d'être habitée par quelque chose d'étrange, quelque chose qu'elle ne contrôle pas et qui peut s'emparer d'elle à tout moment. Car, selon leur père, cela va recommencer.

— Et le docteur, qu'est-ce qu'il a dit ? s'enquiert-elle, effrayée.

— *Dad* et *mom* ont pas voulu lui dire, répond Annette d'un ton rageur.

— Qu'est-ce qui va m'arriver?

Ses sœurs se veulent rassurantes et répondent en chœur :

— Nous, on va s'occuper de toi. Tu vas voir, on va te soigner.

— Il y a déjà eu des miracles dans nos vies, déclare Cécile en affichant une confiance qu'elle ne possède pas vraiment.

Émilie perçoit bien l'inquiétude de ses sœurs, aussi grande que la sienne. Elle ne veut pas qu'elles se tracassent à cause d'elle. Elle leur sourit.

— Tant que vous êtes là, je n'ai pas peur. Je sais qu'il m'arrivera rien.

Yvonne cache derrière son dos la cuiller qu'elle conservera dorénavant dans le tiroir de la table de chevet qui sépare son lit de celui d'Émilie.

3

— Ah! Arrêtez cette maudite musique plate! lance Lucie, exaspérée.

— C'est du Chopin, proteste Marie.

— Lui ou un autre, c'est endormant.

Yvonne se fait cinglante :

— Y a pas juste la musique western dans la vie!

Lucie la toise d'un air agressif; le regard d'Yvonne en est un de défi. Pour éviter que les choses ne s'enveniment, Cécile ferme à la hâte le tourne-disque. La rivalité qui existe entre Yvonne et ses sœurs Lucie et Simone n'a fait que s'accentuer durant les trois ans et demi qu'elles ont vécu sous le même toit, rivalité nourrie par leur mère qui excite la jalousie des deux plus vieilles en répétant qu'Yvonne est la préférée d'Oliva. Coriace, Yvonne s'accommoderait tant bien que mal de la situation, n'étaient ses jumelles qu'elle sait malheureuses.

Cécile se rassoit à la table où elles mangent toutes les cinq avec Lucie. Comme cela arrive souvent, elles prennent leur repas du soir dans la salle de jeu au sous-sol : riz soufflé, biscuits et lait, tandis qu'en haut le reste de la famille se voit servir de la viande et des légumes. Le prétexte pour les reléguer au sous-sol? Cuisiner pour quatorze personnes occasionnerait trop de travail à Elzire.

Les jumelles se demandent si ce n'est pas une punition pour avoir enfreint à leur insu l'une des multiples règles, souvent informulées, qui déterminent leur conduite.

Cette exclusion, que partage parfois Lucie, ne leur déplaît pas totalement. Cela leur fournit les rares occasions qu'elles ont de se retrouver seules toutes les cinq. N'étant pas surveillées par leur mère ou leur père, elles peuvent se détendre, rire et plaisanter sans être constamment rappelées à l'ordre. Le repas expédié, elles ont quelquefois le loisir de danser ensemble au son des valses de Strauss.

— Je ne sais pas si les sœurs vont organiser une fête pour la fin de notre cours primaire, dit Cécile à l'adresse de Lucie.

— Pour moi, la fête ça va être de partir. Sept ans à voir les mêmes faces !

Les jumelles ont bien compris que l'expression «les mêmes faces» les inclut.

— J'aurais préféré aller à l'école du village, poursuit Lucie, voir du vrai monde... Je ne serai pas fâchée de quitter cette maison de fous pour le pensionnat !

Cécile pense sensiblement la même chose mais n'oserait jamais l'exprimer en ces termes. Elle se contente d'approuver sa sœur d'un hochement de tête. C'est la meilleure politique avec Lucie : être du même avis quand ce qu'elle dit ne porte pas à conséquence, essayer de la raisonner lorsqu'elle charrie trop. Dans la cour de récréation comme à la maison, Cécile s'occupe beaucoup de Lucie pour l'empêcher de se montrer méchante avec ses jumelles, d'échafauder quelque manigance dont elles feraient les frais. Cela rend la sœur directrice méfiante à l'endroit de Cécile, plus sévère à son égard. La voyant toujours avec Lucie, la religieuse croit qu'elle est du côté des parents, avec qui elle-même ne s'entend pas très bien.

Comme ils paient tous les frais de l'école, ils se mêlent de l'enseignement, trouvent toujours à redire.

Cécile espère elle aussi partir au loin pour faire son secondaire, de préférence dans une école différente de celle de ses jumelles. Là, elle ne serait plus une des quintuplées, mais une fille comme les autres, un être unique. Elle ne parvient pas à imaginer ce que l'on doit ressentir en pareille circonstance, mais c'est sûrement merveilleux.

Trois ans et demi qu'elle attend ce moment! Combien de fois s'est-elle découragée, croyant qu'il n'arriverait jamais! Loin de s'améliorer, le climat dans la grande maison s'est constamment alourdi. Leur père semble de plus en plus déçu, leur mère de plus en plus aigrie. D'ailleurs, Elzire pleure souvent et parle contre son mari quand il est absent, rapportant aux jumelles les propos blessants qu'il tient à leur sujet. Oliva lui rend la pareille, la dénigrant auprès des jumelles, disant qu'elle parle contre elles. Depuis la naissance d'un autre fils l'année dernière, les parents font chambre à part, ce qui ne diminue pas les tensions entre eux, bien au contraire.

Au fil des mois, Cécile et ses sœurs ont perdu tout esprit d'initiative, comme toute joie. Elles ne peuvent fréquenter personne en dehors du cercle familial. Il y a bien eu les trois enfants du concierge qui s'occupait de l'école... Elles étaient devenues amies avec eux, mais Lucie affirmait à ses parents que les jumelles leur parlaient en mal de la famille Dionne. Et le concierge a vite été remplacé par un couple qui n'avait qu'un enfant naissant.

Gavées de la nourriture riche que cuisine leur mère, obligées d'avaler jusqu'à la dernière miette les portions copieuses qu'elle leur sert et de boire une grande quantité de lait, les jumelles se sont empâtées. Elzire choisit pour elles, en leur absence, des vêtements identiques, trop grands et ornés de motifs criards qui ne les avantagent pas. Mais c'est encore mieux que d'aller aux magasins Eaton et Woolworth de North Bay, précédées et suivies d'un policier à moto. Les jumelles ne tirent aucun plaisir de ces sorties car des curieux se massent alors autour d'elles, les examinant sans vergogne. Et comme, de toute façon, elles n'auront pas voix au chapitre en ce qui concerne le choix de leurs vêtements...

— Vaisselle! crie Roger du sommet de l'escalier.

Yvonne dit à Émilie :

— On va s'en occuper. Toi, range un peu ici.

Depuis qu'elle a eu sa première crise d'épilepsie, ses sœurs font tout ce qui leur est possible pour éviter à Émilie les corvées domestiques. Et Marie, qui malgré sa petite taille déborde d'énergie, abat souvent la besogne de deux. Car des crises, Émilie en a chaque semaine, généralement après les bruyantes disputes qui émaillent le quotidien de la maisonnée. Ses sœurs ont appris à la soigner elles-mêmes, sans déranger personne.

— Veux-tu m'aider, Cécile? demande Émilie.

Cécile s'étonne. Pareille demande n'est pas dans les habitudes de sa sœur, dont il faut plutôt refréner l'ardeur. D'autant plus qu'il n'y a que six bols, six cuillers et six verres à laver. Pas de casseroles ni de poêlons.

— Ça ne va pas, Émilie? demande-t-elle une fois qu'elles sont seules.

— Je voulais te parler.

Elles transportent les couverts dans la cuisinette adjacente. Cécile touche l'épaule de sa sœur.

— Qu'est-ce qu'il y a?

— Les classes vont finir ici... J'ai peur qu'ils me placent à l'école de réforme.

— Voyons, Émilie, tu sais bien que ça se peut pas.

— *Mom* me l'a encore dit ce matin.

— Crois-la pas. Elle sait que ça te fait peur et ça l'amuse.

— Tu penses?

— Regarde : ils cachent ta maladie à tout le monde. Ils auraient encore plus honte qu'on sache qu'une Dionne, l'une des *Quints,* est dans un endroit pareil.

L'argument ébranle Émilie qui acquiesce silencieusement. Toutefois, elle demeure soucieuse. Cécile comprend que c'est d'autre chose qu'Émilie veut l'entretenir.

— Qu'est-ce qui te tracasse vraiment?

Émilie soupire en baissant la tête.

— C'est Roger...

— Ah! grogne Cécile qui croit deviner de quoi il retourne.

— Il... il vient s'étendre sur moi et... se frotte.

— Eh, seigneur!

La nouvelle, qui enrage Cécile, ne l'étonne qu'à moitié. Roger est très précoce. «Sensuel», disent entre elles les jumelles pour éviter le mot «vicieux». Non seulement il essaie constamment, comme d'autres de ses frères, de les épier quand elles se déshabillent, mais en plus il ne manque pas une occasion de les palper à l'improviste.

— Laisse-le pas faire, Émilie.

— Il est plus fort que moi.

Inutile de demander aux parents d'intervenir, Cécile le sait. Ils adorent Roger et l'excusent toujours. Ils accuseront Émilie de le provoquer et, en fin de compte, c'est elle qui écopera des réprimandes, sinon des coups. Parler à Roger n'y changera rien car il est conscient de l'impunité dont il jouit. Cécile ne voit aucune solution et son impuissance la désespère.

Personne ne peut leur venir en aide. Quand elles ont révélé aux religieuses la situation qu'elles vivent à la maison, ces dernières ont recommandé la résignation, l'amour de leurs parents et la prière. Il n'était pas question qu'elles intercèdent. Comme tout le monde, elles craignent les réactions d'Oliva Dionne. C'est sans issue...

Cécile se veut rassurante :

— Les autres et moi, on va le surveiller. Surtout, Émilie, enlève jamais ta culotte !

* * *

— Annette, les toilettes ! lance Elzire, une fois la vaisselle terminée.

— Oui, *mom*.

Résignée, Annette s'arme d'un seau, d'un torchon et de récurant. Elle réprime à grand-peine son envie de crier : «Pourquoi c'est toujours moi ? Les autres aussi s'en servent ! Pourquoi pas Simone ou Lucie ? Pourquoi pas les garçons ?»

— Frotte bien les tuyaux chromés et, surtout, laisse pas de cernes dans les bols comme la dernière fois.

Annette ne réplique pas. C'est faux, pourtant, tout était impeccable. Elle a beau s'échiner pour satisfaire sa mère, jamais un mot d'appréciation, un remerciement. Au contraire, Elzire trouve toujours sujet à critiques. Sept salles de bains à nettoyer ! Chaque soir ! Un travail qui demande deux bonnes heures et dégoûte Annette. Et juste après le repas ! Deux heures de haut-le-cœur. Aura-t-elle seulement le temps de faire ses devoirs avant de se coucher à neuf heures ? Pas celui d'étudier, c'est certain.

Plus elle en fait, plus sa mère lui en demande. Aucun moment de répit, comme ses jumelles d'ailleurs. Dès le retour de l'école, au travail ! À tel point qu'elles doivent se lever à six heures trente afin d'avoir une demi-heure pour s'exercer au piano sur les trois instruments que possède la famille. On les surveille afin qu'elles ne demeurent jamais oisives; en l'absence de leur père et de leur mère, c'est un frère ou une sœur qui les a à l'œil avec pour mission de rapporter aux parents le moindre relâchement.

S'il n'y avait que la vaisselle à essuyer... Faire les lits, mettre la table, balayer, nettoyer les planchers, polir les meubles, laver les vitres... C'est toujours à recommencer. Depuis leur arrivée, les autres enfants en faisaient moins qu'elles; c'est pire à présent que les deux plus vieilles sont au pensionnat. Vivement l'été et les corvées à l'extérieur! Le désherbage du jardin ou les travaux des champs deviennent des plaisirs car ils permettent de fuir les murs étouffants.

En sortant de la salle de bains près des chambres des garçons, Annette croise sa mère qui s'amène pour une inspection. Quand Elzire lève la main afin d'atteindre l'interrupteur, la jeune fille a un sursaut de recul. Tout mouvement brusque ou imprévu de sa mère la rend nerveuse : une gifle est si vite arrivée!

Pourtant, Annette est celle des quintuplées qu'Elzire préfère. Non parce qu'elle a le sens de l'humour et rit volontiers, qualités que la mère n'est pas en mesure de goûter, mais simplement parce qu'elle travaille sans jamais se plaindre. En de rares occasions, lors d'absences d'Oliva, Annette a eu le sentiment que sa mère entrouvrait son cœur, en laissait échapper un peu de bonté. Juste ce qu'il fallait pour regretter qu'il n'en soit pas toujours ainsi. Comme cette fois où ses jumelles ont accompagné leur père chez le dentiste à Ottawa. Alors qu'elles consacraient l'après-midi au grand ménage, Annette est parvenue à faire rire sa mère. Elzire semblait heureuse, s'amusait des histoires et des chansons de sa fille. Durant quelques heures, Annette a cru que tout était changé, que sa mère se révélait enfin humaine. Soudain, Elzire s'est rembrunie et lui a ordonné d'aller au lit. Sans souper, alors que le travail lui avait ouvert l'appétit! Annette n'a jamais su la raison d'un revirement d'humeur aussi subit.

— Neuf heures... Bonne nuit!

C'est ainsi qu'Elzire annonce aux jumelles attablées dans la salle à manger devant leurs devoirs qu'il est temps de se coucher. «Et les autres? se demande Annette. Ils se couchent à l'heure qu'ils veulent, font ce qu'ils veulent! Ils ont droit à du café, eux; pas nous. Mais c'est pas le Maxwell House qui leur améliore le caractère...» Elle trouve toujours moyen de donner un tour drôle aux incidents, même aux brimades. Cet humour aide beaucoup ses sœurs à supporter les contrariétés, qui ne manquent pas.

— Toi, Annette, j'ai deux mots à te dire!

Le ton impérieux n'est pas celui qu'Elzire emploie pour critiquer la façon dont une tâche a été exécutée. Ses sœurs interrogent du regard Annette qui fait un rapide examen de conscience. Elle n'a rien à se reprocher.

Elle suit sa mère dans le boudoir qu'elle a transformé en salle de couture.

— Ferme la porte.

Annette obéit, puis s'arrête devant sa mère, prudemment hors de portée.

— Est-ce que tu écris régulièrement dans ton journal personnel?

— Chaque jour, *mom*.

Elle ne comprend pas la raison de cette question. Ce journal! Une autre corvée. Elzire s'est mis en tête que les quintuplées pourraient devenir des écrivains; pour qu'elles s'entraînent à écrire, elle oblige chacune à tenir un journal intime. Elles ne trouvent rien à dire pour noircir ces pages, sinon le récit répétitif de leur quotidien.

Soudain, Elzire éclate et crie :

— Tu devrais avoir honte !

— De quoi, *mom*? demande Annette d'une voix tremblante.

Le visage d'Elzire s'empourpre.

— D'écrire des cochonneries. De les faire surtout ! J'ai lu que tu as taponné les trayons de Bichonne... Vicieuse, tu t'en confesseras !

Annette est atterrée. Jamais elle n'aurait cru que sa mère lisait le journal qu'elle conserve dans un tiroir de sa commode. C'est censé être personnel ! Bichonne vient d'avoir des chiots et Annette, intriguée par la vue des mamelles gonflées sous le ventre de la chienne, les a examinées.

— C'est pas péché, se défend-elle.

— Si je te dis que c'est mal, c'est mal !

— C'est pas pire que toucher aux pis des vaches, me semble...

— Cesse de me répondre ! s'exclame Elzire, hors d'elle-même. Tu veux que je le dise à ton père que tu es une vicieuse ?

Rouge de gêne, Annette proteste :

— C'est pas vrai !

— Menteuse ! Et sûrement que tu te touches.

— Quoi ?

— Tu as compris.

— C'est pas vrai, *mom,* répète Annette d'une voix larmoyante.

On dirait qu'Elzire se réjouit de l'effet de ses paroles, de l'embarras qu'elles provoquent chez sa fille.

— C'est une garde qui t'a appris ça? C'est ce qui arrive quand on est élevée par des étrangères. À moins que tu retiennes de ton père... Pis tes sœurs, elles font ça aussi?

— Non, *mom,* vous avez pas le droit de dire ça.

— J'ai le droit de dire ce que je veux, je suis ta mère. C'est chez nous ici, c'est moi qui mène. Et je te dis que t'es une sale cochonne!

Annette courbe la tête, abattue, sachant qu'il est inutile de discuter. Elle garde les yeux fixés sur les mains de sa mère, prête à reculer.

— Va te coucher, je t'ai assez vue pour aujourd'hui. Et rappelle-toi que je sais tout, tu peux rien me cacher.

Annette ravale sa colère et grimpe l'escalier au pas de course. Elle n'a jamais eu aussi honte de sa vie. Vivement le sommeil, l'oubli!

Elle trouve Cécile en train d'écrire dans son journal, étendue à plat ventre sur son lit. Le poste de radio sur la table de chevet joue de la musique en sourdine. D'un ton sarcastique, Annette déclare :

— Si jamais t'as quelque chose d'important à dire à *mom* et que tu veux être certaine qu'elle t'écoute, t'as juste à l'écrire dans ton journal.

— Je ne comprends pas, fait Cécile en refermant son cahier.

— Elle lit ce qu'on écrit!

— C'est pas vrai?

Annette s'assoit au bord du lit de Cécile et relate la scène que vient de lui faire leur mère. Sans évoquer le passage concernant les «touchers», une histoire qu'elle se réserve pour une autre fois.

— Ma pauvre Annette, t'aurais dû être prudente. Elle ouvre toutes les lettres qu'on reçoit, tu le sais. On n'a rien à nous autres, ici. On est des étrangères, on nous le répète assez, et on le restera toujours.

— Si ça ne dépendait que de moi, je ne serais plus ici depuis longtemps.

— Qu'est-ce que tu veux dire ?

Annette rapproche sa tête de celle de sa sœur et demande tout bas :

— Rêves-tu le soir avant de t'endormir ?

— Non.

— À quoi tu penses, alors ?

— À dormir le plus vite possible !

Après un moment d'hésitation, Annette reprend, toujours à voix basse :

— Tu sais combien je vous aime toutes...

— T'as même pas besoin de le dire.

— Eh bien, chaque soir, j'imagine que je me sauve d'ici. Je me vois descendre la nuit sans faire de bruit. Je prends la clé dans la cuisine et je sors. Je parle tout bas aux chiens pour pas qu'ils jappent. Je me rends jusqu'à la clôture, j'ouvre le cadenas et je me retrouve sur la route.

— Toute seule ?

— Oui..., répond piteusement Annette. D'autres fois, la clé n'est pas là, je grimpe sur la clôture, je jette ma valise de l'autre côté, je passe par-dessus la broche barbelée en essayant de pas me faire mal. Et je réussis à atteindre la route.

— Qu'est-ce qui arrive, une fois sur la route ?

Annette laisse échapper un profond soupir.

— Rien... Je ne sais plus quoi faire. C'est pour ça que je recommence ce projet chaque soir : pour essayer de savoir quoi faire ensuite, où aller.

— Ça se comprend : on n'a pas d'argent, on ne connaît personne, on ne saurait pas comment se débrouiller dans le monde. Je serais bien en peine de t'aider. Et c'est mieux que ça reste un rêve, Annette.

— Pourquoi ?

— Si tu te sauves, on va te retrouver, et c'est toi, pas Émilie, qui vas aller à l'école de réforme !

Elles rigolent, la main devant la bouche pour étouffer leurs éclats de rire. Cette menace avec laquelle leur mère terrorise Émilie, elles n'y croient pas. Une méchanceté de plus dont elles préfèrent se moquer afin de la désamorcer. Le bref moment d'hilarité terminé, Annette redevient grave.

— Je suis malheureuse, Cécile.

Sa sœur la serre dans ses bras.

— On l'est toutes, Annette.

— Je suis découragée, j'en peux plus. C'est pas seulement pour moi. Moi, je pourrais toujours m'arranger. Mais je suis plus capable de voir comment on traite notre petite Marie, notre pauvre Émilie.

— Courage, ça achève. Y a pas d'école secondaire dans le coin, va falloir qu'ils nous envoient dans un pensionnat, comme Simone et Rachel. Plus que quatre mois ! Pis l'été c'est un peu moins pire, on va dehors.

— J'aimerais partir et ne plus jamais revenir, murmure Annette, les yeux rêveurs.

Après un moment de silence, son regard s'allume soudain : une pensée amusante vient de lui traverser l'esprit. Elle sourit.

— À sept toilettes par jour, ça fait combien jusqu'en septembre ?

* * *

Nommée «mère de l'année» en 1947, Elzire Dionne s'est rendue à Ottawa afin d'assister à la cérémonie.

90

Un mois après la naissance de ses célèbres quintuplées, Oliva Dionne en perdait la garde au profit du gouvernement de l'Ontario. Cette disposition devait d'abord s'appliquer pour une période de deux ans, mais on décida ultérieurement que la tutelle des quintuplées durerait jusqu'à leur dix-huitième anniversaire de naissance. Oliva Dionne mena un combat de tous les instants pour briser cette décision. Le 17 novembre 1943, il allait enfin chercher ses jumelles, âgées de neuf ans, afin de les emmener dans son foyer. Partout, les journaux célébrèrent cette réunion de famille.

King Features Syndicate, Inc.

Les quintuplées Dionne ont grandi sous les regards de centaines de milliers de visiteurs — on évalue à plus de trois millions le nombre de personnes qui ont défilé à la célèbre pouponnière — et sous les soins des infirmières qui veillaient sur elles jour et nuit.

NEA Service Inc

Depuis leur naissance, on se plaît à accentuer le caractère identique des quintuplées en harmonisant leurs vêtements et leur coiffure. C'est ainsi que l'on aime voir les «princesses du Canada», qui se préparent ici à rencontrer le roi George VI.

Tous les faits et gestes des quintuplées sont saisis sur pellicule.
Les «jumelles Dionne» ont aussi leur photographe attitré, Fred Davis,
puis celui que les quintuplées appellent M. Sasse, qui continue
de les visiter lorsqu'elles vivent chez leurs parents.

«Quintland» tel que représenté dans le magazine Life. *1. La maison où les jumelles sont nées. 2. La boutique de lainage d'Oliva Dionne. 3. La boutique de souvenirs et le restaurant d'Oliva Dionne. 4. La résidence du personnel de la pouponnière, qui deviendra plus tard la résidence des religieuses. 5. La galerie d'observation et le terrain de jeu où les visiteurs peuvent admirer les fillettes. Plus tard, elles s'y promèneront avec leurs camarades de classe puisque ce lieu deviendra la cour de leur école. 6. La pouponnière accueillera d'abord l'école privée de la famille Dionne, puis un pensionnat pour jeunes filles, la Villa Notre-Dame.*

*La nouvelle demeure des Dionne, construite et meublée au coût de
quatre-vingt-dix mille dollars, grâce au fonds des fillettes,
comptait dix-neuf pièces dont huit chambres et sept salles de bains.*

*Oliva Dionne acquiert sa première Cadillac peu après la naissance
des quintuplées. Par la suite, tous les ans, il fera l'acquisition
du modèle de l'année.*

Cécile, Yvonne, Marie, Émilie et Annette (de g. à dr.)
demeurent désormais dans la grande maison.

Dans la nouvelle demeure de leurs parents, Yvonne (que l'on aperçoit
dans le miroir) et Marie tenant une poupée dans leurs bras.
Cécile et Annette occupent la «chambre jaune». La «chambre verte» échoit
à Yvonne et à Émilie. Marie est séparée pour la première fois de ses
jumelles; elle dort avec une autre de ses soeurs dans la «chambre rose».

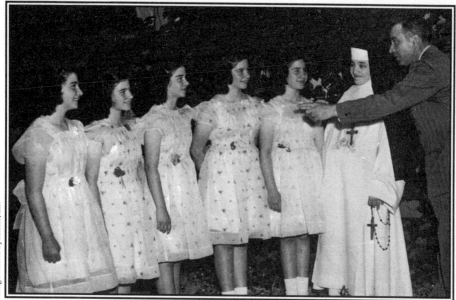

Émilie, Annette, Cécile, Yvonne et Marie (de g. à dr.)
sourient à leur père sous le regard attendri d'une tante,
la soeur Ange-du-Bon-Secours.

Quelques années plus tard, Émilie, Marie, Cécile, Yvonne et
Annette (de g. à dr.) visitent leur tante au couvent où elle réside,
en compagnie de leur photographe attitré.

Émilie, Yvonne, Annette, Cécile et Marie (de g. à dr.),
en compagnie de la chienne Bichonne et de l'un de ses chiots.

À treize ans, Cécile, Annette, Émilie, Yvonne et Marie (de g. à dr.)
participent, accompagnées de leurs parents et du père Gustave Sauvé,
au Congrès marial soulignant le centième anniversaire
du diocèse d'Ottawa.

Simone et Lucie l'accompagnent. Parce qu'elles souffrent toutes les cinq de la coqueluche, les jumelles sont demeurées à la maison. Elles ont le sentiment que leur maladie n'est qu'un prétexte; s'il n'y avait pas eu cela, leur mère aurait invoqué une autre bonne raison pour ne pas les emmener. C'est aussi bien ainsi, on les aurait sans doute exhibées comme des animaux de foire. Et puis elles auraient eu leur mère sur le dos durant tout le voyage : «Fais pas ci! Fais pas ça! Tiens-toi droite!»

En l'absence d'Elzire, leur père se montre plus détendu, moins autoritaire. Un peu moins distant. Contre son habitude, il ne dit rien lorsqu'il les trouve toutes les cinq dans la même chambre à son retour de North Bay.

— Comment vont mes petites filles? demande-t-il avec gentillesse en entrant dans la pièce. Vous avez pris votre sirop?

— Oui, *dad*, font-elles en chœur.

Dans sa troisième semaine, leur maladie devient de jour en jour moins aiguë. Les quintes de toux sont plus distancées, moins fortes.

— J'ai une surprise pour vous, dit Oliva en tendant la boîte qu'il cachait derrière son dos.

Des chocolats! C'est la première fois qu'il leur offre quelque chose sans raison, sans qu'il y ait des témoins ou un appareil photo. Le geste les touche profondément et elles le remercient avec chaleur.

— En voulez-vous, *dad*? demande Émilie en se préparant à déballer la boîte.

— Merci. Gardez-les pour vous. Oh! ne le dites à personne, surtout pas à votre mère. Arrangez-vous pour qu'elle trouve pas la boîte en revenant d'Ottawa.

— Promis, répond Marie.

— Qu'est-ce que vous avez fait, cet après-midi? demande le père en s'adressant à Yvonne.

— Pas grand-chose, on a dormi. Ah! c'est vrai... Sœur Aimée-des-Anges est venue nous voir.

Les dents serrées, Oliva a un rictus involontaire d'agacement.

— Qu'est-ce qu'elle voulait?

— Rien, *dad,* répond Cécile en essayant de minimiser l'événement. Prendre de nos nouvelles.

— Si elle veut des nouvelles, elle n'a qu'à m'appeler!

— Elle pense qu'on pourrait recommencer à aller à l'école cette semaine, dit Marie.

Oliva pousse un grognement et hausse la voix :

— Non, mais de quoi elle se mêle? C'est moi qui décide! Je vais lui dire ma façon de penser.

La contrariété manifeste de leur père inquiète Émilie qui craint qu'il ne se mette à tempêter. Un accès subit de toux s'empare d'elle; ensuite, elle a peine à reprendre son souffle. Elle va dans la salle de bains cracher les expectorations qui remplissent sa bouche. Du moins, elle ne vomit plus comme les semaines précédentes. Quand elle revient, Oliva s'enquiert d'une voix douce :

— Ça va?

Cette interruption lui a fait perdre sa colère. Annette espère dérider son père, lui faire retrouver le sourire qu'il avait quelques minutes auparavant.

— Pour moi, sœur Aimée-des-Anges commence déjà à s'ennuyer en pensant qu'elle ne nous reverra pas l'automne prochain.

Oliva se contente d'un hochement de tête distrait. Yvonne juge le moment propice pour aborder le sujet dont elle discute avec ses sœurs depuis des semaines. Une telle occasion ne se représentera pas de sitôt.

— Justement, *dad...* L'automne prochain...

— Oui? fait-il, subitement sur ses gardes.

— On aimerait aller au pensionnat comme Rachel et Simone. Comme Armand.

Il demeure songeur durant plusieurs secondes avant de répondre :

— J'y ai pensé, j'y pense... Ma peur, c'est qu'on vous enlève. Vous êtes célèbres et les gens s'imaginent que je suis riche.

— Si on était chacune dans une école différente, se hâte de plaider Cécile, il n'y aurait pas de danger.

Annette renchérit :

— On pourrait même changer de nom : personne ne saurait qu'on est une des *Quints*.

Cette suggestion déplaît à Oliva qui manifeste son sentiment par un regard appuyé, un froncement des sourcils. Puis il s'étonne :

— Vous accepteriez d'être séparées ?

Toutes en même temps, elles font oui de la tête.

— L'instruction, c'est important, déclare Yvonne. Si on veut aller loin dans la vie.

— Et qu'est-ce que tu veux faire plus tard ?

— Devenir infirmière.

— Ah ! fait-il en laissant voir son mécontentement. C'est pas un métier, torcher les malades ! Et puis les gardes-malades que j'ai connues étaient pas très recommandables. En tout cas, on en reparlera en temps et lieu.

Le sujet, qu'il estime avoir clos par sa dernière phrase, a troublé Oliva. Les plans d'avenir qu'il faisait pour ses jumelles ont toutes les chances de ne pas se réaliser parce qu'elles n'ont pas conscience de la notoriété que leur accorde leur statut de quintuplées. Au lieu de rêver, à l'instar de toutes les filles, de devenir célèbres comme actrices ou autrement, elles n'aspirent qu'à l'anonymat, qu'à être des femmes que rien ne distingue des autres. Infirmière, hein !

— C'est bien beau de vouloir s'instruire, encore faut-il en être capable.

— C'est vrai que cinq, ça coûte cher, concède Marie.

— C'est pas le problème. Question d'intelligence.

— On arrive bien à l'école! proteste Yvonne.

— Vous êtes juste au primaire, puis vous avez des professeurs privés. Comme c'est moi qui les paie, elles seraient malvenues de vous donner de trop mauvaises notes.

Profondément blessées par le jugement paternel, les jumelles courbent la tête et ne se défendent pas. Il poursuit :

— Vous avez le front étroit, pas haut... Regardez Roger : le front large, bien dégagé. C'est un signe d'intelligence. Il est beaucoup plus intelligent que vous.

Yvonne bout intérieurement. Roger, toujours Roger! Pourquoi les rabaisser pour le mettre en valeur? Elle serre fortement la boîte de chocolats qui lui font moins envie. Cécile voit l'état d'esprit de sa sœur et prend le relais, en masquant son chagrin.

— On travaillera plus fort que les autres s'il le faut, mais on va réussir nos études, *dad.*

— Ouais... Vous allez étudier, ça donnera ce que ça donnera... Même si certains ont pas été avantagés par la nature, tous mes enfants auront les mêmes chances dans la vie. Bon, reposez-vous.

— Pour le pensionnat, *dad*? insiste Cécile quand il se dirige vers la porte.

— Laissez-moi ça entre les mains.

Une fois qu'elles sont seules, Marie attrape la boîte et la déballe hâtivement. Avant de prendre un chocolat, elle en offre à ses sœurs. Yvonne refuse d'une voix morne :

— Pas tout de suite, j'ai un peu mal au cœur.

Cette attitude ramène à l'esprit des autres ce que leur père a dit à propos de leur intelligence.

— En fin de compte, je vais attendre moi aussi, dit Marie en déposant la boîte.

Elle rumine durant quelques instants les paroles de son père, puis déclare :

— C'est pas vrai! On est aussi intelligentes que les autres.

— Oui, et même plus que certains, ajoute Yvonne. Pas vrai, Cécile?

Devant le miroir de la commode, Cécile a relevé son toupet pour étudier son front. Annette la taquine :

— Tire tes cheveux par en arrière, ça va te remonter le front!

Cécile ne rit pas en regardant ses sœurs dans la glace. Sa voix tremble d'émotion.

— N'empêche que c'est blessant...

Les autres demeurent silencieuses, reconnaissant chez leur sœur le sentiment qu'elles essayaient d'oublier. Finalement, Yvonne dit :

— Au moins, on sait qu'on va continuer à étudier.

— Un moment, j'ai eu peur qu'il nous dise qu'on resterait à la maison, avoue Annette. Comme servantes et femmes de ménage!

— Vous croyez qu'on va vraiment aller dans des pensionnats? demande Émilie, pleine d'espoir.

— Tu l'as entendu comme moi : la même chose pour tous les enfants, répond Cécile. Les plus vieux sont pensionnaires.

— Je me réjouirai quand je partirai avec ma valise, lance Annette qui a été trop souvent déçue. Pas avant.

* * *

Yvonne et Émilie sursautent lorsque des coups sont frappés à la porte de leur chambre. Comme la radio joue, elles n'ont pas entendu de pas dans le couloir. Yvonne se dépêche d'avaler le chocolat qu'elle a dans la bouche et fait signe à sa sœur de dissimuler la boîte. Alors qu'elle essuie ses lèvres du revers de sa manche avant de dire «entrez», la porte s'ouvre. C'est leur père.

— T'as pas répondu quand j'ai cogné?

— J'achevais d'avaler mon chocolat avant, dit-elle en riant.

Partager un secret avec son père la rend heureuse. Douce revanche sur ses frères et sœurs qui savent toujours tout avant les jumelles. Ravie elle aussi, Émilie exhibe la boîte qu'elle avait dissimulée sous son oreiller.

— Ils sont très bons, *dad*. Vous en voulez?

Il prend un chocolat qu'il mange en souriant à ses filles.

— Vous toussez encore, je vous ai entendues en venant.

— Un peu, admet Émilie, mais ça va beaucoup mieux.

— La coqueluche, ça peut être dangereux, faut pas arrêter trop vite de se soigner.

Yvonne a remarqué un changement d'attitude chez son père. Jamais il ne s'est préoccupé d'elles à ce point, ne leur a parlé avec autant de gentillesse. Dans les jours précédant son voyage à Ottawa, leur mère aussi a fait preuve de douceur avec elles. Se pourrait-il que le miracle se produise enfin, après presque quatre ans? Le respect et l'obéissance qu'elles témoignent à leurs parents auraient fait naître chez eux de l'affection?

Peut-être que durant leur maladie les autres se sont plaints d'avoir trop de travail. Leur mère et leur père se seront alors rendu compte de la somme énorme de tâches domestiques que les jumelles accomplissent quotidiennement. Ils auront pris conscience qu'elles font plus que leur possible et méritent quelques égards. À moins que ce ne soit la perspective de leur départ prochain pour le pensionnat qui les fasse apprécier. Il eût été préférable que cela se produise bien avant, mais mieux vaut tard que jamais.

Oliva s'assoit au bord du lit d'Yvonne et exhibe un flacon en verre brun.

— C'est un liniment excellent pour les maux de poitrine.

— Merci, *dad.*

Yvonne tend la main, il éloigne la bouteille hors de portée.

— Je vais te frotter moi-même.

Elle n'en croit pas ses oreilles. Et pourtant son père dit encore, d'une voix insistante :

— C'est pour ton bien. Enlève le haut de ton pyjama.

Yvonne jette un regard incrédule à Émilie qu'elle voit ahurie, rouge de honte. Elle aussi doit avoir les joues écarlates car elle les sent brûlantes. Oliva s'étonne, d'un ton badin :

— Serais-tu gênée devant ton père ? Voyons donc ! La seule chose qui compte pour moi, c'est de vous voir en bonne santé.

— Mais, *dad...*, balbutie Yvonne.

Le visage de son père se durcit, il reprend la voix autoritaire qui lui est coutumière.

— Cesse tes enfantillages, enlève ton haut ! J'ai pas rien que ça à faire, moi.

Yvonne se dit qu'il ne comprend pas sa pudeur, tout au désir qu'il est de soigner ses filles. Et elle se sent coupable d'avoir mal interprété son élan de bonté : c'est elle qui voit du mal où il n'y a en fait que de la compassion. Après tout, elle n'hésite pas à se dévêtir devant le docteur Joyal quand il l'ausculte. Pour éviter d'être embarrassée, elle n'aura qu'à ne pas le regarder pendant qu'il la frottera.

En évitant de croiser le regard de son père, Yvonne déboutonne la veste de son pyjama, l'ouvre et demeure assise, la tête tournée vers le mur. Elle entend qu'il dévisse le bouchon de la bouteille, étend le liquide sur ses mains. Elle essaie de faire le vide dans son esprit, mais elle ne peut s'empêcher de penser qu'elle a les seins nus, qu'il les voit, qu'il va passer ses mains tout près d'eux. Pourquoi cette angoisse terrible? Pourquoi ne parvient-elle pas à trouver la chose normale? Serait-ce ce que les religieuses appellent «la maladie du scrupule»?

Les mains humides se posent à la base de son cou, glissent vers les épaules en exerçant de la pression. Une odeur de thé des bois emplit le nez d'Yvonne tandis que les mains passent et repassent aux mêmes endroits. Le médicament pénètre dans la peau, engendre une sensation de chaleur. Les mains descendent, les doigts se rencontrent sur le sternum, s'écartent pour masser les côtes. Vivement que cela finisse!

— Tu vas voir, ça va te faire du bien.

Il enduit de nouveau ses mains de liniment et frotte la peau avec des gestes plus amples. Est-ce qu'il s'aperçoit que ses paumes effleurent le bout des seins à chacun de ses mouvements? C'est involontaire?

— C'est bon, hein?

Elle ne répond pas, fixant toujours le mur. Il a une voix plus aiguë que d'habitude, nerveuse on dirait. Sa respiration est pressée, bruyante. Ses doigts font le tour des seins, les palpent. Yvonne réalise que son père prend plaisir à appliquer le traitement, le prolonge bien plus que nécessaire. Bien qu'elle se sente mal, qu'elle souhaite être ailleurs, elle n'ose protester. Elle n'a jamais eu aussi honte de toute sa vie. À tel point qu'elle baisse vivement les paupières lorsque son regard croise celui de sa sœur. Comme Oliva tourne le dos à Émilie, elle ne voit pas son regard étrange ni les allées et venues de ses mains autour des seins d'Yvonne.

Les frictions se sont transformées en caresses, devenant du même coup douloureuses au lieu d'être simplement désagréables. Dégoûtée, Yvonne est prise d'un haut-le-cœur. Elle frissonne.

— Je commence à avoir froid, dit-elle en se retournant vers son père.

Il a les yeux brillants et sourit à sa fille. Mais quand elle essaie de ramener les pans de sa veste de pyjama sur sa poitrine, son sourire se défait. Il retire ses mains sans plus insister. Elle reboutonne hâtivement son vêtement tandis qu'il se dirige vers le lit voisin, puis elle s'étend et remonte la couverture jusqu'à son cou.

— À ton tour, Émilie.

Celle-ci ouvre sa veste sans protester. Bien sûr, elle est écarlate et elle tressaille quand les mains d'Oliva atterrissent sur elle.

Yvonne aimerait s'abolir dans le sommeil pour oublier ce qui vient de se passer. Elle doit toutefois veiller sur sa sœur. Étendue sur le dos, Yvonne fait mine de contempler le plafond, mais du coin de l'œil elle épie les gestes de son père. Son visage surtout. Il regarde fixement les seins d'Émilie, sans se gêner car elle a fermé les yeux. Il devient vite évident pour Yvonne qu'il a beaucoup de plaisir à toucher la poitrine de ses filles.

Les frictions au liniment? Un prétexte pour les voir se dénuder la poitrine. Tout à coup, un fait jusque-là anodin prend un tout autre sens pour Yvonne. Quand le docteur Joyal vient les voir, l'examen a toujours lieu dans le bureau d'Oliva qui reste sur place. Cela gênait Yvonne qui trouvait que son père manquait de délicatesse. Elle sait à présent qu'il se rinçait l'œil ! Comme il le fait en ce moment. Plus jamais elle ne sera à l'aise avec lui ; quand il posera les yeux sur elle, elle ne pourra plus croire qu'il a le regard innocent d'un père. Roger a de qui tenir !

Une pensée l'agace. Cette fois où Émilie a surpris un visage à la fenêtre alors qu'elle prenait son bain, un visage disparu trop vite pour qu'elle puisse l'identifier ? Yvonne et Lucie sont descendues précipitamment pour trouver la grande échelle encore appuyée au mur, juste sous la fenêtre de la salle de bains. Personne. Elles ont fait le tour des chambres des garçons : aucun ne semblait essoufflé. Quant au père, il était dans son bureau dont elles n'ont pas osé pousser la porte. Oliva a prétendu qu'il s'agissait d'un rôdeur. Comment un rôdeur se serait-il introduit dans la cour, avec les cadenas, les barbelés et les deux chiens de garde ?

— Ça va te soulager, tu vas voir, Émilie. Ta toux va partir.

La même voix haut perchée, un peu fiévreuse. Et Émilie, si innocente, si confiante qu'elle ne s'aperçoit pas que tout ça n'est pas normal. Yvonne ronge son frein. Cet homme est répugnant. Dire qu'elle a cru qu'il devenait plus aimable avec elles parce qu'il commençait à les aimer ! Et les chocolats ! Des manœuvres pour qu'elles ne se méfient pas. Est-ce qu'il a déjà fait ça aux plus vieilles ?

— Tu dois commencer à avoir froid, Émilie.

Oliva jette un regard hargneux à Yvonne qui vient de parler. Elle insiste :

— Vous savez, *dad,* la peau mouillée, ça refroidit tout le corps. Me semble qu'on est encore fragiles.

Il ne répond pas aux arguments mais se redresse entre les deux lits. Les paroles d'Yvonne ont brisé la magie. Il reprend sa bouteille et va à la porte.

— Reposez-vous bien.

— Merci, *dad,* répondent-elles d'un ton morne.

La porte se referme. Les deux sœurs se regardent. Yvonne constate avec soulagement qu'Émilie est aussi troublée qu'elle-même, aussi humiliée. Comment faire pour qu'il ne recommence pas? Personne à qui elles pourraient demander conseil, personne qui pourrait intervenir. Le sentiment d'impuissance d'Yvonne est total.

Leur père frappe à la porte de la chambre d'Annette et de Cécile. D'une voix rageuse, Yvonne dit à sa sœur :

— C'est pas correct! Non, c'est pas correct!

Elle se sent salie, voudrait laver sa poitrine mais songe qu'elle pourrait ainsi empirer son état. Et risquer de s'attirer de nouveaux «soins» de son père.

— C'est pas correct! répète-t-elle, abattue.

* * *

Trois fois la semaine, le curé de Corbeil vient célébrer la messe dans la chapelle privée installée dans l'ancienne résidence des infirmières où logent à présent les religieuses. Très pieuse, Elzire y emmène ses enfants, à l'exception d'une des jumelles qui reste pour préparer et servir le déjeuner du père.

Toutes les cinq détestent cet arrangement car il leur faut abréger leurs exercices au piano pour être devant l'autel à sept heures. Mais surtout parce que celle qui reste à la maison doit recevoir les confidences d'Oliva au sujet d'Elzire. Il répète sans arrêt qu'elle était mauvaise mère, tordait les pieds de ses bébés quand ils pleuraient, les laissait des heures dans leur couche souillée. Et d'autres choses du même genre. Des choses qu'elles refusent de croire, comme elles refusent de prêter foi à ce que leur mère leur révèle à propos de leur père.

Plus encore que les disputes et les engueulades qui éclatent régulièrement entre Elzire et Oliva, c'est leur empressement à détruire l'image du conjoint en son absence qui blesse le plus les jumelles. Elles ne sentent aucune tendresse entre eux, aucun plaisir d'être ensemble. Chacun semble craindre l'autre. Ils ne s'entendent sur rien, sauf sur la nécessité de sauvegarder les apparences devant les étrangers.

Pour Oliva, qui a été tellement souvent pris à partie par les journaux, l'opinion publique revêt une importance capitale. «Tout ce que les journalistes attendent, dit-il souvent aux jumelles, c'est que l'une d'entre vous tombe enceinte.» Il s'efforce de contrôler ce qui est publié sur les quintuplées et leur famille, diffusant lui-même les informations qu'il veut voir paraître.

Les coupures de journaux qui s'amoncellent dans des albums témoignent de sa passion pour la publicité. Et il profite du moindre événement pour que le nom de Dionne continue à circuler dans les médias. Lorsque son fils aîné, Armand, se marie au printemps 1947, Oliva décide que le mariage se fera dans la chapelle privée de l'ancienne pouponnière et non à l'église de Corbeil. Les jumelles jouent le rôle de filles d'honneur, ce qui ne manque pas d'attirer journalistes et photographes. C'est également par soif de publicité qu'il accepte, deux mois plus tard, l'invitation à participer au Congrès marial qui souligne le centième anniversaire de fondation du diocèse d'Ottawa.

Le bain de foule se révèle pénible pour les jumelles, conscientes comme jamais qu'elles suscitent la curiosité. Leur arrivée provoque chaque fois une certaine commotion chez les fidèles pourtant recueillis. Et cela ne manque pas de se produire de nouveau lorsque la famille Dionne au grand complet prend place dans la première rangée de chaises installées sur le gazon pour une messe en plein air. Une fois qu'ils sont assis, Marie se plaint de la curiosité des gens au père Sauvé qui accompagne la famille Dionne. Il répond :

— Mais voyons, Marie, tu ne comprends pas que c'est parce que les gens vous aiment, toi et tes jumelles ?

— Nous aimer, père Sauvé ? Ils ne nous connaissent même pas !

— C'est là que tu te trompes. Ils suivent chaque événement de votre vie depuis votre naissance, vous faites partie de leurs souvenirs, ils ont l'impression de vous connaître intimement. Le miracle de votre naissance a été pour tout le monde un signe d'espoir durant des temps difficiles.

Elle fait une moue dépitée.

— Ce n'est pas drôle, tous ces regards posés sur nous.

— Dis-toi que ce sont des regards d'amitié. Les gens vous aiment parce que vous demeurez simples et sympathiques. Pense aux centaines de lettres que vous recevez chaque mois de partout, pleines de vœux et de pensées chaleureuses.

Marie demeure un moment pensive. Des regards d'amitié... Elle n'avait jamais vu les choses sous cet angle. Il faut dire qu'elle a plutôt l'habitude de regards qui la surveillent pour la prendre en défaut. Et tout à coup les milliers de paires d'yeux de la foule lui semblent moins intimidants. Elle les oublie pour revenir aux pensées qui les obsèdent, elle et ses sœurs, depuis des mois. Juin tire à sa fin et elles ignorent toujours ce que l'avenir leur réserve.

Après s'être assurée que son père est toujours à l'autre extrémité du groupe familial, elle demande au prêtre :

— Père Sauvé, est-ce que *dad* vous a dit où nous irons à l'école en septembre ?

Il semble étonné.

— Tu n'en as pas la moindre idée ?

— Non.

— Qu'est-ce que tu voudrais, toi ?

Elle soupire.

— Partir dans un pensionnat.

C'est au tour du prêtre de jeter un coup d'œil en direction d'Oliva qui, le cou tendu, les observe avec inquiétude. Le père Sauvé sait qu'Oliva n'a pas vraiment confiance en lui et qu'il déteste le voir en aparté avec une des jumelles.

— Je pense que ton père a d'autres projets pour vous.

Cette phrase prononcée à voix basse fait renaître les appréhensions de Marie.

— Quoi, père Sauvé ?

— Bien..., fait-il, un peu mal à l'aise, si votre père n'a pas encore jugé bon de vous mettre au courant, il doit avoir ses raisons. Je n'ai pas à trahir ses secrets. Tiens, voici Mgr Mar Ivanios, l'archevêque de Trivandrum, en Inde.

Et le prêtre se détourne, s'absorbant dans le spectacle de l'arrivée des princes de l'Église. Marie comprend qu'il veut surtout mettre fin à la conversation. Il estime en avoir déjà trop dit, elle ne tirera plus rien de lui. Elle fixe le sol et, durant toute la célébration, tente vainement de décoder les paroles du père Sauvé, de deviner les projets de son père.

C'est dans le *Nugget's* qu'elle apprend finalement ce qu'elle et ses sœurs jugent une bien mauvaise nouvelle :

elles ne partiront pas pour le pensionnat. Au contraire, le pensionnat viendra à elles! Leur père a obtenu du gouvernement et de l'Église catholique l'autorisation de transformer la pouponnière en une école secondaire. Après avoir servi d'école primaire à tous les enfants d'Oliva, l'édifice de bois peint en rouge deviendra la Villa Notre-Dame, un pensionnat pour jeunes filles que continueront de diriger les sœurs de l'Assomption.

Il y aura dix élèves en plus des quintuplées. L'article cite abondamment Oliva Dionne qui dit, entre autres : «C'était impossible d'inscrire les quintuplées dans une école ordinaire. Comme ça, elles pourront poursuivre leurs études tant qu'elles le voudront. Elles auront la compagnie de filles de leur âge, ce qui est bien normal, sans être privées de l'atmosphère et de la protection familiales.»

— L'atmosphère familiale! s'exclame Annette d'un ton où le sarcasme dissimule mal une immense déception.

— Il aurait pu nous demander notre avis, déclare Yvonne qui se rend compte aussitôt de l'incongruité de sa remarque.

On ne leur a jamais demandé leur avis sur rien. On décide, elles obéissent. Marie s'écrie :

— C'est pas juste! Lucie s'en va à l'extérieur en septembre, pourquoi pas nous? C'est pas juste.

— As-tu déjà vu de la justice dans cette maison? réplique Émilie dont la voix laisse percer une profonde amertume. Pas moi!

Annette essuie discrètement une larme : son rêve d'évasion qu'elle croyait enfin à portée de la main s'éloigne irrémédiablement. Elles seront condamnées à vivre le reste de leurs jours dans cette maison, servantes de leurs parents.

— Dès que j'ai l'âge, annonce-t-elle, j'entre au couvent.

Ses sœurs savent qu'elle ne plaisante pas. Toutes croient que le mariage n'est pas pour elles et l'idée de devenir des religieuses leur effleure régulièrement l'esprit. Yvonne demande à Cécile :

— Tu ne dis rien ? À quoi tu penses ?

— Quand elle a parlé de Lucie, Marie m'a donné une idée. Je vais demander à Lucie d'intervenir. *Dad* va peut-être l'écouter.

— Oui, fais donc ça.

— Pendant ce temps-là, dit Émilie, nous, on va prier pour que ça marche.

Une fois qu'elle lui a exposé leur désir de fréquenter un pensionnat à l'extérieur de la région, Cécile prie Lucie d'intercéder auprès de leur père.

— De quoi vous vous plaignez ? Un pensionnat pour vous autres toutes seules !

— C'est pas ce qu'on veut, tu le sais bien, Lucie. On aimerait partir un peu, comme toi, comme Rachel et Simone. Ça ferait du bien à tout le monde.

— Pas aux parents. Et je leur en parlerai pas.

— Pourquoi ?

— Parce que.

— Rends-moi ce service, Lucie, je t'en prie.

— J'aurais pas le cœur de leur faire de la peine. Faut les comprendre : ils ont tellement été privés de vous cinq qu'ils veulent vous garder près d'eux. Même si ça coûte plus cher au bonhomme que de vous envoyer dans une école au loin. Faites un petit effort : ils méritent bien ça, ils ont tellement souffert à cause de vous.

Une telle délicatesse à l'égard des parents n'est pas coutumière chez Lucie, et Cécile cherche à évaluer la part d'ironie que cachent ses propos. Elle insiste encore, pour essuyer cette fois un refus catégorique.

— *No way!*

Comme Cécile s'en retourne, penaude, Lucie lui lance :

— Tu penses que le bonhomme changerait d'idée après l'avoir fait écrire dans les journaux ? De quoi il aurait l'air ?

4

Tout l'été, le bruit des marteaux et des scies se réper-
cute en écho dans la forêt qui enserre la ferme d'Oliva
Dionne : des menuisiers s'affairent à modifier l'ancienne
pouponnière en y ajoutant notamment un dortoir. Les frais
de transformation et d'opération de la Villa Notre-Dame
s'élèveront à soixante douze mille dollars, somme qui sera
puisée dans le fonds des quintuplées.

Après leur déception initiale de ne pas partir au loin,
les jumelles s'habituent à l'idée de vivre de nouveau entre
les murs qui ont abrité leur enfance heureuse. Bien sûr,
elles ne quitteront pas l'enceinte grillagée, elles demeu-
reront à portée de voix de la grande maison, en quelque
sorte sous les yeux de leurs parents, mais il s'agit tout de
même d'une embellie de leur sort. Plus de corvées domestiques, plus d'incessantes querelles... Elles ne viendront
à la grande maison qu'en visite et, espèrent-elles, le moins
souvent possible.

À mesure que septembre approche, le temps paraît
plus long aux jumelles. Le tapage que font les ouvriers
devient une musique suave à leurs oreilles. Lorsqu'elles
jouent dans la cour ou sarclent le jardin, elles observent
l'édifice de bois peint en rouge, essaient de deviner l'état
d'avancement des travaux. Pas question qu'elles aillent

voir sur place : leur père leur a formellement interdit de s'approcher des étrangers qui s'y affairent.

Les étrangers... Lorsque des voitures s'arrêtent devant la grille, ce qui arrive plusieurs fois par jour durant la belle saison, les jumelles doivent rentrer aussitôt dans la maison, hors de vue des curieux. Pourtant, malgré leur timidité, elles ont soif de connaître des visages nouveaux, de communiquer avec des gens qui élargiraient leurs horizons. C'est justement contre cela que leur père les met quotidiennement en garde.

N'entre pas qui veut dans la grande maison ! Seuls sont admis des parents ou des connaissances d'Oliva Dionne, des invités en qui il a confiance et que, de toute façon, il garde à l'œil afin qu'ils n'aient pas de conversations privées avec l'une ou l'autre de ses quintuplées. De même, c'est lui ou Elzire qui filtrent les nombreuses lettres d'admirateurs qui arrivent chaque semaine.

Enfin le jour de la rentrée ! Yvonne, Annette, Émilie, Marie et Cécile descendent l'escalier en portant chacune une petite valise. Trois malles les ont précédées au pensionnat. Trois malles pour cinq : elles ne comprennent pas la logique qui est derrière cette décision de leurs parents. Émilie récite intérieurement une prière à la Vierge Marie afin que tout ceci ne soit pas un rêve, que leur père ne change pas d'idée à la dernière seconde. Quant à Marie, elle bout d'impatience. Elle regrette de ne pas avoir été sur place avec ses jumelles pour accueillir leurs compagnes de classe. Cela aurait été la moindre des politesses, il lui semble. Mais leur père ne voulait pas que les parents qui reconduisaient leurs filles entrent en contact avec ses quintuplées. Et tout l'après-midi, elles ont vu des voitures franchir la grille menant au pensionnat, des gens en descendre, puis repartir. À force d'attendre, elles ont développé un trac fou; à présent, la perspective de rencontrer leurs dix camarades toutes en même temps les rend anxieuses.

Oliva et Elzire attendent leurs filles au bas des marches. Aucune émotion sur leurs visages. C'est d'une voix neutre qu'Elzire laisse tomber :

— Huit au pensionnat, la maison va paraître vide.

Une simple constatation, alors que, prononcés d'un autre ton, ces mots auraient pu signifier aux jumelles que leur mère avait de la peine de les voir partir. «Et plus de servantes pour le ménage...», songe Marie.

— Va falloir faire attention à vous, déclare Oliva, on ne sera pas là pour vous protéger à tout moment. Méfiez-vous des sœurs : dans le lot, il peut y avoir une pomme pourrie. Ça arrive chez les religieux et chez les prêtres. Pas de familiarités avec elles. Ni avec les autres filles.

— C'est simple, renchérit Elzire, vous dites rien. Ce qui se passe ici les concerne pas. Les gens sont curieux comme des belettes!

Elles acquiescent de la tête, pressées de partir. Leur père n'en a pas fini avec ses recommandations.

— Vous êtes assez intelligentes pour faire la part des choses, ne pas croire tout ce qu'on vous raconte. Ils vont peut-être essayer de vous influencer dans un mauvais sens, de vous détourner de nous, vos parents, essayer de diviser encore une fois notre famille. Si ça se produit, je veux que vous me le disiez aussitôt, je réglerai ça vite!

Ces phrases étonnent les jumelles car la plupart des cinq religieuses sont les mêmes qui leur enseignent depuis des années. Mais, avec docilité, elles répondent par l'affirmative. Oliva conclut :

— *Anyway, I will go everyday to check out*. Bon, allons-y.

* * *

Les jambes repliées sous elle pour mieux voir à l'extérieur de la voiture, Jacqueline observe avec intérêt les trois édifices qui bordent la route de gravier. Des enseignes peintes les identifient comme étant le magasin des sages-femmes et les boutiques du père des quintuplées Dionne.

Son excitation à l'idée de fréquenter le même pensionnat que les jumelles dont les journaux parlent si souvent est tombée. L'endroit lui paraît isolé et la jeune fille songe que ses parents vont repartir sans elle pour la maison familiale. Elle se retrouvera seule avec des étrangers.

— Tu te rappelles qu'on est venus quand t'avais six ou sept ans?

— Oui, maman, répond-elle sans parvenir à manifester le moindre enthousiasme.

— Il y avait un peu plus d'autos qu'aujourd'hui! s'exclame le père. De chaque côté de la route et plein le parking. Il avait fallu stationner à un demi-mille d'ici.

— Mais ça valait le coup, réplique la mère. C'est un de mes plus beaux souvenirs.

Elle se tourne vers sa fille, assise sur la banquette arrière.

— T'en souviens-tu bien, Jacqueline?

— Oui..., fait distraitement l'adolescente.

Comment aurait-elle pu oublier cette visite qu'on lui avait promise depuis des mois? Les cinq jumelles du même âge qu'elle, elle les connaissait déjà car sa mère collectionnait tout ce qui se rapportait à elles, lui lisait les articles des journaux les concernant. Sont encore toutes fraîches dans sa mémoire les heures d'attente sous un soleil de plomb, l'excitation de la foule, la soif. Comme les autres visiteurs, ses parents et elle ont couru vers la galerie d'observation quand les policiers ont ouvert la barrière. Un moment magique, rempli d'intense émotion.

— Si on m'avait dit à ce moment-là, continue la mère, qu'un jour tu irais à l'école avec elles, je l'aurais jamais cru !

Jacqueline non plus n'arrivait pas à le croire quand les sœurs de l'Assomption qui enseignent dans son village, à une centaine de kilomètres d'ici, l'ont choisie comme compagne de classe des célèbres quintuplées.

— Ce doit être cette barrière, dit le père en arrêtant devant la construction de bois rouge qui s'appelait autrefois *Dafoe's Hospital for the Dionne Quintuplets*.

Un jeune homme qui garde l'entrée vérifie l'identité des visiteurs puis les laisse passer.

— Sans doute un de leurs frères, dit le père, une fois refermée la glace de la portière. Pas trop parlant ! J'espère que les *Quints* sont pas trop snobs. Si ça va pas, Jacky, appelle-nous, on viendra te chercher.

— Snobs ? Voyons donc ! le réprimande doucement sa femme. Elles sont charmantes et très simples, tout le monde le sait. Je suis certaine qu'elles vont aimer notre Jacqueline.

Nerveuse, la jeune fille ne dit rien. Elle avait très hâte à ce jour, sans se douter qu'elle serait si impressionnée. Et puis elle n'avait pas pensé qu'il lui serait aussi coûteux de quitter ses parents pour la première fois. La gorge serrée, elle étudie rapidement les visages des filles qui discutent avec des religieuses à l'extérieur de l'école. Déception, les jumelles Dionne n'y sont pas.

Une fois sa malle rendue à l'intérieur et ses parents repartis, Jacqueline se retrouve désœuvrée, le cœur gros. Elle ne connaît personne et se tient à l'écart.

* * *

L'excitation gagne les jumelles à mesure qu'elles approchent de la Villa Notre-Dame, mais elles se gardent bien de la laisser paraître. Leur père qui les accompagne n'apprécierait pas cette attitude. Un peu superstitieuse, Émilie résiste à la tentation de jeter par-dessus son épaule un dernier regard à la grande maison; elle se remémore l'histoire de la femme de Loth changée en statue de sel pour s'être retournée.

Marie s'écarte du sentier car la silhouette de son père lui bouche la vue; elle compte neuf filles devant l'école et sur la galerie. Laquelle deviendra sa grande amie? Ce doit être bien d'avoir une amie qui ne soit pas en même temps sa sœur.

En arrivant, les jumelles saluent leurs nouvelles compagnes d'un sourire et d'un signe de tête, puis elles vont déposer leurs effets à l'intérieur. Oliva demeure avec la directrice qui lui dit :

— C'est un grand jour, monsieur Dionne. Vous pouvez être fier d'avoir créé une nouvelle institution où des jeunes filles seront éduquées dans la foi de notre sainte mère l'Église.

— Si l'on veut, répond Oliva qui observe les élèves d'un œil critique. Ce sont toutes des filles de bonne famille?

— Je vous l'assure, monsieur Dionne. Notre communauté les a triées sur le volet, tant au Québec qu'en Ontario. Pieuses, studieuses et sérieuses, elles feront des compagnes idéales pour vos filles.

— Finalement, tout est prêt?

— Pas tout à fait. Nous ne pourrons emménager dans le dortoir que demain. Ce soir, les élèves coucheront dans le grand salon.

— Quelqu'un reste pour les surveiller la nuit?

La religieuse est piquée au vif par la question et répond, la voix un peu plus aiguë :

— Monsieur Dionne, vous pouvez vous en remettre à moi et à mes sœurs. C'est notre mission, enseigner aux jeunes filles et veiller sur elles, nous avons l'habitude.

— Et moi, en tant que père, c'est mon devoir de me préoccuper du sort de mes filles. C'est Dieu qui me les a confiées.

— Bien sûr. Et votre sollicitude à leur égard vous honore.

La sœur Aimée-des-Anges a appris au fil des ans à composer avec cet homme dur et intransigeant, parfois blessant. Il convient de toujours lui laisser le dernier mot.

Les jumelles ressortent et embrassent Oliva sur les joues, ainsi que leur mère leur a recommandé de le faire. Il reprend ensuite le sentier qui mène à la grande maison de briques. Émilie se sent soulagée d'un poids : leur nouvelle vie commence vraiment. Avec ses sœurs, elle se tient au pied du petit escalier de la galerie ; elles n'osent pas faire les premiers pas vers les autres filles, qui demeurent figées elles aussi. Quand leurs regards se croisent, les unes et les autres esquissent un timide sourire. Soudain, une des filles se met à pleurer.

La sœur Aimée-des-Anges tente de la consoler :

— Tu t'ennuies déjà de tes parents, c'est ça ?

— Oui...

— Voyons, ne t'en fais pas, ça va passer. Tu es entourée d'amies, ici. C'est bien Jacqueline, ton nom ?

— Oui, ma sœur.

La religieuse lui tapote affectueusement la joue. Il faut occuper les élèves jusqu'au souper, leur donner l'occasion de faire connaissance. Elle claque des mains afin d'attirer leur attention.

— Mesdemoiselles ! Approchez.

Elles forment un demi-cercle devant elle.

— J'ai salué chacune en particulier, mais je veux de nouveau vous souhaiter la bienvenue dans cette famille que nous allons former toutes ensemble. Vous n'êtes que quatorze, une quinzième se joindra à nous sous peu, le règlement sera donc moins strict que dans un grand pensionnat. Vous pourrez parler aux repas, dans les couloirs et au dortoir. Pas trop fort, bien sûr. Des questions ?

Elle regarde chaque fille l'une après l'autre. Comme aucune ne parle, la directrice reprend :

— D'ici au souper, vous allez former des équipes de deux et réviser vos tables de multiplication tout en vous promenant sur le terrain. L'exercice vous ouvrira l'appétit.

Elle apparie elle-même les jeunes filles. La révision des tables de multiplication n'est qu'un prétexte : la religieuse se doute bien qu'une fois seules les élèves vont parler de tout autre chose. C'est ce qu'elle désire.

— Annette et Jacqueline, vous travaillerez ensemble.

Les interpellées s'éloignent du groupe.

— Où est-ce qu'on va ? demande Annette.

— Où tu veux.

Elles continuent dans leur direction originale, ce qui les conduit à la galerie d'observation. Annette se sent fébrile : c'est la première fois qu'elle parle à une fille de son âge qui ne soit pas une parente et elle ne sait trop comment s'y prendre. Elle voudrait tellement faire bonne impression que cela lui enlève ses moyens. C'est finalement la curiosité qui dicte ses paroles.

— Est-ce que tu viens d'une ville ?

— Un gros village.

Ignorante des usages du monde extérieur, Annette interroge sa compagne sur sa famille, ses amies, l'école qu'elle fréquentait, les jeux qu'elle pratiquait. Jacqueline sent un intérêt sincère chez son interlocutrice et répond sans détour. Elle s'étonne de constater que cette fille célèbre n'est pas différente d'elle-même ou de ses amies. Et quand elle répète à haute voix cette réflexion intérieure, Annette rayonne; on ne pouvait lui faire plus beau compliment.

La glace est rompue. Les deux filles parlent de leurs goûts et de leurs intérêts, plaisantent et décrètent qu'elles connaissent assez les tables de multiplication pour ne pas avoir à les revoir. Sans s'être concertées au préalable, elles se retrouvent à l'intérieur de la galerie d'observation où stagne un air humide et frais qui donne de la densité au silence.

Jacqueline se rappelle sa première visite à cette galerie, la chaleur étouffante, lourde d'odeurs corporelles et de parfums commerciaux, le brouhaha des conversations à voix basse, ponctuées parfois d'exclamations. Il y avait des femmes qui pleuraient, une dame s'est évanouie à côté d'eux. Grimpée sur les épaules de son père, elle regardait avidement les cinq fillettes qui jouaient dans le terrain de jeu. Qu'elles étaient jolies dans leurs robes jaunes! Un ruban de la même couleur dans les cheveux. Trois jumelles faisaient le tour du terrain sur leurs tricycles, les deux autres pataugeaient tout habillées dans la petite piscine, pour la plus grande joie des spectateurs. Elles avaient l'air tellement heureuses que Jacqueline les a enviées; elle aurait aimé jouer avec elles.

Jacqueline et Annette marchent à pas lents. Sur leur droite, la paroi est percée d'ouvertures vitrées recouvertes à l'extérieur d'un fin grillage métallique. Elles s'accoudent à l'appui d'une fenêtre, contemplent le terrain de jeu envahi par les mauvaises herbes.

— Le grillage, c'était pour pas qu'on voie les visiteurs, murmure Annette.

— Vous le saviez qu'il y avait des gens qui vous regardaient?

— Pas au début. On entendait bien un bruit confus, mais on ne savait pas d'où ça venait. Parfois, on distinguait vaguement des formes. Plus vieilles, on savait ce qui se passait. Émilie et Marie faisaient les bouffons pour amuser les gens.

— Ça ne vous dérangeait pas qu'on vous observe?

— On avait l'habitude. On connaissait rien d'autre, c'était naturel pour nous.

— Qu'est-ce que ça vous faisait d'être célèbres, d'avoir tous ces gens qui venaient vous voir, d'être toujours photographiées?

— Rien, je crois... Ça allait de soi, comme les visiteurs au terrain de jeu. On ne savait pas qu'il y avait d'autres façons de vivre.

— Vous sentiez-vous prisonnières?

— On était heureuses, soupire Annette d'un ton un peu triste.

Jacqueline se tait afin de laisser sourdre la confidence qu'elle devine sur le bout des lèvres de sa compagne. Rien ne vient, elles demeurent un long moment silencieuses. Puis Annette lance à l'improviste :

— Sept fois neuf?

— Soixante-trois, répond automatiquement Jacqueline.

Elles éclatent de rire et le regard qu'elles échangent est amical, déjà chargé d'une certaine complicité.

— Ce qui m'inquiète, confie Jacqueline, c'est de vous mélanger toutes les cinq.

— Il y a un moyen facile pour nous reconnaître. Moi, par exemple, j'ai une dent qui n'est pas égale aux autres. Regarde.

Et elle exhibe sa dentition par un sourire forcé. Ensuite, elle donne à sa nouvelle amie une caractéristique physique propre à chacune de ses sœurs, détails que Jacqueline s'efforce de mémoriser.

— Si on sortait? suggère finalement Annette. C'est humide.

Elles vont dans le terrain de jeu entouré par la galerie d'observation.

— Quand j'étais petite, ça me paraissait immense.

Jacqueline perçoit une espèce de nostalgie dans la voix de sa camarade. Elle sort de sa poche la craie qui ne la quitte jamais.

— On joue à la marelle?

— Marelle? Je ne connais pas.

Jacqueline dessine sur l'allée asphaltée les cases d'une marelle, expliquant en même temps les règles du jeu.

— Regarde-moi faire.

Quand vient son tour de lancer le caillou et de sauter dans les cases, Annette se sent légère et libre. Le sentiment exaltant d'être une fille ordinaire, semblable aux autres.

* * *

D'elles-mêmes, les jumelles évitent de faire bande à part dans le réfectoire, s'installent à des tables différentes, histoire de se mêler à leurs compagnes. Comme il y a quatre tables, Émilie et Annette sont assises à la même, l'une à côté de Jacqueline, l'autre en face. L'aide-cuisinière arrive de la cuisine en poussant une desserte roulante qui porte les assiettes.

— Vous pouvez parler, dit-elle en constatant le silence qui règne dans la pièce. Moi, je sais bien que j'en profiterais!

Le conseil de cette femme joviale ne porte pas ses fruits, car les élèves demeurent intimidées. Elles s'étudient à la dérobée, rougissant lorsqu'elles sont prises sur le fait. Peut-être est-ce dû à la présence parmi elles de cinq célébrités dont elles partageront dorénavant le quotidien. Les rares sourires s'échangent entre camarades qui ont eu, comme Jacqueline et Annette, l'occasion de faire connaissance. Quant aux paroles, elles se limitent à des banalités nécessaires : «Pourriez-vous me passer le pain, s'il vous plaît?»

Une même réserve prévaut durant la soirée et dure encore lorsque les élèves gagnent le salon où les lits ont été disposés autour du piano à queue. Deux filles poussent alors des hurlements stridents : une souris trottine sur le clavier!

— C'est la souris de la directrice, plaisante Annette.

On la regarde avec incrédulité. Elle ajoute :

— Faites attention à ce que vous dites, elle rapporte tout à sœur Aimée-des-Anges.

En dépit de la présence inquiétante du rongeur, plusieurs filles ne peuvent s'empêcher de rire. Marie s'arme d'un oreiller et entreprend de chasser la bête en lui disant :

— Va faire un tour à la cuisine, j'ai pas fini mon assiette, je t'ai laissé un bon *snack*.

Après quelques détours sous des lits sur lesquels se sont juchées les plus craintives, la souris file dans le couloir. On entend un cri d'effroi, puis un «Disparais, sale bête!». Quelques secondes plus tard, la surveillante, qui couche dans une pièce voisine, apparaît dans l'encadrement de la porte.

— Mesdemoiselles, ne faites pas tant d'histoires pour une souris. Les petites bêtes ne mangent pas les grosses.

Cette dernière phrase, prononcée par une personne assez corpulente qui a elle-même été effrayée, fait sourire les filles dont certaines échangent des clins d'œil. Dès que la religieuse a regagné ses quartiers, les filles enfilent leur chemise de nuit, se préparent à se mettre au lit. Comme au réfectoire, les jumelles se sont spontanément dispersées au milieu des autres. Mais alors qu'elles sont au comble du bonheur, leurs compagnes paraissent mélancoliques. Des sentiments opposés qui ont pourtant une même origine : le départ de la maison familiale.

Cécile sent qu'après l'incident de la souris il suffirait de peu pour que la glace soit définitivement rompue entre elles. Elle s'assoit sur son lit et dit :

— J'ai une devinette.

Intriguées, les autres la regardent, puis se rapprochent quand elle les invite d'un geste à le faire. Elle jette un coup d'œil en direction de la porte et demande ensuite à voix basse :

— Qu'est-ce qui est noir, blanc, noir, blanc, noir et finalement rouge ?

On cherche, on s'interroge du regard. Sauf les jumelles de Cécile, qui connaissent déjà la réponse. D'ailleurs, Yvonne paraît se demander si l'initiative de sa sœur est vraiment appropriée.

— On donne notre langue au chat, fait finalement une fille. Qu'est-ce que c'est ?

— Une sœur qui déboule un escalier puis saigne du nez.

Les rires fusent, que les filles tentent d'étouffer avec leur main. Cécile lance une autre devinette, ses compagnes s'assoient sur les deux lits voisins. C'est ensuite Annette qui prend le relais, raconte blague sur blague. Bientôt, chaque fille y va d'une histoire amusante ou d'une devinette de son cru. Et à vingt et une heures trente, au moment du couvre-feu, on dirait une bande d'amies de longue date.

En gagnant leur lit respectif, Yvonne et Émilie échangent un regard appuyé : oui, leur rêve se réalise au-delà de leurs espérances.

* * *

La vie à la Villa Notre-Dame est une source de joie constante pour les jumelles. Elles ont le sentiment de retrouver la paix qu'elles ont connue autrefois entre ces mêmes murs, la sécurité que procure un règlement immuable qui s'applique également à tous. Avec en prime, cette fois, la présence d'amies de leur âge de qui elles apprennent comment les choses se passent ailleurs, dans une vraie famille. Les jumelles n'ont nul besoin de se faire part de leurs sentiments respectifs; le visage radieux de ses sœurs confirme à chacune qu'elles connaissent un bonheur égal au sien.

Les journées se déroulent selon un horaire invariable. Après le lever à six heures trente, la toilette et la messe célébrée dans la chapelle de la résidence des religieuses, le petit déjeuner se déroule dans une atmosphère de fête. La classe dure de huit heures trente à dix-huit heures, interrompue par deux récréations et une pause d'une heure trente le midi. Outre les matières scolaires, les religieuses dispensent des cours de musique, de chant, de culture physique et d'économie domestique. À la demande expresse d'Oliva Dionne qui songe toujours à une carrière dans le spectacle pour ses jumelles, la directrice devra de plus leur enseigner à monter et à jouer des saynètes.

Quand le temps ne permet pas de s'amuser à l'extérieur, les filles se retrouvent dans le salon, où les jumelles apprennent aux autres à valser. Bien qu'une entente cordiale se soit établie entre toutes, chaque fille a une amie qui lui est plus précieuse que les autres. On apprécie Yvonne pour son intelligence et son esprit d'initiative, Cécile pour la qualité de son écoute, Annette pour son dévouement, Émilie pour sa jovialité et sa douceur, Marie pour son rire et la gaieté qu'elle sème en jouant des tours. Simples et sincères, les jumelles ont le don de faire en sorte que les autres se sentent importantes.

Les élèves lavent la vaisselle et nettoient le dortoir, mais ces tâches qui n'occupent qu'une demi-heure par jour semblent un jeu aux quintuplées, habituées à travailler autrement plus fort. Surtout qu'elles peuvent continuer de parler et de rire, et que personne ne dénigre jamais leurs efforts. En quelques jours, cette nouvelle vie devient la norme. Ce n'est qu'à la messe du matin que les jumelles, Marie surtout, prennent vraiment conscience de leur chance.

Elzire assiste en effet à l'office célébré par l'aumônier dans la chapelle des religieuses. Marie ne peut s'empêcher de revoir sa mère criant après elle, la ridiculisant, la frappant. C'est si loin déjà, et pourtant il n'y a même pas une semaine de cela. Quand elle observe cette femme qui prie dévotement, Marie a peine à croire qu'il s'agit de la même personne. Et elle appréhende l'arrivée du vendredi, alors qu'elle devra retourner à la maison avec ses sœurs pour le week-end. Elle se prend à espérer que leur départ a transformé leur mère, mais son air sévère ou contrarié quand elle observe ses jumelles au milieu des autres élèves la convainc du contraire. Elzire a beau se montrer gentille avec leurs compagnes après la messe, Marie s'aperçoit qu'elle ne se départit pas de sa méfiance, de sa suspicion.

C'est le cœur gros que les quintuplées quittent leurs nouvelles amies le vendredi soir pour regagner la maison de leurs parents. Elles ont obtenu la permission de prendre le repas du soir à la Villa Notre-Dame, car cela simplifie la tâche de leur mère. La mort dans l'âme, elles suivent le sentier qui monte vers la maison de briques. En regard des cinq jours qu'elles viennent de vivre, ce qui les attend leur paraît proprement infernal.

Elzire les a attendues pour laver la vaisselle, et, tandis qu'elles essuient les assiettes, elles se voient bombardées de questions, invitées à raconter leur semaine par le menu détail. La prudence qu'elles ont développée au cours des dernières années les incite à ne dire que des généralités, à ne pas révéler le plaisir qu'elles ont éprouvé. Au bout d'un moment, Yvonne tente de faire dévier la conversation.

— Avez-vous reçu des nouvelles de Rachel, Simone et Lucie, *mom*?

— Oui, réplique Elzire. Chacune nous a écrit un mot. Elles ont du cœur, elles!

— On est juste à côté, se défend Yvonne. On vous voit chaque matin à la messe. *Dad* vient à l'école chaque jour.

Vlan! La main mouillée d'Elzire frappe le visage d'Yvonne qui ne se méfiait pas.

— Tu me répliques? Déjà la mauvaise influence des étrangers!

Yvonne regrette d'avoir parlé, pas à cause de la gifle mais parce qu'elle craint d'avoir mis en danger son bonheur de vivre à la Villa Notre-Dame.

Plus tard, c'est leur père qui se met de la partie. Lui, il s'intéresse surtout au comportement des religieuses, de l'aumônier et des autres filles. Ont-ils parlé de lui? de la famille Dionne? Ont-ils dit des choses pour miner l'autorité parentale? Ont-ils posé des questions personnelles?

Les jumelles répondent chaque fois par la négative, ce qui réjouit le père mais ne l'empêche pas de prêcher de nouveau la méfiance à l'égard des étrangers.

Point de grasse matinée pour les jumelles ce samedi-là! Durant leur brève absence, le ménage a été négligé et Elzire leur a tracé un programme de nettoyage de la maison qui les occupera toute la journée. Comme d'habitude, c'est Marie et Annette qui ont hérité des plus longues listes de corvées; les autres se promettent bien de les aider quand elles auront terminé celles qui leur sont dévolues. L'entrain n'y est pas, mais elles se mettent résolument à l'ouvrage, espérant expédier le tout avant le souper. Plus encore que le travail, ce sont les fréquentes inspections de leur mère qui les démoralisent. Elle n'est jamais satisfaite, trouve toujours prétexte à des critiques acerbes.

* * *

C'est avec soulagement que les jumelles retournent à la Villa Notre-Dame le dimanche soir. La veille, Émilie a eu une crise d'épilepsie dans sa chambre, après que sa mère l'eut disputée sans raison. Sa maladie ne s'était pas manifestée durant la première semaine au pensionnat. Bien qu'elle soit aussi heureuse que ses sœurs de retrouver leurs compagnes, Yvonne ne peut oublier qu'il s'agit uniquement d'un répit. La semaine prendra fin, il faudra retourner dans la grande maison, soutenir les regards de son père, regards qu'elle sait dénués d'innocence.

Les semaines se succèdent, rythmées par l'alternance des jours tranquilles au pensionnat et des week-ends qui arrivent toujours trop vite. Oliva s'est mis en tête d'enseigner à conduire à chacune des jumelles. Si Yvonne, Annette et Cécile parviennent à repousser ses avances, à se défendre quand il a la main leste, elles s'inquiètent toutefois pour Marie et Émilie, plus petites et plus soumises. Les trois premières s'efforcent de veiller sur les deux autres, se précipitant dans la voiture dès que leur père propose une promenade à Émilie ou à Marie.

Le comportement de leur père, qui rend leurs séjours à la maison encore plus pénibles, les quintuplées n'en parlent entre elles qu'à mots couverts. Mais de savoir qu'elle n'est pas la seule à subir pareille chose permet à chacune de ne plus s'en croire responsable. Elles ne s'expliquent pas qu'un homme agisse ainsi avec ses propres enfants et prient pour qu'il retrouve sa raison. Espoir déçu : loin de s'amender, Oliva se fait plus entreprenant.

Exaspérée de n'avoir personne vers qui se tourner, incapable de supporter le poids écrasant de ce secret, Annette décide un jour de se confier à l'aumônier du pensionnat, son directeur de conscience. Le père Bélanger est un oblat qui vient d'Ottawa, comme son confrère le père Sauvé. Annette apprécie beaucoup sa douceur et sa patience.

Ils font à pas lents l'aller et retour entre le pensionnat et la résidence des religieuses lorsqu'elle s'ouvre du problème qui la préoccupe. Elle se dit qu'il pourrait en discuter avec le père Sauvé et qu'à eux deux ils trouveraient une solution. Les mots viennent d'abord difficilement, puis ils déboulent, poussés par la colère. Le prêtre accueille la confidence avec ce calme dont il ne se départit jamais.

— C'est mal ! conclut Annette dans un cri du cœur.

Les mains dans le dos, il secoue la tête, les yeux toujours rivés sur le sol. Il dit, d'une voix monocorde :

— C'est mal, en effet, mais ce n'est pas à toi de juger ton père.

— Il n'a pas le droit !

— Laisse au Seigneur le soin de soupeser les âmes.

Elle soupire profondément et garde le silence car ils approchent de la cour où jouent les autres élèves.

— Retournons sur nos pas, dit le prêtre.

Ils reprennent le sentier en sens inverse. Annette voit la maison de briques grandir à chaque pas; dans une fenêtre, la silhouette de sa mère qui les épie. Comment se fait-il qu'Elzire ne s'aperçoive pas des agissements de son mari?

— J'en peux plus, mon père. C'est pas une vie...

— Tut! tut! tut! Tu commets un péché de découragement.

— Y en a qui font pire!

— Chacun doit se débrouiller avec sa conscience.

— Vous ne pourriez pas lui parler? demande Annette d'un ton implorant. Peut-être qu'il cesserait.

Le prêtre sourcille, mal à l'aise. On l'a bien prévenu d'être sur ses gardes avec Oliva Dionne, de ne pas le provoquer. Il cherche une réponse qui ne l'engage pas trop tout en lui permettant de sauver la face.

— Même si nous ne sommes pas au confessionnal, je suis tenu au secret. Ce que tu me dis, je n'ai pas le droit de le répéter.

Annette se sent soudain très lasse. Sa mère les surveille encore; nul doute que samedi prochain elle cherchera à savoir de quoi ils parlaient. Tout cela déprime Annette.

— Qu'est-ce qu'on doit faire, monsieur l'abbé?

— Continuez de respecter votre père. *Père et mère tu honoreras...* C'est un commandement.

Comme la jeune fille ne semble pas satisfaite, il ajoute :

— Priez et gardez confiance dans la divine providence.

— Mais pour les tours d'auto? insiste Annette, une certaine impatience dans la voix.

— Portez des manteaux épais.

La cloche annonce la fin de la récréation. Annette remercie le prêtre et retourne vers l'école. Il lui dit :

— Je vais prier à votre intention.

Elle court, plus découragée que jamais, déçue en outre par celui qu'elle considère comme un ami. Porter des manteaux épais !

* * *

L'arrivée du printemps a toujours fait naître un sentiment euphorique chez Cécile. Mais en cette année 1948, alors qu'elle vient d'avoir quatorze ans, c'est avec une certaine nostalgie qu'elle observe le déploiement des feuilles des trembles et voit les chatons des saules fleurir les bosquets le long de la route. L'été s'en vient, l'école fermera durant deux mois. Avec ses jumelles, Cécile retrouvera sa chambre à l'étage de la grande maison. Les amies de la Villa Notre-Dame vont partir en vacances ; ses sœurs Simone et Lucie rentreront. Tout recommencera comme avant...

Un samedi soir qu'elle rentre avec sa mère et ses sœurs de la célébration du mois de Marie, Cécile a un soudain pressentiment. Elle court dans la chambre d'Émilie, qui est restée à la maison car elle venait tout juste d'avoir une crise. Elle n'y est pas. Cécile regarde dans les chambres voisines et les salles de bains, puis explore toutes les pièces du rez-de-chaussée. Émilie demeure introuvable. Oliva est parti en voiture. Émilie serait avec lui ? Elle n'était pas assez bien pour une promenade. À moins qu'il ne l'ait conduite chez le médecin... Non ; si elle avait été plus malade, son père aurait plutôt fait venir le docteur Joyal.

L'inquiétude de Cécile augmente, mais elle ne fait part de ses craintes à personne. Elle espère tellement qu'elles sont sans fondement. Au sous-sol peut-être? Elle descend. Chopin joue en sourdine sur le tourne-disque de la salle de jeu. C'est là que Cécile trouve Émilie assise par terre, recroquevillée dans une encoignure.

— Em! Ça ne va pas?

Les bras entourant ses jambes repliées, Émilie sanglote. Cécile s'assoit près d'elle, lui caresse la tête.

— T'es malade?

Le «non» sonne comme une plainte rauque.

— C'est *mom*?

Cécile se rend aussitôt compte de l'absurdité de sa question : sa mère était à la chapelle. Un doute affreux lui traverse l'esprit.

— *Dad?*

À ce mot, les sanglots augmentent d'intensité. Cécile se frappe la joue.

— Mon Dieu!

La rage au cœur, elle attire sa sœur contre elle, l'enserre dans ses bras, la berce. Émilie laisse libre cours au chagrin qui la faisait hoqueter. Des pleurs réguliers, une douleur qui monte du plus profond du corps. Cécile pleure aussi, doucement, en silence afin de paraître forte aux yeux de sa sœur.

— Cécile...! lance Émilie d'une voix déchirante.

Cécile lui tapote le dos en la serrant plus fort.

— C'est fini, Em, c'est passé.

Pour la première fois de sa vie, elle éprouve de la haine. Elle déteste cet homme qui se prétend leur père. Pourquoi s'acharne-t-il contre elles? Pourquoi ne pas les envoyer au loin, s'il ne les aime pas? Ces pensées, Cécile en a honte, mais elle ne peut les chasser. Il a tous pouvoirs sur elles, c'est la loi, et c'est lui qui les fait vivre. Elles ne peuvent qu'endurer, prendre leur mal en patience jusqu'à leur majorité. Il aura le respect de Cécile, ou plutôt son apparence, une crainte respectueuse, car elle n'est pas ingrate, mais il n'aura pas son amour. Il vient de le tuer lui-même.

Après de longues minutes de pleurs, Émilie hoquette :

— Ne le dis à personne, Cis...

— N'aie pas peur.

Par ces mots, Cécile veut aussi signifier qu'elle n'a plus à craindre son père, que cela ne se reproduira plus. Oh! non, il ne la touchera plus, Cécile s'en fait la promesse.

Un peu plus tard, quand elle rassure ses sœurs sur l'état d'Émilie, Cécile leur dit, d'un ton impératif :

— Faut plus jamais laisser Em toute seule quand on est ici. Faut que l'une de nous l'ait à l'œil vingt-quatre heures par jour. C'est compris?

Marie, Yvonne et Annette secouent la tête. Elles ne comprennent que trop bien. Cécile n'a pas à en dire plus. Marie implore ses sœurs :

— Moi non plus, ne me laissez pas toute seule.

* * *

À la fin des classes, la veille de la Saint-Jean-Baptiste, la nouvelle tombe comme une bombe : en septembre prochain, les jumelles seront externes à la Villa Notre-Dame! Cela veut dire qu'elles coucheront à la maison et y prendront tous leurs repas. Plus de dortoir si animé, plus de plaisir à table! Elles ne verront leurs amies que durant les cours et les récréations. Cécile a alors la ferme conviction que leur père ne les aime pas, puisqu'il leur refuse ce qui les rend heureuses, ce qui est le mieux pour elles.

Quand elles protestent, très faiblement, Oliva leur répète sa méfiance envers les étrangers. Et il conclut, d'une voix convaincue :

— Moralement, ces gens-là vous entraînent de plus en plus loin de vos parents. Ils sont là pour diviser à nouveau notre famille!

Elzire l'approuve et renchérit :

— C'est comme cette idée de vous donner un autre nom!

La mère tolère mal que la sœur Aimée-des-Anges ait attribué à Annette le diminutif «Netta». Recevoir un nouveau nom, c'est un peu comme devenir une autre, ou marquer une rupture avec le passé. Pourtant, les autres portent également des surnoms inventés par un frère, une sœur ou une amie : «Cis» pour Cécile, «Em» pour Émilie, «Peewee» pour Marie et «Ivy» pour Yvonne. Des vocables qui reprennent la sonorité de leur prénom véritable, sauf celui de Marie qui rappelle qu'elle est plus petite que ses jumelles. Entre elles, les quintuplées n'utilisent plus que ces diminutifs affectueux, sauf lorsqu'elles sont à la maison car ils enragent Elzire.

La décision de leurs parents est irrévocable, les quintuplées courbent l'échine. Tout espoir disparaît en même temps que s'évanouit le bonheur des dix mois hors de la maison. Il faut se résigner. Puis Marie, Yvonne, Annette et Cécile songent à Émilie.

— Faut pas qu'elle revienne ici! déclare Yvonne.

Cécile se charge de faire intervenir Lucie. Il faudra ruser un peu, mais en même temps ouvrir vraiment son cœur. Dès qu'elle en a l'occasion, elle entraîne Lucie dehors en l'invitant à une promenade. Bien sûr, elles ne doivent pas quitter l'enclos... Elles descendent vers la Villa Notre-Dame, s'arrêtent dans le champ pour cueillir des violettes. Cécile demande :

— T'as appris pour le pensionnat?

— Ben oui! s'exclame Lucie qui semble sincèrement désolée.

— Ça nous fait bien de la peine.

— J'imagine...

Cécile laisse planer un moment de silence avant de dire :

— Je sais que *dad* reviendra pas sur son idée. Pas pour nous cinq, en tout cas.

— Pour ça, t'as raison.

— Lucie, implore Cécile, il faut pas qu'Émilie revienne. Ça la rend malade, la maison. Elle au moins, faut qu'elle reste pensionnaire. Ça, tu peux l'obtenir de *dad*, Lucie. Juste pour une. C'est extrêmement important, comprends-moi.

Le ton de Cécile est assez convaincant pour que Lucie consente à intercéder auprès de son père. Il accepte qu'Émilie demeure pensionnaire durant les quatre autres années du cours secondaire. Cette décision lui est d'autant plus facile qu'Elzire et lui ont une peur irraisonnée de l'épilepsie.

* * *

Le premier jour des vacances, Elzire sort de la maison et trouve les jumelles assises dans les marches, qui papotent.

— Restez pas assises, votre père veut pas ! Combien de fois il faudra vous le dire ?

Elle secoue la main pour faire mine de les disperser.

— Occupez-vous, bougez. Tiens ! allez désherber le jardin. Pas toi, Annette, j'ai à te parler.

Tandis que ses sœurs vont au potager, Annette suit sa mère jusqu'à la balançoire où elles prennent place en vis-à-vis. Elzire essuie son front moite avec un mouchoir qu'elle replace dans la poche de sa jupe. Elle lance brusquement :

— Qu'est-ce qui s'est passé entre toi et le père Bélanger?

— Rien, s'étonne Annette.

— Ho! Prends-moi pas pour une cruche!

— Je vois pas ce que vous voulez dire, *mom.*

— Je te parle de l'aumônier, réplique sèchement Elzire. Vous étiez toujours ensemble.

Annette se sent attaquée, mais se défend sans hausser la voix ni changer de ton.

— C'est mon directeur de conscience, *mom.* C'est pour ça qu'on se promenait parfois ensemble durant les récréations.

— Un directeur de conscience, tu parles! Qu'est-ce que ça mange en hiver? Tu l'aimes, c'est ça?

— Ben non! proteste Annette avec conviction.

— Qu'est-ce qu'il t'a fait?

— Rien, je vous le jure. On parlait. D'ailleurs, on était toujours à la vue de tous.

— Mais dans un couloir, derrière une porte, hein? Il suffit de peu de temps! Vous vous embrassiez à travers la grille du confessionnal?

— Jamais de la vie!

— Menteuse!

— Il s'est rien passé, je vous le jure.

— Raconte-moi tout! Est-ce qu'il t'a déshabillée?

— *Mom!* s'écrie Annette en se levant, ce qui met en branle la balançoire qui grince.

— Assis-toi, j'ai pas fini!

L'interrogatoire se poursuit, composé surtout d'insinuations et d'affirmations gratuites, tant et si bien qu'Annette finit par pleurer. Le lendemain, et les jours suivants, cela recommence. Semaine après semaine. Au point qu'Annette ne sait plus si tout cela est vrai ou pure invention de la part de sa mère.

Le dernier jour des vacances, Elzire fait grâce à Annette des habituelles questions. Elle lui dit simplement, tout sourire :

— On t'a fait passer un dur été, hein, ma fille ?

* * *

Le bonheur de retrouver leurs amies le jour de la rentrée scolaire n'empêche pas les quintuplées de ressentir un profond malaise à la vue de la grosse valise d'Émilie que leur père charge dans le coffre de sa voiture. Dorénavant, elles seront séparées. Emilie continuera de loger à la Villa Notre-Dame, comme toutes le faisaient l'année précédente, tandis que ses jumelles coucheront à la maison familiale, où elles prendront aussi tous leurs repas. Marie, Annette, Yvonne et Cécile se réjouissent pour Émilie, mais il s'agit d'un sentiment uniquement rationnel ; au fond de son cœur, chacune se sent déchirée. Et Annette songe qu'elle était totalement inconsciente quand elle rêvait de partir au loin seule. Facile de se vouloir unique et d'essayer de se couper de ses jumelles quand on vit constamment avec elles ; il en va tout autrement quand la séparation est bien réelle !

Malgré leurs velléités d'autonomie, l'idée qu'elles puissent vivre éloignées les unes des autres se révèle presque intolérable. Depuis toujours, la perception que chacune avait du monde et des êtres était le fruit d'une mise en commun de leurs impressions, un partage qu'un mot, un regard ou une simple moue suffisaient à réaliser. Chacune se savait épaulée par ses quatre sœurs, chacune se sentait responsable d'elles. Même si aucune séparation, si longue soit-elle, ne pourra jamais affecter la profondeur de l'amour qui les unit, elle oblige toutefois à apprendre une nouvelle façon d'être.

Yvonne bat la marche dans le sentier à peine visible depuis qu'il n'est plus entretenu par les allées et venues quotidiennes entre la maison et l'ancienne pouponnière. Durant le cours primaire, ils étaient douze petits Dionne à l'emprunter au moins quatre fois par jour, et la somme de tous leurs pas usait l'herbe jusqu'à la racine. L'année dernière, elles n'étaient plus que cinq et n'y passaient que deux fois par semaine, ce qui a permis à la végétation de reprendre ses droits.

Cécile, Émilie, Marie et Annette gardent elles aussi les yeux rivés sur le sol à leurs pieds, et leurs pensées diffèrent peu de celles d'Yvonne. Annette donne un coup de pied à un chardon qui lui égratigne le mollet. Elle constate, d'un ton qu'elle veut sarcastique mais qui traduit plutôt une grande lassitude :

— Oui, on va faire comme les vaches : du champ à l'étable, de l'étable au champ. On va battre une nouvelle *trail* dans le foin.

Émilie se sent malheureuse d'être la seule à échapper au quotidien de la grande maison, aux disputes et aux corvées. Et elle ne sera plus en mesure d'assumer sa part de ces fardeaux, ce qui lui donne l'impression de laisser tomber ses sœurs. Même la vie au pensionnat lui paraîtra moins belle parce qu'elle sera la seule à la goûter. C'était si bon de dormir toutes les cinq dans la même pièce, au milieu de leurs compagnes de classe. De plus, sans la présence de ses jumelles, sa maladie lui fait un peu peur.

— J'aurais tellement aimé..., commence-t-elle.

— Toutes les cinq, c'était impossible, répond Cécile au souhait formulé à moitié. C'est déjà beau que *dad* ait accepté que tu restes pensionnaire.

Marie se réjouit pour Émilie que l'atmosphère de la maison rend malade et qui est plus particulièrement harcelée d'avances par leur père. Elle aimerait pouvoir elle aussi se réfugier cinq jours sur sept au pensionnat, et l'année précédente lui semble un temps paradisiaque dont elle n'a pas assez profité. Si elle avait su... Pour ne pas laisser deviner ses sentiments, elle ironise :

— Pauvre Em, la grande maison va vite te manquer !

Seule Émilie sourit. Ce n'est pas que la remarque l'amuse, mais l'effort de Marie pour minimiser la situation la touche.

— L'exercice, surtout ! réplique Émilie en mimant l'action de laver un plancher.

Cette fois, toutes s'esclaffent. L'humour a souvent sur elles l'effet d'un baume.

* * *

Les quatre jumelles qui dorment chaque soir dans la maison de leurs parents se voient un peu comme ces bêtes attelées à une meule qu'elles font pivoter en tournant en rond. Le matin, elles se joignent à leurs compagnes de classe pour la messe, puis retournent à la maison afin de préparer le déjeuner puis de laver la vaisselle avant de courir à l'école. Le midi, elles avalent leur repas en quinze minutes avant de servir les «engagés», des employés qui travaillent sur la ferme familiale, et de nettoyer la salle à manger et la cuisine. Quand la classe se termine, à dix-huit heures, le même scénario se répète. Ensuite, le ménage de la maison les occupe jusqu'au moment d'aller au lit, à vingt et une heures trente.

Les mois s'additionnent aux mois, deviennent des années qui se ressemblent au point de se confondre dans la mémoire, tant la vie quotidienne des quintuplées suit une routine immuable. Elles ne sortent de l'enceinte grillagée qu'en compagnie de leur père. Le samedi, il les emmène parfois, avec leurs compagnes de classe, au chalet qu'il a acquis sur la rive du lac Nipissing. Souvent le soir, il insiste pour qu'elles l'accompagnent au cinéma à North Bay, sous escorte policière. La présence des policiers, qui restent debout à l'arrière de la salle, ne fait qu'exciter la curiosité des gens et enlève aux jumelles tout le plaisir qu'elles pourraient prendre aux films.

De plus, elles détestent monter dans la Cadillac noire, qui rappelle à chacune de mauvais souvenirs. Celle qui par malchance se retrouve assise près d'Oliva doit repousser ses mains baladeuses car même la présence de ses autres filles ne le gêne pas. Ses avances continuent, plus pressantes encore, plus explicites. Émilie confie à Annette et à l'aumônier que son père lui a fait promettre de lui montrer ses seins. Profitant d'un clair de lune, il embrasse Cécile avec passion avant de lui proposer de devenir sa maîtresse. Il promet en retour de lui acheter de beaux vêtements!

Une autre fois, c'est Elzire qui a dit à Yvonne d'accompagner son père qui avait à lui parler. Il l'a conduite au chalet où il a déclaré, en coupant le moteur :

— Va en dedans, étends-toi sur le lit. Je te rejoins dans une minute.

— Quoi? s'est-elle exclamée, n'en croyant pas ses oreilles.

— Ta mère m'a dit que tu visites tes frères dans leur chambre la nuit. Si tu le fais avec eux, tu peux bien le faire avec moi.

— C'est faux, *dad*! Elle ment! Elle ne m'aime pas et veut se venger. Je ne vais pas dans la chambre des garçons!

Elle n'a pas eu le courage de dire qu'au contraire c'étaient eux qui ne cessaient de les importuner, elle et ses

jumelles, essayant de les surprendre lorsqu'elles se dé-
vêtaient. Se plaindre de cela à son père n'y changerait rien;
dans les circonstances, cela risquerait même de l'exciter
encore plus.

— Je vous le jure, *dad*, a plaidé Yvonne, c'est faux.
Mom a menti.

Il s'était tourné vers sa fille et la regardait avec des
yeux brillants de convoitise. Il a tendu la main vers sa
poitrine, elle s'est alors tassée contre la portière. D'une
voix fébrile, il a dit :

— Tu vas aimer ça.

— Non! a-t-elle crié en sortant de la voiture.

Elle a couru jusqu'au rivage, désemparée, terrorisée
à l'idée qu'il décide de la prendre de force. Elle regardait
le bois de bouleaux sur sa gauche, prête à s'y enfuir si son
père insistait trop. Une pensée s'était fichée en elle, aussi
douloureuse qu'une écharde plantée profondément dans la
paume de la main : sa mère savait tout! Ou, du moins, elle
le devinait. Et elle ne faisait rien pour remédier à la situation, bien au contraire, puisqu'elle l'avait envoyée seule
avec son père, après lui avoir inventé des aventures
sexuelles.

Tout cela prendrait-il fin un jour? Yvonne regardait
l'eau si profonde qu'elle en paraissait noire. N'eussent été
ses jumelles dont elle se sentait responsable... N'eût été
Dieu qui interdit ce geste... Puis la Cadillac a tourné dans
l'allée et un coup de klaxon intempestif a appelé Yvonne.
Le retour s'est passé en silence, Oliva regardant fixement
la route d'un air boudeur. De son côté, la jeune fille se
disait que son père ne l'aimait pas, pour se permettre d'agir
de la sorte. Qu'il n'aimait pas plus les quatre autres. Elles
étaient sa propriété, rien de plus.

Le comportement de leur père fait de la vie des jumelles un enfer, mais elles n'y peuvent rien : elles dépendent légalement de lui et il n'y a personne pour leur venir en aide. Les quelques personnes qui sont au courant refusent de s'en mêler, par peur d'Oliva; les religieuses leur ont simplement dit de prier. La nouvelle directrice a même ajouté : «Que cela ne vous empêche pas de lui témoigner votre affection.» Quant à se confier à leurs amies... La honte est trop grande. Les autres filles ont toutes une excellente opinion d'Oliva Dionne qu'elles voient comme un bon père. Il vient chaque jour au pensionnat, en habit et cravate, porter le courrier aux religieuses, et reste pour observer les élèves durant leur cours de gymnastique. Seules ses filles peuvent soupçonner ce qui se passe dans sa tête alors qu'il regarde les jeunes corps féminins en mouvement.

Elzire a cessé de frapper les quintuplées, mais elle continue de se montrer autoritaire et exigeante, jamais satisfaite de leurs efforts. C'est toujours elle qui choisit les vêtements et le style de coiffure de ses jumelles : robes et manteaux trop grands et à l'allure démodée, chapeaux plus appropriés à des femmes âgées, coiffures qui ne conviennent pas à la forme de leur visage.

Sans doute dans l'espoir de se rapprocher d'elles, leur mère les prend à témoin de ses malheurs et dénigre constamment leur père. Malgré l'absence des frères et sœurs, mariés comme Armand et Rachel ou aux études à l'extérieur, le climat à la maison en est toujours un de disputes, d'engueulades et de cris.

5

— Marie !

— Jacinthe !

Ces cris du cœur expriment la joie des deux jeunes filles de seize ans de se revoir après les vacances scolaires. Elles s'embrassent sur les joues. Autour d'elles, la même exubérance marque les retrouvailles de leurs treize compagnes de classe dont la plupart fréquentent la Villa Notre-Dame pour une quatrième année consécutive.

La joie que les pensionnaires de la Villa Notre-Dame éprouvent à se retrouver prend chez les jumelles la forme d'un véritable sentiment de délivrance. L'été leur a semblé si long dans la grande maison ! Elles ont évité d'en parler, de peur d'être entendues par des oreilles indiscrètes, mais chacune percevait chez ses jumelles un ennui et une impatience semblables aux siens. Combien de fois Marie n'a-t-elle pas surpris Yvonne accoudée à une fenêtre, regardant rêveusement le pensionnat désert !

— Tu n'as pas répondu à ma dernière lettre ? demande Jacinthe, un léger reproche dans la voix.

— C'était à toi de me répondre, s'étonne Marie.

— Je l'ai fait. Je te parlais de Paul, le garçon que j'ai rencontré au terrain de jeu.

Marie se mord la lèvre inférieure et serre les poings. On ne lui a jamais remis cette lettre ! Sa mère, bien sûr...

Connaissant la situation que vivent les quintuplées dans leur famille, par observation et déduction car elles ne confient rien à propos de leurs parents, Jacinthe devine de quoi il retourne. Elle prend le bras de Marie et invente une excuse pour ménager son amour-propre :

— L'enveloppe se sera perdue dans la poste... C'est pas grave, je vais te le dire de vive voix, c'est encore bien mieux.

Comme elles s'éloignent des autres afin d'échanger des confidences, Marie regarde avec un soupçon d'envie la valise d'Émilie au bas des marches. Depuis trois ans, sa sœur continue d'être pensionnaire à la Villa Notre-Dame, ne venant à la grande maison que durant les week-ends. Cela n'empêche pas Émilie de se sentir aussi désemparée que ses jumelles face à l'avenir.

Marie se souvient qu'à douze ans elle et ses sœurs envisageaient ce même avenir avec confiance. Avec naïveté, songe-t-elle aujourd'hui. Les grillages qui les emprisonnent, elle ne peut imaginer le moment où elles les franchiront librement. Quelque chose allait se produire, pensait-elle alors, un événement, un changement d'attitude de leurs parents. Rien ! Et comme Émilie, comme Yvonne, Annette et Cécile, Marie s'est résignée à cette existence de totale dépendance, résignée à se sentir malheureuse. La maison, l'école : c'est comme mener deux vies parallèles qui n'auraient que peu de rapports entre elles.

— Tu m'écoutes, au moins, Peewee? demande Jacinthe comme elles arrivent derrière l'édifice dont elles font le tour à pas lents.

— Bien sûr, voyons.

En vérité, Marie a bien peu prêté attention aux confidences de son amie au sujet du garçon dont elle a fait la connaissance durant l'été.

— Qu'est-ce qui te tracasse ?

— Oh... ! répond évasivement Marie.

— Tu sais que je suis ton amie. Ce que tu me dis, ça reste toujours entre nous.

— Oui, je le sais.

Elle serre plus fortement le bras de Jacinthe mais fait encore quelques pas avant de lâcher :

— Quand le pensionnat va fermer, on va vous perdre.

— Je serai toujours ton amie, Peewee. Et puis c'est encore loin : deux ans !

— Mais tu partiras, les autres aussi. Nous cinq, qu'est-ce qu'on va devenir ?

Par pudeur, Marie n'ose pas prononcer les mots qui lui traversent l'esprit. L'amitié de leurs camarades de la Villa Notre-Dame est la plus belle chose qu'elle et ses jumelles aient connue ; elles lui doivent tous les moments de joie qui ont émaillé les trois dernières années. Après ? L'inconnu. Tout dépend de ce que décideront leurs parents.

La vie qu'elles mènent les rend malheureuses, mais elles ne peuvent en imaginer d'autre, ignorantes qu'elles sont des usages du monde. Marie et ses sœurs ne peuvent imaginer ce qui les attend à la fin du secondaire, ni même désirer quelque chose de précis. Marie conclut à voix haute la réflexion qu'elle menait :

— Je crois que je vais devenir sœur.

— Tu sens la vocation, l'appel du Seigneur ? demande Jacinthe, très intéressée.

— J'ai l'impression que oui.

Marie force un peu la vérité. Comme à ses jumelles, la vie religieuse lui apparaît comme l'unique porte de sortie ; chacune, à un moment ou à un autre, a envisagé d'entrer au couvent, et cette idée revient fréquemment effleurer leur esprit.

Alors qu'elles tournent le coin du pensionnat pour revenir en avant, Jacinthe indique la haute clôture qui les enferme.

— Penses-y bien, Peewee. Le couvent, c'est une autre sorte de clôture. Avant de te décider, sors d'abord de celle-ci, découvre un peu le monde, rencontre des gens.

Jacinthe se veut encourageante, mais elle doute elle-même de la validité de ses conseils. À l'instar des autres camarades des quintuplées, elle se demande si elles quitteront un jour l'enceinte grillagée. Chose certaine, ses célèbres compagnes ne pourront pas jouir d'une vie normale, non parce qu'elles ne le veulent pas ou n'en ont pas les capacités, mais parce que le monde ne le leur permettra pas. Il s'agit pour s'en convaincre de constater la curiosité qu'elles suscitent, une curiosité certes amicale mais tout de même avide, envahissante, parfois inquiétante. Même les parents de Jacinthe ont conservé cette attitude. Il n'y a qu'elle et les autres pensionnaires, de même que les sœurs qui leur enseignent, pour qui les quintuplées sont devenues des filles comme les autres : Em, Peewee, Ivy, Cis et Netta. Et ces surnoms affectueux, le reste du monde les ignore.

* * *

— Mesdemoiselles ! Mesdemoiselles !

La nouvelle directrice, la sœur Marie-Reine-des-Cœurs, s'époumone à appeler ses élèves dispersées dans la forêt. Comme cela arrive parfois quand le temps est particulièrement doux, les religieuses et leurs pensionnaires se sont rendues au boisé qui borde le champ derrière la

Villa Notre-Dame. Là, les jeunes filles s'installent par deux ou trois sur les rochers qui disputent la place aux arbres et elles étudient leurs leçons.

Croyant le moment venu de retourner en classe, les élèves reviennent en traînant les pieds. Il en manque encore trois. La sœur Clémente, qui est un peu plus loin, se charge d'appeler les retardataires.

— Cécile! Jacqueline! Annette!

Elles sont hors de portée de voix et la religieuse doit partir à leur recherche.

Une fois qu'elle a tout son monde autour d'elle, la directrice glisse les mains dans le tablier qui protège son costume. Elle rayonne, ses yeux pétillent derrière ses lunettes cerclées d'acier.

— J'ai une grande nouvelle pour vous. Le cardinal Spellman, de New York, a invité Ivy, Netta, Cis, Peewee et Em à participer à un grand banquet destiné à ramasser des fonds pour les enfants pauvres.

Des murmures de satisfaction se font entendre et chaque fille se tourne vers celle des quintuplées qui est le plus près d'elle, pour la féliciter ou soupirer un «Chanceuse!».

— Cachottière..., glisse Jacinthe d'un ton taquin à l'oreille de Marie.

— Mesdemoiselles! Un peu de silence, je n'ai pas terminé. Et vos cinq amies ont demandé que vous les accompagniez. Dans un mois, nous serons toutes à New York, et...

La religieuse ne peut finir sa phrase car des cris de joie fusent de toutes les gorges. Les filles, dont plusieurs n'ont jamais mis les pieds dans une grande ville, parlent toutes en même temps. Seules les quintuplées demeurent calmes. On les dirait même mal à l'aise.

— Tu voulais me faire une surprise, c'est ça? demande Jacinthe à Marie.

Cette dernière secoue la tête en s'efforçant de sourire. Elle ignorait tout elle-même! Comme ses sœurs, d'ailleurs. Encore une fois, tout s'est décidé sans qu'elles soient consultées. Les regards que les quintuplées échangent sont de consternation.

— On dirait que ça ne te fait pas plaisir, Marie.

— C'est la surprise...

— Comment? s'étonne Jacinthe. Tu veux dire que tu...

Elle fait une moue dégoûtée, comprenant ce que son amie voulait dire en affirmant qu'elle et ses sœurs sont comme des moutons à qui on demande simplement de suivre sans poser de questions. Afin de dissiper toute ambiguïté, Marie déclare :

— Je suis tellement contente que tu viennes, que vous veniez toutes avec nous. Autrement...

Le voyage en soi, avec tout ce qu'elle anticipe d'apparitions publiques, de rencontres de gens importants et de séances de pose, ne l'enchante guère. Heureusement que ses camarades seront là! Ses sœurs ont des réactions identiques. Émilie ressent en plus la crainte d'avoir une crise d'épilepsie en public. Quant à Cécile, elle redoute que ses parents ne se disputent devant ses amies.

— Mesdemoiselles!

La directrice leur parle d'un banquet qui réunira deux mille cinq cents convives et où elles devront chanter. Elles ont toutes les quinze l'habitude de chanter en public car le poste de radio de North Bay les enregistre deux ou trois fois chaque année pour diffusion à l'occasion de certaines fêtes : Noël, Pâques et la fête des Mères.

— Il conviendrait que vous puissiez chanter quelques chansons en anglais, dit encore la directrice. Sœur Lucilledes-Anges vous apprendra *East Side/West Side*, dont les couplets parlent de la ville de New York. Des questions?

Elles fusent toutes en même temps et la religieuse doit imposer le silence avant de donner la parole à chacune à tour de rôle.

— Est-ce que nous verrons la statue de la Liberté?

— Je l'espère bien!

— Comment irons-nous, ma sœur?

— En train. M. Dionne m'a dit qu'un wagon nous serait réservé.

«M. Dionne!», rage intérieurement Marie. S'il ne voulait pas leur demander leur avis, il aurait pu au moins les informer de ce voyage. Elle devait avoir l'air stupide quand la sœur Marie-Reine-des-Cœurs en a annoncé la nouvelle.

Les jumelles ne manifestent pas autant d'excitation que leurs compagnes. Elles se souviennent du Congrès marial d'Ottawa, se rappellent leurs brèves excursions à North Bay; il leur est facile d'imaginer que durant les cinq jours dans la métropole américaine elles seront constamment sous le regard d'une foule d'inconnus, qu'on épiera leurs moindres faits et gestes pour les rapporter ensuite dans les journaux. On commentera la façon dont elles sont vêtues, leur coiffure ou la couleur de leurs chapeaux. Elles préfèrent ne pas penser à ce que ce serait si l'une ou l'autre commettait quelque impair!

À mesure que la date du départ approche, l'activité devient fébrile à la Villa Notre-Dame et nombre de cours sont remplacés par des exercices de chant. Une couturière de North Bay vient prendre les mesures des élèves afin de leur confectionner des robes identiques. Les religieuses ont acheté aux jumelles des souliers à talons hauts, leurs tout premiers, et chaque jour elles s'exercent dans leurs chambres à marcher avec sans trébucher. Les six centimètres supplémentaires que lui font gagner les talons ravissent Annette qui rêve de posséder une silhouette allongée. Elle a seize ans, est toujours en période de croissance, dit-on, mais elle n'a pas grandi d'une ligne depuis deux ans. Et elle ne se résout pas encore à l'idée de plafonner à cinq pieds deux pouces.

C'est un groupe imposant qui accompagne Oliva Dionne lorsqu'il prend le train à North Bay, en octobre 1950. En plus des quinze élèves, des trois religieuses et d'une infirmière chargée de veiller sur Émilie, il y a Mme Vézina, une ancienne institutrice des quintuplées renvoyée autrefois par le docteur Dafoe parce qu'il la jugeait trop près de la famille Dionne. Elzire a confiance en elle et l'a choisie pour la remplacer car elle ne sera pas du voyage. Font également partie de la délégation Mort Felman, éditeur du *Nugget's* et vieil ami d'Oliva, ainsi que quelques prêtres. À Ottawa, l'évêque du lieu, Mgr Vachon, et le père Sauvé se joignent au groupe.

Après que le train a traversé la frontière, la nervosité gagne de plus en plus les quintuplées. Elles ne se sentent pas préparées à ce qui les attend, exception faite des chansons qu'elles connaissent à la perfection. À qui seront-elles présentées? Que devront-elles faire et dire? Émilie évoque pour ses sœurs le temps béni où, enfants, aucune circonstance ne leur faisait perdre leur naturel, où rien ne les intimidait.

— J'ai de la peine à croire que c'était vraiment moi, soupire Marie.

Et Jacinthe qui la croit habituée à paraître en public! Jacinthe qui va se guider sur elle pour savoir comment se tenir, quel ustensile utiliser avec chaque plat! C'est plutôt Marie qui aurait besoin d'un modèle.

— On va passer au travers, dit Yvonne pour l'encourager.

— Et puis, qui sait? ce sera peut-être agréable, renchérit Cécile.

Annette ne dit rien, hantée qu'elle est par la question que le père Sauvé lui a posée une heure auparavant :

— Sais-tu que ton père a voulu vous vendre à un cirque quand vous êtes nées?

— Oui, oui, a-t-elle répondu d'une voix qu'elle voulait distraite, comme si elle connaissait la chose depuis longtemps.

Elle voulait surtout ne pas apprendre trop de détails, de peur de souffrir encore plus. Leur père a voulu les vendre... Pas étonnant qu'il les respecte si peu!

Cette histoire de cirque, Annette a l'impression qu'elle en était au courant, peut-être depuis toujours. Une de ces choses qu'on sait mais que l'on repousse dans un coin obscur du cerveau et auxquelles on évite de repenser. Il y en a tellement en elle, de ces secrets refoulés. On ne lui a jamais rien dit de sa propre histoire; elle en a appris des bribes et devine le reste. Un mot saisi au vol, une allusion décodée, la fin d'une phrase qui résonne encore dans la pièce où l'on entre, un passage révélateur dans un article de journal ou de revue qui raconte leur enfance pour la millième fois. Il y est beaucoup question de haine et d'argent. On y perçoit de la culpabilité, de la honte, du dépit.

— Qu'est-ce que t'en dis, Netta?

Elle sursaute, Émilie formule autrement sa question.

— Cis pense que le voyage pourrait être comme des vacances.

— J'aimerais trop ça! répond Annette.

Mais, au lieu de vacances, le voyage s'avère une course contre la montre. Tout est prévu, organisé jusque dans les moindres détails, jamais de temps libre. Partout des journalistes, des flashs, des caméras. Les gens s'attroupent dès que les quintuplées paraissent avec leur «suite»; elles ne peuvent se déplacer que protégées par des policiers de la ferveur de leurs admirateurs. Et toutes ces interminables cérémonies officielles... Un repas avec le cardinal Spellman, une messe à la cathédrale St. Patrick où elles sont placées dans le chœur... Et surtout le banquet annuel à cent dollars le couvert de la fondation Alfred E. Smith, où les jumelles sont présentées au vice-président des États-Unis, à des prélats, des ambassadeurs et des hommes d'affaires. Chaque fois, après les banales salutations d'usage, elles se retrouvent muettes, ne sachant de quoi parler avec des inconnus, et, comme il faut longuement poser avec eux pour les photographes, leur silence gêné devient de plus en plus lourd à porter.

Aucune de leurs compagnes n'éprouve la moindre pointe d'envie devant la célébrité dont jouissent Marie, Émilie, Annette, Cécile et Yvonne. Au contraire, les connaissant intimement, elles devinent à quel point ces mondanités déplaisent aux jumelles, combien l'omniprésence des appareils photo et des regards insistants doit les fatiguer. Si elles admirent l'aisance avec laquelle les quintuplées se présentent devant une foule, leurs amies pourraient reprendre à leur compte la déclaration de Lucie Dionne à un journaliste : «Pour rien au monde, je ne voudrais être à leur place!»

Une foule importante s'est massée sur le quai de la Grand Central Station pour assister au départ des quintuplées. Prises au dépourvu, elles signent les carnets d'autographes qu'on leur présente, renvoient les saluts de la main de leurs admirateurs. Cette réaction de ses filles déplaît souverainement à Oliva Dionne. Dès que le train s'ébranle, il les emmène à l'écart pour les tancer vertement. Pas d'autographes! Pas d'échange de paroles! Pas de saluts de la main!

— Un peu de dignité. Gardez votre place. Pas de familiarités.

«Lui, il le vendait, son autographe!», se dit Marie, l'esprit en révolte comme c'est souvent le cas. Pas plus que sa sœur Annette, elle ne saurait dire exactement d'où lui vient ce savoir. Mais ce qu'elle sait, c'est que son père semble jaloux. Il les exhibe avec fierté, mais, dès que l'attention se concentre sur elles, il en prend ombrage. Sans écouter ce qu'il dit, elle observe son père qui continue de les sermonner. Ce qu'elle ressent à son égard, elle ne sait pas comment le nommer ou ne veut pas le nommer.

Quand le train s'arrête à Montréal, où les jumelles doivent réciter le chapelet à la radio avec Mgr Léger, la gare Windsor est prise d'assaut par les curieux. La foule déborde les barrières érigées par la police, et des employés de la compagnie de chemins de fer guident les jumelles et leur groupe jusqu'à la salle des bagages. La foule les retrouve, des visages se pressent contre les grandes baies vitrées, on leur envoie la main, on leur crie des salutations. Cette fois, les jumelles évitent de rendre les saluts ou même de manifester quelque réaction que ce soit. Leurs compagnes, par contre, s'amusent ferme de l'incident après en avoir d'abord éprouvé une belle frousse.

Ce qui se produit à la gare Windsor indispose Oliva, qui sermonne de nouveau ses filles. Durant le voyage de retour, il leur sert une douzaine de fois la même rengaine. Comme il recommence encore quand ils arrivent à la maison, Marie réplique :

— C'est pas de notre faute si les gens veulent nous voir.

— Vous n'avez qu'à faire comme si vous les voyiez pas! tonne Oliva.

— On n'a pas demandé à aller à New York.

— Ça suffit! Si tu penses que tu vas me tenir tête comme ça... Je suis ton père! À genoux dans le coin! Jusqu'au souper.

Marie obéit sans plus protester car la voix de son père tremblait de colère retenue. Face au mur, elle se dit que tout ça est injuste. On la traite en enfant, elle qui a déjà seize ans, comme pour l'empêcher de vieillir, de devenir une femme.

* * *

Les souliers à talons hauts se retrouvent dans un placard, les jumelles endossent le costume des pensionnaires de la Villa Notre-Dame, heureuses de retrouver l'impression d'anonymat qu'il leur inspire. Le temps passe trop vite quand pointe à l'horizon une échéance qu'on redoute, dans leur cas la fin du secondaire. L'année qui suit le voyage à New York se confondrait avec les trois précédentes, tant elle leur ressemble, si ce n'était le découragement des quintuplées qui grandit parallèlement à leur détresse. Survient alors un événement qui, sans l'imagination d'Annette qui s'enflamme, ne serait sans doute qu'une corvée de plus. On va les présenter à la princesse Élisabeth et au duc d'Édimbourg lorsqu'ils feront escale à North Bay.

— Je vais lui demander de nous aider, annonce Annette à ses sœurs.

— T'es folle! s'exclame Yvonne. Elle va rire de toi, ou du moins faire semblant de ne pas t'entendre.

— Non, non... Après tout, on est encore les pupilles du roi. Et rappelez-vous que la reine nous a embrassées!

— C'est nous qui l'avons embrassée, corrige Yvonne.

— Admettons... Mais pupilles du roi, ça veut dire quelque chose, tout de même! La princesse ne peut pas faire autrement que de nous écouter.

Personne ne la contredit. Émilie, Marie, Cécile et Yvonne commencent plutôt à trouver ses propos intéressants. Cette expression de «pupille du roi» a toujours eu quelque chose de magique pour elles. Elles ont conservé leur croyance enfantine que ces mots marquaient une forme de parenté avec la famille royale.

— On a connu sa mère, à la princesse; il faudrait peut-être demander de ses nouvelles, suggère Émilie.

— Partons pas en peur, dit Cécile en invitant au calme d'un geste de la main.

— Tu ne crois pas qu'on devrait lui parler de nous, à la princesse? lui demande Annette.

— Je ne dis pas non, mais c'est pas moi qui vais le faire!

Les regards se tournent alors vers Yvonne. Elle secoue vivement la tête.

— Ni moi non plus.

Annette soupire.

— Bon, je vais m'en charger. On va écrire une lettre que je lui remettrai.

Marie n'est pas d'accord:

— Une lettre, elle ne la lira peut-être pas. Tandis que si on lui parle, on est certaines de notre coup.

— C'est vrai, concède Annette. Je vais lui parler.

Elle regarde ses sœurs l'une après l'autre avant de continuer:

— S'il y en a d'autres que ça tente...

Constatant qu'elle est seule volontaire, elle s'inquiète:

— Est-ce qu'elle parle français?

— Prépare-toi dans les deux langues, suggère Cécile.

Quelques jours plus tard, Oliva et Elzire conduisent les quintuplées à l'aéroport de North Bay. Coincée entre ses sœurs sur la banquette arrière, Émilie repense à ce voyage à Toronto qu'elles ont fait à six ans. C'était pour voir le roi et la reine d'Angleterre. Elle s'en souvient très bien, et, par les coupures de journaux que son père conserve, elle a pu mettre des noms sur des images gravées dans sa mémoire. «*Quintland Express*» écrit en grosses lettres dorées sur les wagons repeints en rouge vif. Pour marquer la première sortie des quintuplées du terrain de leur hôpital, la compagnie de chemins de fer avait fourni un train aux wagons spécialement aménagés et décorés.

Ce qui a particulièrement impressionné les quintuplées, ce fut les chambrettes où elles dormaient à deux. Séparées pour la toute première fois! Les infirmières et l'institutrice dormaient dans le même wagon; il y en avait un autre pour leurs parents, leurs frères et sœurs; un wagon encore pour le docteur Dafoe et les membres du conseil de tutelle, et un dernier pour la cinquantaine de journalistes et de photographes qui étaient du voyage.

Partout où le train ralentissait, des gens s'étaient massés pour les voir et les saluer. À Toronto, c'était encore pire : dix rangs de personnes de chaque côté de la rue. Des motos de police pour ouvrir la voie. Debout sur la banquette arrière d'une longue décapotable, les jumelles contemplaient sans s'émouvoir ces deux fleuves de visages tournés vers elles. Des visages qui souriaient, des mains qui s'agitaient, parfois en brandissant un petit drapeau rouge avec des lignes bleues. Spontanément, les fillettes ont envoyé du bout des doigts des baisers à la foule ravie. Personne ne leur avait dit de faire cela, elles avaient simplement envie de communier avec la joie des gens.

Ce fut comme cela jusqu'à Queen's Park, où se trouve l'édifice du Parlement de l'Ontario. Des haies de cameramen, les éclairs des flashs, puis une antichambre où on leur passa leurs robes longues d'organdi blanc, à volants, et le bonnet assorti. Dans une autre pièce, d'apparat celle-là, des gens attendaient. Émilie et ses jumelles y retrouvèrent le docteur Dafoe, leur père, leur mère, leurs trois frères en beaux complets bleu foncé, leurs trois sœurs en robes et bonnets de crêpe blanc, assez semblables aux ensembles des jumelles.

Puis un huissier a averti Elzire que seules les quintuplées seraient reçues en audience, pas ses autres enfants. Oh! sa colère! Pourtant, l'invitation adressée à Oliva mentionnait bien sa femme et ses enfants. L'employé en uniforme chamarré ne savait rien, ne voulait rien savoir. Aux yeux d'Elzire, il s'agissait d'une injustice cruelle. Les enfants se faisaient une telle joie de rencontrer le roi et la reine! De se voir ainsi rejetés, juste au moment où ils allaient entrer, ne pouvait que les mortifier.

Le roi George VI était plutôt impressionnant dans son uniforme d'officier de marine. Quant à la reine Élisabeth, elle souriait avec beaucoup de gentillesse quand Émilie et ses sœurs lui ont fait la révérence dans un parfait mouvement d'ensemble. Les jumelles attendaient que la souveraine leur demande leurs noms, ainsi qu'on l'avait prévu, pour décliner leur identité selon une formule apprise par cœur.

Mais il ne se passait rien, la reine se contentait de les regarder en souriant. Cécile s'est dit alors qu'il convenait d'improviser. Elle a lancé à ses sœurs :

— Un baiser pour la reine!

Puis elle s'est avancée, les bras tendus, vers la femme qui, après un moment d'hésitation, s'est penchée pour permettre à l'enfant de l'embrasser. L'une après l'autre, les jumelles ont mis les bras autour du cou de la souveraine et ont plaqué des baisers sonores sur ses joues.

— Elles sont charmantes! a dit Élisabeth à l'adresse d'Elzire.

— Merveilleuses, merveilleuses, a répété le roi.

Annette a demandé :

— Où sont les princesses? Pourquoi vous ne les avez pas amenées?

Charmée par tant de spontanéité, la reine a répondu :

— Elles auraient aimé venir, mais nous avons pensé que cela compliquerait beaucoup le voyage.

Puis elle leur a remis en cadeau de petits manteaux blancs, les jumelles lui ont donné leurs photos où elles avaient écrit des dédicaces à l'intention des princesses. À la suite des souverains, tout le monde a traversé la salle de l'Assemblée législative où étaient réunis les députés, sans compter les invités qui se pressaient au balcon. Émilie a lancé à la ronde un baiser qui a provoqué les applaudissements de l'assemblée jusque-là silencieuse.

Elle ne peut s'empêcher de soupirer lorsque la Cadillac s'arrête près d'une affiche qui dit : «*North Bay, elevation 1,213 feet.*» Comme Émilie regrette l'aisance qui était sienne autrefois, à l'époque où on ne lui avait pas encore enseigné la peur!

— Ça va aller? souffle-t-elle à Annette qui est blême de nervosité.

Cette dernière répond par un signe de tête affirmatif. En réalité, elle n'en mène pas large à l'idée d'exposer leurs problèmes à la princesse.

On rejoint le groupe de dignitaires alignés devant un hangar, puis on attend. Annette garde les yeux rivés sur le sol et tue le temps en étudiant le dessin des fissures qui forment un réseau de mailles sur l'asphalte. Le décor donne une impression de désolation ; la cérémonie n'a rien de commun avec celle marquant la visite des parents de la princesse. Un grondement de moteurs annonce l'arrivée de l'avion royal qui atterrit et roule au sol jusque devant les invités. On déroule un tapis rouge, le jeune couple princier descend.

La nervosité d'Annette lui dessèche la gorge. Les mots voudront-ils sortir ? À son insu, elle se trouve dans une position semblable à celle de sa mère, il y a douze ans, alors qu'Elzire cachait dans son sac une supplique à la reine où elle demandait qu'on lui rende ses filles. Une lettre qu'elle n'a pas osé remettre. Annette joue avec l'enveloppe qui protège la photographie d'elle et de ses sœurs qu'on lui a dit de donner à la princesse ; elle juge ce cadeau tout à fait inapproprié.

— Tu vas la froisser, lui murmure Elzire. Cesse de bouger comme ça, on dirait que tu as des vers.

Dans son magnifique manteau de vison, la princesse Élisabeth s'avance avec dignité. Elle n'a pas l'air impressionnée du tout par la présence du comité d'accueil. Aux jumelles, elle se contente de dire «Hello», et demeure ensuite impassible, le visage fermé. Annette comprend soudain que, toutes pupilles du roi qu'elles soient, les quintuplées Dionne n'existent tout simplement pas pour la princesse d'Angleterre. Demander son intervention était une idée folle, un enfantillage. Elle garde le silence en serrant la main gantée.

Le duc d'Édimbourg se montre plus charmant, parle aux jumelles tantôt en français, tantôt en anglais, s'informe de leurs études et de leurs projets d'avenir. Il a de très beaux yeux bleus.

Une fois le couple de visiteurs parti en décapotable rouge pour un bref tour de la ville, les quintuplées restent à l'écart tandis que leurs parents s'entretiennent avec des connaissances. Aucune de ses sœurs ne reproche à Annette d'être demeurée muette. Toutes ont l'impression d'avoir perdu une dernière illusion. Il n'existe pas d'issue : elles continueront d'appartenir à leurs parents.

— Avez-vous vu avec quel air bête elle nous regardait? demande Émilie à voix basse.

Afin de cacher sa déception, Annette tourne la chose à la blague.

— Peut-être qu'elle voulait ainsi nous dire : «Ayez pas le malheur d'embrasser mon mari, il est à moi!»

Marie conclut :

— En tout cas, elle n'a pas plus de goût que *mom* pour les chapeaux...

La plaisanterie tombe à plat, aucune n'a le cœur à rire.

* * *

— Dix-huit ans..., murmure Elzire Dionne d'un air quelque peu incrédule. Et le docteur Dafoe qui vous donnait pas vingt-quatre heures à vivre! Hein! celui-là...

Elle dépose dans une casserole à moitié remplie d'eau la pomme de terre qu'elle vient d'éplucher. Son regard croise celui de Cécile assise de l'autre côté de la table de la cuisine, puis descend sur le tas d'épluchures accumulées devant sa fille.

— Trop épaisses, fait-elle, tu gaspilles. Juste la pelure.

Elle se remet au travail et reprend son propos où elle l'avait laissé.

— C'est sainte Thérèse et la Sainte Vierge qui vous ont gardées en vie. Et le bon Dieu aussi, bien sûr. Pas Dafoe ni les gardes-malades! La prière fait des miracles, oubliez-le jamais.

Sans doute, songe Cécile, mais ça ne marche pas toujours. Combien de fois a-t-elle imploré Dieu sans que leur sort, à ses sœurs et à elle, s'améliore ! «Dieu vous envoie des épreuves pour fortifier vos âmes», répondait son confesseur lorsqu'elle lui demandait conseil, dans le secret espoir qu'il intervienne auprès de ses parents. «Les desseins de Dieu sont insondables», disait l'une ou l'autre des religieuses en guise d'encouragement. «Abandonnez-vous à sa volonté.»

Elle ne leur tient pas rigueur de ne pas s'être interposés, consciente que sans les prêtres et les religieuses sa vie aurait été insoutenable.

Elzire continue de vanter les mérites de la prière. Sans atteindre le niveau de dévotion de sa mère, Cécile est pieuse, ce qui ne l'empêche pas de trouver que l'éducation religieuse a tenu trop de place durant son cours secondaire. La messe du matin, les prières aux repas, au coucher, oui. Mais elle trouve qu'on leur a fait consacrer trop de temps aux choses superficielles de la religion : comme, par exemple, ces albums où, chaque vendredi après-midi, elles agençaient des images pieuses pour composer de savants collages sur un thème précis. Pareils cahiers, elle en a rempli des douzaines en cinq ans !

Des chants, des saynètes, de la broderie et autres choses du genre : rien qui prépare vraiment à une carrière. Car, contrairement à ses jumelles, Cécile sait quel métier elle veut pratiquer. Elle a toutefois l'impression que le cours secondaire qui s'achève ne l'a pas bien préparée à cela; il lui manque notamment la formation de base en chimie. N'importe, elle mettra les bouchées doubles. Pourvu que ses parents se montrent d'accord...

— La Villa Notre-Dame va fermer..., dit-elle à sa mère en ayant l'air de ne pas attacher trop d'importance à la chose.

— Ouais...

— Et nous autres...

Comme sa mère ne saisit aucune des perches qu'elle lui tend, Cécile se résout à attaquer sans détour le sujet qui la préoccupe. Elle lâche brusquement :

— Je voudrais devenir infirmière.

— Garde-malade? s'étonne Elzire. Tu y penses pas! C'est pas un métier, ça, torcher tout un chacun!

Avec tout ce qui a suivi la naissance des quintuplées, Elzire ne porte pas les infirmières dans son cœur. Cécile plaide sa cause.

— Soigner les gens, c'est noble.

— Je veux pas en entendre parler!

— On veut continuer à étudier après notre secondaire, se préparer à une profession.

Elzire hausse les épaules.

— Tu demanderas à ton père ce qu'il a prévu pour vous autres.

— Il vous en a parlé? demande Cécile, tout à la fois intéressée et inquiète.

— Tu lui demanderas. Bon, on a assez de patates. Va les rincer.

Cécile s'exécute. Inutile d'insister, sa mère ne lui dira rien... si elle sait quelque chose! Car Oliva Dionne n'a pas l'habitude de demander conseil, il se contente d'annoncer ses décisions.

À mesure que diminue le nombre de semaines avant la fin de l'année scolaire, la question de leur avenir immédiat devient plus lancinante pour les jumelles. À tel point qu'Yvonne se risque à interroger son père à propos de l'automne prochain. Elle rapporte ensuite ses propos à ses quatre sœurs qui attendaient avec impatience dans la salle de jeu du sous-sol.

— Il a dit : «Je sais ce qui est mieux pour vous autres, occupez-vous seulement de préparer vos examens de fin d'année.»

— C'est tout? fait Émilie, déçue.

— C'est tout.

Yvonne s'assoit lourdement sur le banc du piano, quelque peu découragée.

— Ça n'a pas de bon sens! s'exclame Cécile. Ça nous concerne! C'est notre vie, après tout!

— Je comprends que ça te touche plus, Cis, lui répond posément Annette, t'as déjà décidé de ta profession. Moi, je le sais pas, et si *dad* m'avait demandé où je voulais aller l'automne prochain, je n'aurais pas su quoi répondre. J'ai aucune idée de profession.

— Y a toutes sortes de professions, murmure Marie d'un ton un peu mystérieux.

Depuis quelque temps, elle est plus renfermée, méditative, on dirait.

— Qu'est-ce que tu veux dire? demande Annette. Quelles sortes de professions t'as en tête?

— Il y a la profession de foi...

Ses sœurs ne cachent pas leur étonnement ni leur intérêt. Comme Marie ne poursuit pas sa confidence, Émilie lui demande, d'une voix pleine de douceur :

— Tu es sérieuse?

— J'y pense beaucoup... Je prie pour voir clair en moi.

Les autres n'insistent pas. «Entrer en religion», chacune a déjà envisagé cette possibilité à un moment ou à un autre, motivée autant par la foi que par le désir de quitter le foyer. Mais que Marie y songe encore surprend un peu ses sœurs. Ce projet de devenir religieuse lui passera vite lorsqu'elle aura tâté un peu de la «vraie» vie, connu un peu le monde. Inutile pour l'instant d'argumenter.

Après un bref moment de silence, Yvonne dit à Marie :

— On va toutes prier pour toi, Peewee.

Annette ajoute, d'une voix à l'humour grinçant :

— On devrait y ajouter une petite prière pour toutes. Et si *dad* décidait de nous garder à la maison... comme servantes ?

— Il n'a pas le droit ! proteste Marie.

— C'est notre père, la loi est pour lui, rétorque Annette.

— Et c'est lui qui paie, renchérit Émilie. On ne pourrait pas gagner notre vie.

Yvonne ricane tristement :

— On n'a jamais traversé une rue toutes seules, on ne saurait même pas comment s'acheter des bas ou prendre un autobus.

— On apprendra ! s'exclame Annette.

Cécile s'assure que personne ne vient, puis elle dit, d'un ton convaincu :

— C'est vrai qu'actuellement on ne saurait pas se débrouiller dans le monde. À part faire du ménage et prier, on ne connaît pas grand-chose. Et c'est pour ça qu'il est important d'apprendre un métier. Autrement, on ne sera jamais autonomes, on dépendra toujours de *dad* et de *mom*.

— Un métier... Facile à dire !

D'un hochement de tête, Annette et Yvonne appuient les paroles d'Émilie. Cécile réplique :

— Oui, un métier, une profession. Un gagne-pain ! Pour la première fois de notre vie, on va avoir l'occasion de choisir quelque chose qu'on aime. Décider par nous-mêmes.

— J'espère que ça aussi, ça s'apprend ! soupire Émilie.

Elles demeurent un moment rêveuses ; Marie et Cécile soupèsent de nouveau leur choix, les autres s'interrogent sur leurs préférences. Annette aime la musique, elle est bonne pianiste, mais ne se voit pas jouant toute sa vie d'un instrument. Enseigner la musique? Peut-être... Yvonne également souhaite devenir infirmière, mais sa volonté n'est pas encore aussi arrêtée que celle de Cécile et elle n'a pas osé faire part de ce désir à ses parents. Quant à Émilie, aucun de ses goûts ne lui paraît plus important que les autres; tout ce qu'elle sait, c'est qu'elle aimerait aider les gens. Comment? Ça reste à trouver. Elle a besoin d'encore un peu de temps pour décider.

Finalement, Annette revient à la charge avec cette inquiétude qui empoisonne sa fin d'année:

— Et si *dad* veut nous garder à la maison, qu'est-ce qu'on fait? On saute la clôture?

Cécile, la seule à connaître les anciens rêves d'évasion de sa sœur, ne peut s'empêcher de sourire.

— Il ne ferait pas ça, affirme Émilie, on les dérange. *Dad* et *mom* vont nous placer quelque part.

— Dieu t'entende! s'écrie Annette. Loin, j'espère.

— Surtout qu'il aurait peur que ça sorte dans les journaux, ajoute Marie. Les quintuplées prisonnières!

Yvonne calme ses trois sœurs d'un geste de la main. Elle a une voix posée.

— Ça fait presque neuf ans qu'on est déménagées ici, le pire est passé. Quoi qu'il arrive, dans trois ans nous en aurons vingt et un.

— Moi, déclare Cécile, je ne veux pas arriver à cet âge-là les mains vides. Perdre trois années?

— T'as raison, répond Yvonne, mais attendons avant de nous alarmer.

Cécile manifeste sa méfiance:

— T'en as eu souvent, des surprises agréables?

— Il restera toujours la possibilité de prendre mari, dit Émilie avec un sourire en coin. C'était écrit dans les journaux qu'à dix-huit ans nous avons maintenant le droit de nous marier sans le consentement de nos parents.

— Ça, ça pourrait convenir à Cis, fait Annette.

Elles éclatent toutes de rire, à l'exception de Cécile. Elle n'aime pas qu'on la taquine à propos du jeune Américain qui semblait beaucoup s'intéresser à elle lors du carnaval d'hiver de St.Paul, au Minnesota, il y a quelques mois. Invitées par la compagnie Brown & Bigelow, qui publie chaque année depuis qu'elles ont deux ans un calendrier les représentant, elles constituaient l'attraction principale de ce carnaval. Et pour les apparitions officielles, chacune était escortée par un «chevalier servant». Celui de Cécile s'est montré fort empressé malgré une grande timidité. La première fois qu'un garçon leur tenait la main! Elles n'ont pas eu une seconde d'intimité avec eux et Oliva a refusé qu'elles assistent au bal de clôture, mais cela n'a pas empêché Cécile de rêver ensuite durant des semaines au beau jeune homme.

— Il s'appelait comment, déjà? demande Marie d'un ton taquin.

Cécile voudrait manifester de l'agacement, mais la complicité qui l'unit à ses sœurs est plus forte et elle rit à son tour.

* * *

L'impatience de Cécile grandit au point de devenir insoutenable, et, un jour qu'elle trouve ses parents seuls dans la salle à manger, elle demande à leur parler. Elzire regarde son mari sans ralentir la vitesse de ses broches à tricoter. Oliva dépose le *Nugget's* sur la table et se carre dans sa chaise.

— Oui?

— Je veux devenir infirmière, lance Cécile tout de go.

Elle s'est jetée à l'eau d'un seul coup afin de vaincre son trac.

— T'as pas le tour, dit sa mère. Va t'asseoir sur les genoux de ton père pour lui demander.

Cécile frémit à ces mots. Elzire insiste d'un signe de tête. Son désir de devenir infirmière, qui englobe celui de quitter la maison, est si grand que Cécile s'assoit sur son père en dépit de la répulsion qu'elle ressent. Oliva semble ravi et répond d'une voix douce à la demande que sa fille répète.

— Vous êtes jeunes et sans aucune expérience. Je voudrais que vous restiez encore deux ans avec les sœurs de l'Assomption. Rien ne vous presse, il sera toujours temps de décider de votre avenir. Je vous ai inscrites toutes les cinq à leur Institut familial, à Nicolet.

Cécile encaisse la nouvelle sans sourciller. Sa déception, elle la dissimule soigneusement. Elle a depuis longtemps appris à faire contre mauvaise fortune bon cœur.

— Où se trouve Nicolet, *dad*?

— Entre Montréal et Québec, sur la rive sud du Saint-Laurent.

Au Québec, la province voisine! Loin, comme le souhaitait Annette qui exprimait à haute voix leur sentiment commun. Insister pour fréquenter une école d'infirmières risquerait d'indisposer Oliva; Cécile craindrait de compromettre de la sorte la chance qui s'offre à ses sœurs et à elle. Il s'agit d'une demi-victoire : elles vont enfin échapper à l'emprise de leurs parents, à leur vie quasi cloîtrée, laisser derrière elles les barbelés. Échapper surtout à l'omniprésence de leur père, à ses regards qui leur font avoir honte de leur corps. Ne plus craindre de se retrouver toutes seules avec lui. La liberté!

— Merci, *dad,* merci *mom,* de nous permettre d'étudier, dit Cécile en descendant des genoux de son père. Nous ne vous ferons pas honte.

— J'y compte bien, répond Oliva.

La nouvelle provoque encore plus de joie chez ses jumelles que chez Cécile. Chacune essaie d'imaginer ce que sera sa nouvelle vie, aucune n'y parvient. Trop d'informations leur manquent. Quelle impression cela fait de pouvoir aller où bon vous semble, sans toujours demander de permission? De ne pas avoir toujours un horizon limité par des grillages? De ne plus se sentir «protégées» par ces mêmes grillages? Sauront-elles faire face aux situations inusitées qui se présenteront? Comme entrer dans un magasin pour acheter des bas... Comme répondre à un étranger dans la rue, prendre un autobus ou un train. Mille petites choses qui vont de soi pour les filles élevées «à l'extérieur» mais que les jumelles ignorent totalement.

Peut-être sous l'influence du chagrin que les quintuplées éprouvent à l'idée de se séparer de leurs compagnes de classe, leurs premières et seules amies, la liberté promise pour septembre engendre bientôt des angoisses chez chacune. On leur a tellement répété de se méfier de tous ceux qui ne faisaient pas partie de leur petit monde barricadé qu'elles prennent peur de l'inconnu qui les attend. Les foules, surtout, les terrorisent. Il n'y aura plus de policiers pour tenir les gens à l'écart, plus d'organisateurs pour leur dire quoi faire. D'accord, les gens paraissent gentils, mais trop, c'est trop. Les autographes, les questions. La curiosité surtout, qui donne aux jumelles l'impression d'être des bestioles étranges sous l'objectif d'un microscope.

Ces appréhensions s'aggravent encore quand les jumelles s'en font part. Et elles inventent des moyens plus farfelus les uns que les autres de protéger leur intimité. Peut-être se cacher sous des noms d'emprunt? Ne jamais sortir toutes les cinq ensemble, mais par deux, trois au maximum? Cécile et Annette décident de teindre leurs cheveux en châtain afin d'éviter d'être reconnues. Et, un soir, elles s'enferment dans la salle de bains avec une bouteille de colorant capillaire. Bien qu'elles suivent scrupuleusement les instructions du fabricant, elles ne parviennent qu'à tacher leurs mains sans modifier la couleur de leur chevelure.

* * *

Les religieuses organisent à la demande d'Oliva une cérémonie officielle de remise des diplômes de fin d'études. Durant le mois de mai, des décorateurs de chez Bannon Bros. montent une scène dans la salle de jeu du sous-sol de la maison des Dionne. Des religieuses viennent de Sturgeon Falls afin d'orchestrer la cérémonie et de faire répéter les élèves.

Comme à chaque occasion jugée importante, M. Sasse fait le voyage depuis New York pour prendre des photos de presse. Les jumelles posent durant trois jours, d'abord pour des images destinées au calendrier de l'année prochaine, puis avec la toge blanche et le mortier assorti qu'elles porteront lorsqu'elles recevront leur diplôme de fin d'études.

La cérémonie a lieu le 28 mai, jour anniversaire de la naissance des jumelles, et rien n'est négligé pour donner de la solennité à l'événement auquel assistent de nombreux invités. Les frères et sœurs des quintuplées sont là, de même que les parents des élèves, une brochette d'ecclésiastiques et des journalistes.

Dans la pièce voisine de la salle de jeu, les jumelles et leurs neuf camarades ajustent leurs vêtements en attendant le signal d'avancer jusqu'à la scène. Pas de rires ou de plaisanteries, que des chuchotements. La gravité qui se lit sur le visage des jeunes filles n'est pas inspirée par la cérémonie comme telle, mais vient du sentiment qu'elles ont de vivre leurs derniers moments ensemble. Chacune va prendre un chemin différent, elles ne se reverront peut-être plus, alors que l'amitié qui les unit dure depuis cinq ans. Ensemble, elles sont passées de l'enfance à l'âge adulte. Elles se promettent de correspondre, de ne pas s'oublier.

— Ça a été une chance d'étudier avec vous autres, confie Jacqueline à l'oreille d'Annette.

— Non, une chance pour nous de vous avoir. C'est avec vous que nous avons vécu les plus beaux moments de notre vie. Sans vous, je ne sais pas ce que nous serions devenues.

Ces paroles, elle les a murmurées, assez fort cependant pour que toutes les entendent. On essuie furtivement une larme, des mains se serrent, on s'étreint et s'embrasse sur les joues. S'échangent alors des serments d'amitié éternelle. La directrice survient à ce moment-là et s'émeut du spectacle. Elle demeure un moment en retrait avant de signaler sa présence par un bref toussotement.

— Vous êtes toutes des jeunes filles remarquables, dit-elle d'une voix déjà nostalgique. Cela nous fait de la peine, à mes sœurs et à moi, de vous voir partir, mais en même temps nous sommes pleines de fierté. Nous savons que vous serez de bonnes chrétiennes et que chacune de vous suivra avec courage le chemin que Dieu lui a tracé.

Son regard affectueux se promène sur les visages dont la rougeur ne vient pas du fard à joues, puis elle reprend :

— Eh bien, mesdemoiselles, allons-y. Vos invités attendent.

Après la cérémonie, les quintuplées posent avec Elzire et Oliva pour l'appareil photo de M. Sasse. Une gerbe de fleurs dans les bras, elles sourient, sans avoir à se forcer ainsi qu'elles l'ont fait si souvent devant le photographe. C'est une époque qui prend fin, une vie nouvelle les attend. Une vie qui ne peut qu'être merveilleuse en regard de ce qu'elles ont connu jusqu'à présent.

«Je suis vraiment fier de vous, les petites.» Ces paroles, les jumelles les espèrent en vain, tant de leur père que de leur mère. L'occasion serait pourtant belle pour leur faire un premier compliment. Cécile voit l'enthousiasme des parents de ses amies, qui manifestent ouvertement leur fierté. Ses parents à elle n'ont souri que le temps d'une photo. *Make believe*, songe-t-elle. Faire semblant.

6

Les champs étroits, séparés par des clôtures rectilignes et ponctués d'ormes gigantesques, défilent de chaque côté de la route. Le front appuyé sur la glace de la portière, Annette s'émerveille de la luxuriance du paysage. En regard de la nature âpre et sauvage du nord-est de l'Ontario, celle de la vallée du Saint-Laurent lui paraît douce, plus humaine. Elle veut voir dans ce contraste un symbole du changement qui survient enfin dans leur vie. Quand elle tourne la tête vers Yvonne, celle-ci lui fait comprendre d'un simple mouvement des sourcils qu'elle partage ses pensées.

Le voyage a été long depuis l'Ontario, surtout qu'Oliva et son fils aîné, Armand, n'ont pratiquement pas dit un mot de tout le trajet. «Nous sommes des étrangers, eux et nous», songe Cécile avec une certaine amertume. Neuf ans se sont écoulés depuis les retrouvailles des quintuplées et de leur famille, et Cécile n'a toujours pas réussi à remplir le devoir qu'elle avait de les aimer. La culpabilité qui en découle pour elle demeure aussi vive. L'éloignement atténuera, espère-t-elle, ce sentiment si désagréable qu'elle sait injustifié.

Quant à Marie, les minutes lui semblent des heures car il lui tarde de retrouver Émilie qui est partie pour Nicolet en train voilà quatorze jours en compagnie d'une religieuse. À cause de son état de santé, on a jugé plus sage qu'elle puisse s'installer et s'habituer à l'Institut avant l'arrivée des autres pensionnaires. Il y avait aussi qu'on manquerait de place dans la Cadillac du père.

Quatorze jours, une éternité quand on n'a jamais été séparé plus d'une nuit, quand on aime l'autre autant, sinon plus, que soi-même.

— On approche, glisse Cécile à l'oreille de Marie en lui prenant la main.

Elles se sont toutes ennuyées et chacune a écrit à Émilie. Une absence si longue qu'elles ont eu le temps de recevoir une réponse de leur sœur. Durant un moment, chacune des quatre jumelles essaie d'imaginer l'arrivée prochaine à l'Institut en inventant le décor à partir de souvenirs des couvents où elles ont déjà couché à New York et à Ottawa. Ce qu'elles voient sans peine, c'est l'accueil que leur réservera Émilie. Marie soupire de lassitude en constatant que le soir tombe.

Quand apparaissent les lumières de Nicolet, il est presque vingt et une heures. Oliva Dionne a délibérément choisi d'arriver à une heure aussi tardive. Les rues seront presque désertes, les élèves de l'Institut seront déjà au dortoir; ainsi, l'arrivée des quintuplées n'attirera pas l'attention. Il ne tient surtout pas à trouver des journalistes devant l'école. Déjà que le départ hâtif d'Émilie a fait l'objet d'articles pleins de suppositions sous-entendues... Les journalistes, Oliva aime bien les rencontrer sur son propre terrain, au moment qu'il a choisi, pas autrement.

C'est à contrecœur qu'il laisse partir ses quintuplées. La presse aurait fait tout un raffut s'il les avait gardées à la maison, leur refusant ainsi une éducation supérieure. Le pensionnat est un moindre mal; elles ne seront pas trop à la merci des étrangers, exposées à toutes sortes d'influences. Les religieuses veilleront attentivement sur elles, il a donné des instructions formelles à cet effet. Ainsi, lorsque les parents viendront voir leurs filles le dimanche, les jumelles devront être enfermées dans une classe afin que personne ne les croise. Histoire de les protéger, bien sûr... Elles ne devront pas non plus recevoir d'autres visiteurs que leurs parents.

La ville baigne dans la nuit quand la voiture y pénètre. Annette se désole de n'avoir pu admirer la campagne environnante et la rivière. Cependant, la vue des rues bordées d'arbres et de boutiques l'enchante. Elle se voit marchant sur le trottoir, seule, et attirant les regards, pas parce qu'on la reconnaît, mais parce qu'elle est grande et élancée. Dans son rêve éveillé, Annette mesure au moins un mètre soixante-douze... ou soixante-quinze, elle qui en réalité ne fait pas un mètre soixante.

Bien qu'elles soient conscientes de déplaire ainsi à leur père, les jumelles courent à la rencontre d'Émilie lorsqu'elles l'aperçoivent qui débouche d'un couloir. Elles s'enlacent, en ne disant que des banalités car leur père s'approche d'elles. N'importe, nul besoin de paroles ! Les regards qu'elles échangent disent tout. Ce qui domine dans cette conversation muette, ce sont la fierté d'Émilie d'avoir survécu toute seule durant deux semaines et son désir de ne plus jamais subir une telle épreuve.

Le visage de Marie se referme. Elle paraît absente, et pourtant personne n'a plus conscience qu'elle du moment présent. Elle sent qu'elle vit l'instant le plus heureux de sa vie. Nulle joie n'a jamais été aussi profonde, aussi intense, que le bonheur de retrouver sa jumelle bien-aimée. Elle constate avec un étonnement mêlé d'effroi qu'elle n'a pas vraiment vécu les quinze derniers jours. L'absence,

Marie en a eu une perception physique; c'était comme un trou béant à l'intérieur d'elle. Elle agissait en automate, l'esprit obnubilé par les retrouvailles prochaines avec Émilie. Et plus le jour béni approchait, moins le temps passait vite. Enfin cela s'est produit! Marie se sent de nouveau complète.

Une fois leurs malles descendues au sous-sol, où se trouvent les casiers réservés aux pensionnaires, Émilie conduit ses sœurs au dortoir. Elle prend plaisir à être pour une fois celle qui guide les autres; durant quelques jours, elles compteront sur elle qui connaît bien les lieux.

— Notre dortoir est vert et bleu, murmure-t-elle alors qu'elles avancent en essayant de se faire discrètes dans les couloirs déserts où le moindre bruit prend des proportions démesurées. Nous y serons vingt-cinq.

— Vingt-cinq..., marmonne Cécile.

Elles étaient quinze à la Villa Notre-Dame. Leur monde s'agrandit. L'image des cercles concentriques qui s'écartent du point où un caillou a brisé la surface de l'eau s'impose à l'esprit de Cécile. Ce point central, c'est la grande maison de briques de ses parents, dont elle espère que le temps l'éloignera de plus en plus.

Disposés en cinq rangées de cinq, les lits sont entourés de rideaux qui assurent à chaque pensionnaire une certaine intimité. Cinq lits dispersés au milieu des autres ont leur rideau ouvert. Émilie indique le sien, ses sœurs en choisissent chacune un. Après avoir passé leur chemise de nuit, les jumelles vont à la salle de bains attenante au dortoir. Là, Annette a la désagréable surprise de constater que les miroirs fixés au mur sont trop hauts pour elle. Il lui faut se tenir sur la pointe des pieds pour s'y mirer. Elle utilise donc son miroir à main pour coiffer ses cheveux. Émilie lui dit en souriant :

— Ceux de la salle des casiers sont plus bas.

— Si tu penses que je vais aller me peigner dans la cave! maugrée Annette.

Ses sœurs sont d'une taille sensiblement identique à la sienne, mais c'est elle qui souffre le plus d'être courtaude, ce qui lui vaut d'amicales taquineries.

— Moi, je te trouve grande, plaisante Marie qui est un peu moins grande que ses sœurs.

Elles rient de bon cœur.

Alors que Cécile se prépare à fermer le rideau qui isole son lit, celui du lit voisin s'écarte pour laisser apparaître le visage amical d'une jeune fille.

— Salut! Moi, c'est Rita.

Cécile lui tend la main et se présente. Elle ajoute :

— On m'appelle aussi Cis.

Elles échangent quelques mots à voix basse. Rita a beaucoup d'entregent et converse avec un grand naturel. Cécile décèle tout de même dans le regard de sa voisine une curiosité mal refoulée. Elle ne s'en offusque pas : les journaux parlent presque chaque semaine des quintuplées Dionne, c'est compréhensible qu'elles intriguent les gens. Cécile a décidé avant son arrivée ici de donner leur chance aux gens durant quelques jours, le temps que s'use leur curiosité, qu'ils apprennent à la connaître, qu'ils révèlent leur véritable nature. Ensuite seulement, elle décidera de ceux qu'elle a envie de fréquenter plus intimement.

— Bonne nuit, Rita.

— Bonne nuit, Cécile.

En dépit de la fatigue du voyage, Yvonne ne parvient pas à trouver le sommeil. La lueur de la veilleuse transforme les plis du rideau en une alternance de bandes sombres et de bandes plus claires qui évoquent des barreaux. Pour se rassurer sur l'inexistence de cette barrière, elle tend la main et fait battre légèrement le tissu. C'est bien fini, les grilles. Et le pas lourd de leur père dans le couloir. Yvonne se lent légère comme jamais, délestée d'une responsabilité qu'elle assume depuis toujours : protéger ses sœurs. Ici, elles ne risquent plus rien. Dieu! elle en était venue à douter que ce moment se produise un jour. Neuf ans... Comment ont-elles pu passer au travers?

Aujourd'hui, ces années lui paraissent tassées sur elles-mêmes, bloc monolithique et compact, mais elle sait qu'il s'agit d'une fausse perception. En réalité, c'est une infinité de jours qu'il a fallu vivre un par un, avec tout ce qu'ils recelaient de peines, d'angoisses, de déceptions et de désillusions, en surmontant le désespoir toujours présent. Si peu de moments heureux lui restent présents à la mémoire! À partir d'aujourd'hui, Yvonne pourra se reposer, baisser les défenses. Le sentiment de liberté est tellement exaltant qu'elle ne veut pas s'endormir tout de suite, afin de le goûter à fond.

Annette non plus ne trouve pas le sommeil. Les rêves d'évasion qu'elle caressait depuis tant d'années se sont enfin réalisés, différemment de ce qu'elle imaginait, mais réalisés tout de même. Elle a peine à le croire, redoute qu'un mauvais tour de la vie ne vienne gâcher son bonheur. Elle aura besoin de plusieurs jours pour ne plus craindre de se réveiller d'un rêve trop beau. Il lui semble qu'elle respirera un peu mieux lorsque son père aura repris le chemin du retour. Elle s'assoit dans son lit, écarte légèrement le rideau et regarde le dortoir pour se convaincre que tout cela est bien réel. Les pieds nus de Marie s'aperçoivent par-dessous son rideau; agenouillée à côté de son lit, elle prie. Annette se recouche, récite intérieurement une prière qui l'unit à sa sœur.

L'oraison de Marie en est une d'action de grâces. Elle remercie Dieu de les avoir guidées jusque dans cette ville, lui demande de l'éclairer sur la route qu'elle doit suivre à présent. Tant d'avenues s'ouvrent à elle ! Tout semble possible, le meilleur comme le pire. Et loin des grilles, loin de ses parents, l'appel de la vie religieuse n'est plus aussi fort qu'elle croyait. Le doute s'est installé en elle à mesure que s'additionnaient les kilomètres la séparant de Corbeil.

Tout à coup, le rideau s'ouvre et Émilie se glisse furtivement dans le compartiment de sa sœur, s'agenouille auprès d'elle.

— Tu n'as pas à t'en faire, Peewee, même si tu te sens un peu perdue. Ça va passer vite. Tu verras, on va être bien ici.

— Je ne me sens pas perdue, répond Marie d'une voix à peine audible. C'est vrai que j'avais peur de l'être, mais c'est drôle, Em, je me sens presque chez nous. Peut-être parce que tu étais là à nous attendre.

— Ici, c'est la paix, la sainte paix...

L'allusion est claire pour Marie, elle serre la main de sa jumelle.

— Je remerciais justement le bon Dieu.

— Je vais prier un peu avec toi, dit Émilie.

Et dans le dortoir qui bruit doucement de la respiration paisible de leurs vingt-trois compagnes, les deux jeunes femmes se recueillent afin de remercier le ciel du bonheur qu'il leur offre.

* * *

Le lendemain, leur père rend une dernière visite aux quintuplées avant de retourner à Corbeil. Ses ultimes recommandations ne font que reprendre les thèmes qui lui sont chers : se méfier des étrangers, ne pas parler aux inconnus, ne pas se laisser influencer par leurs compagnes et les religieuses, être discrètes et ne répondre à aucune question concernant leur famille. Et surtout, surtout, ne jamais répondre aux journalistes, ne pas se laisser photographier.

— Ne me faites pas honte, écrivez à la maison chaque semaine, conclut-il après que chacune l'a embrassé sur les joues.

Ce simulacre de tendresse répugne Annette, mais, comme ses sœurs, elle se sent impuissante devant l'autorité de leur père. S'il lui faut des simulacres... De son bref discours, elle retient surtout la demande inexprimée qui affleurait sous les mots : qu'elles s'ennuient de leurs parents et le leur fassent savoir.

Ce n'est qu'une fois la Cadillac sortie de la cour de l'Institut que les jumelles se sentent totalement rassurées. Leur père aurait pu changer d'idée, les ramener avec lui au bercail. Elles sont seules enfin, jeunes femmes parmi d'autres jeunes femmes, et peuvent dorénavant se préoccuper uniquement de s'intégrer au groupe.

Les trois jours suivants sont consacrés à une retraite fermée, puis les cours commencent vraiment. Au fil des jours, Cécile déchante : ses sœurs et elles ne suivent pas le même programme d'études que toutes les autres. Comme si les religieuses ne savaient trop que faire d'elles ! Peut-être parce que leur inscription a été faite à la dernière minute ? Quoi qu'il en soit, Cécile se désole de n'avoir pas de cours de mathématiques, matière dans laquelle elle est faible et qui lui serait sans doute utile plus tard. Elle obtient au moins de suivre le cours de chimie nécessaire pour s'inscrire à l'école d'infirmières. Tous les autres lui semblent futiles : dessin, tricot, tissage, cuisine, broderie, petit point, chant, musique et arts d'agrément. Rien qui prépare vraiment à une profession.

Dans son journal, les inscriptions quotidiennes se font laconiques et expriment bien son état d'esprit. Dans celles des 15, 16 et 17 septembre, elle répète les mêmes mots : «Tissage, tricot.» Le jour suivant : «Du tissage toute la journée.» À partir du 29 débute une semaine des arts décoratifs que Cécile résume ainsi : «Dessin, dessin, dessin toute la journée!»

À cela s'ajoutent les cours de diction et de dactylographie, les répétitions de chant. Tandis que les autres pensionnaires étudient, les jumelles doivent chanter pour la visite d'un ecclésiastique, l'anniversaire d'une religieuse ou lors des services funèbres ou de messes à la mémoire de quelque disparu. Il arrive fréquemment que cela se produise trois ou quatre jours d'affilée.

— Ça ne nous mène nulle part, se plaint Cécile à Annette.

— Mais c'est agréable!

— Je ne dis pas non, mais j'ai quand même l'impression de perdre mon temps.

Elle n'insiste pas, voyant que ses propos attristent Annette. Pas question qu'elle lui communique l'affreux pressentiment qui l'habite : leur père avait une idée derrière la tête en choisissant ces cours qui ne leur apprennent qu'à être de bonnes «petites femmes d'intérieur». Il souhaite sans doute qu'elles reviennent ensuite à la maison pour prendre soin de leurs parents! Cécile comprend que, parce qu'elles n'ont pas encore choisi une voie précise, ses sœurs trouvent beaucoup d'agrément à leur nouvelle vie.

— C'est vrai que le métier à tisser, c'est dur pour les reins...

C'est tout ce qu'Annette a trouvé pour corroborer un tant soit peu les propos de sa sœur. Mais elle ne peut s'empêcher d'ajouter :

— Moins que laver neuf salles de bains à quatre pattes!

Cécile lui sourit. Sans doute qu'elle se montre trop impatiente, qu'elle ne fait pas suffisamment confiance à la divine providence. «*Count your blessings*», conseillait souvent la directrice de la Villa Notre-Dame.

— Je me plains le ventre plein! dit-elle à Annette. C'est le paradis, ici.

— En tout cas, ça lui ressemble.

Elles ne se sont pas encore habituées au sentiment exaltant qui s'empare d'elles chaque matin lorsqu'elles sortent de la cour et prennent le trottoir jusqu'à la cathédrale pour assister à la messe. Pas en groupe, mais par deux ou trois, avec des compagnes de leur choix. Elles peuvent alors converser et rire à leur guise, se croire enfin des filles comme toutes les autres. Et si elles ont parfois l'impression de lire dans les regards des religieuses quelque chose comme «Ne vous attendez pas à un traitement de faveur parce que vous êtes les quintuplées Dionne», cela ne fait que les réjouir. Être traitées comme toutes les autres, quel bonheur!

Peu à peu, chaque quintuplée apprend à se séparer, à mener une vie quelque peu différente de celle de ses sœurs. Marie surtout, dont l'esprit d'indépendance s'épanouit librement et qui ne manifeste plus d'intérêt pour la vie religieuse. L'apprentissage de l'autonomie leur est facilité par le fait qu'elles partagent le même dortoir et peuvent se retrouver entre elles aussi souvent qu'elles le veulent. Ici, personne ne s'offusque lorsqu'elles font bande à part, personne ne s'inquiète qu'elles se confient des secrets.

Parce qu'elles ont tout le loisir de recréer entre elles l'intimité si souvent contrariée dans le passé, chacune découvre le plaisir de voler de ses propres ailes, chacune s'applique à développer sa personnalité propre. Émilie, qui a eu une nouvelle crise et garde souvent le lit, est le point de convergence où les jumelles se retrouvent, en quelque sorte la gardienne du nid où les autres reviennent après leurs incursions dans l'univers nouveau qui les entoure.

Les religieuses sont-elles plus sévères à leur endroit? Les jumelles le croient parfois et elles nourrissent une crainte sans doute sans fondement : qu'on les surveille pour rapporter à leur père le moindre écart de conduite. L'impression que le doigt de leur mère va à tout moment s'enfoncer entre leurs omoplates : «Tiens-toi droite! Ne fais pas ci, ne fais pas ça!»

La volonté de leur père, elles la ressentent chaque dimanche après-midi, alors qu'on les enferme dans une classe vide tandis que leurs compagnes reçoivent des visiteurs. Cet ordre ne peut venir que de lui. Elles ont alors l'impression d'être mises à l'écart comme autrefois, de se retrouver de nouveau derrière des grilles.

Elles profitent de cet isolement forcé pour expédier une corvée hebdomadaire, la rédaction de la lettre que chacune doit envoyer à ses parents. Expédier est vite dit. Il leur faut soupeser chaque mot, analyser longuement chaque phrase, car leur père a le don de lire entre les lignes. Une lettre trop courte le vexera; trop joyeuse, elle l'inquiétera. Et s'il la juge trop vague, il aura la certitude qu'on lui dissimule des choses. Il faut que leurs missives expriment leur ennui de la maison familiale ainsi que des sentiments chaleureux à l'égard du reste de la famille, mais pas trop, car alors leur père aurait des doutes sur leur sincérité.

Marie et Yvonne comparent les missives qu'elles viennent de terminer et qui disent sensiblement la même chose, en mots à peine différents.

— T'as oublié de demander des nouvelles de Lucie, constate Yvonne en remettant la feuille à sa sœur.

— Un post-scriptum suffirait?

— Oui, oui. Moi, je m'en informe au début. Il fera la moyenne de nos lettres.

Toutes cinq laissent échapper un rire gêné.

— Je me sens hypocrite, avoue ensuite Annette.

— Ce sont eux qui nous forcent à ça! réplique vivement Marie.

Émilie l'appuie d'un grognement.

— Ce n'est pas de l'hypocrisie, affirme Cécile, c'est de la simple politesse. Pour ne pas les blesser, pour leur faire plaisir. C'est de la diplomatie, pour nous éviter des complications.

Elle a beau dire, les mots qu'elle écrit chaque semaine pèsent lourd sur sa conscience. Non parce qu'ils sont mensongers, il faut bien se défendre, mais parce qu'ils témoignent à ses yeux de son incapacité d'aimer sa famille comme elle le devrait, un état de fait qu'elle attribue à un égoïsme détestable dont elle se confesse fréquemment et cherche à se corriger.

Tandis que les autres ouvrent un roman afin de tuer le temps jusqu'au souper, Marie se poste à une fenêtre. Elle observe le va-et-vient des visiteurs, suit des yeux les groupes d'élèves et de parents qui déambulent dans les allées, imagine les éclats de rire que les vitres l'empêchent d'entendre. Ce doit être bon d'aimer revoir les siens... Dans le parc adjacent, les érables ont perdu leurs couleurs de feu; les rares feuilles qui subsistent aux branches sont brunes et ternes. Cela lui rappelle Corbeil où l'automne est couleur de rouille.

— Vous vous souvenez de la petite pièce à la nursery? demande-t-elle.

— *The little room?* fait Émilie.

— Oui.

— C'est très vague, répond Annette.

À la pouponnière, les châtiments corporels étaient interdits. Quand l'une ou l'autre avait commis une faute, les infirmières enfermaient la coupable dans une pièce minuscule, à peine plus grande qu'un placard, où il n'y avait qu'une chaise, une table et une fenêtre.

— Le plus terrible dans tout ça, dit Yvonne, c'était d'être séparées. Les autres souffraient autant que celle qui se trouvait dans la *little room*.

— C'est tellement loin, soupire Émilie. Des fois, j'ai l'impression que c'est une autre vie, que c'est une autre que moi qui a vécu ça.

— On était heureuses, lance Marie. Ça, je m'en souviens! On aurait dû nous laisser là, avec les infirmières. La réunion, ça n'a rendu service à personne, ni à la famille ni à nous autres.

Émilie dépose le livre dans lequel elle n'arrive pas à s'abstraire.

— Je voudrais tourner la page, dit-elle.

— Comment on fait ça? demande Yvonne qui demeure sceptique.

— Peut-être qu'il faut d'abord pardonner.

— Et ça, Em, comment on le fait?

Émilie ne sait que répondre à la dernière interrogation d'Yvonne. Elle reprend son livre et fait mine de s'absorber dans la lecture, mais la question continue de tournoyer dans sa tête. Marie suggère cette réponse :

— La prière, je ne vois que ça.

— Beaucoup de prières! ironise Annette.

* * *

Une visite-surprise de leur père et de leur mère à la mi-octobre inquiète les quintuplées, mais leur alarme se révèle vaine, il n'est pas question qu'on les ramène à la maison. Elzire voulait simplement voir dans quel milieu vivaient ses filles. La rencontre est guindée, on trouve peu de choses à se dire : des nouvelles des frères et sœurs ainsi que des connaissances, nouvelles déjà communiquées dans les dernières lettres. Comme lorsqu'elles leur écrivent, les jumelles pèsent leurs mots, par crainte d'indisposer involontairement leurs parents. Elles racontent la visite, trois jours auparavant, de Mgr Tessier pour qui elles ont chanté, et le banquet donné à l'occasion de la fête de la Vierge, le 11 novembre.

La venue d'Elzire et d'Oliva fait prendre conscience aux jumelles qu'elles ne sont pas aussi loin de Corbeil qu'elles croyaient, que leur autonomie n'est encore qu'un désir, pas une réalité. Et déjà s'annonce le congé des fêtes, qui les verra reprendre le chemin de la maison paternelle. Il faut profiter des jours qu'elles vivent à Nicolet, car cette liberté encore fragile pourrait prendre fin à tout moment. Il suffirait d'un caprice de leur mère, d'une lubie de leur père.

Deux semaines plus tard, Cécile et Yvonne se risquent à sortir en ville un samedi après-midi, ainsi que le font la plupart des filles. Elles ont demandé la permission, comme on leur a appris à le faire pour tout, et, à leur plus grand étonnement, elles l'ont obtenue. Leur père aurait oublié de défendre ces sorties, lui qui ne veut même pas qu'elles rencontrent les parents des autres élèves? Ou bien la religieuse n'est pas au courant des instructions d'Oliva, ou bien elle les a oubliées. Vaut mieux ne pas en parler dans les prochaines lettres...

Pour cette première incursion dans le monde, Yvonne et Cécile ne s'éloignent pas trop du pensionnat. Il leur semble tout découvrir, car leur point de vue est inédit : un regard libre! La tension initiale s'estompe vite et elles se réjouissent de ne pas être reconnues par les passants qu'elles croisent. Pas de photographes à leurs trousses, personne pour leur dire dans quelle direction faire le prochain pas.

— Et c'est juste un début! fait Cécile. Un jour...

Elles aboutissent finalement à un magasin de disques et de partitions, où elles s'arrêtent afin d'examiner les dernières nouveautés. Lorsqu'elles entendent les premières mesures de *Cinq jumelles*, la chanson de Mme Bolduc qui parle d'elles, elles comprennent que la vendeuse connaît leur identité. Elles déguerpissent. N'empêche! Cette escapade, dont leurs sœurs attendaient les résultats avec impatience, n'entraîne aucune conséquence fâcheuse. Yvonne et Cécile viennent d'établir un précédent, elles pourront donc toutes se promener en ville à l'occasion.

Ces sorties leur font se rendre compte qu'elles manquent d'argent. Leur père leur verse une allocation de deux dollars par mois, ce qui suffit tout juste à payer les crayons et les cahiers dont elles ont besoin. Comparées aux autres filles, elles sont des pauvresses!

Ne trouvant pas le courage de demander à leur père d'augmenter leur allocation, elles confient leurs doléances à la sœur directrice qui s'étonne.

— Deux dollars seulement? Vous êtes pourtant assez riches pour acheter toute l'école si vous en avez envie!

Elle promet d'intervenir et tient parole : le mois suivant, l'allocation de chacune est portée à cinq dollars. Cependant, la phrase de la directrice ne manque pas de les intriguer. Que voulait-elle dire au juste? Leur père serait si riche que ça? Comment cette étrangère le sait-elle alors que ses propres filles l'ignorent?

— Rien d'étonnant! conclut Annette alors qu'elles ressassent la question pour la vingtième fois. On ne nous dit jamais rien.

— Comme si on nous cachait un secret, renchérit Marie.

Chacune songe à l'épilepsie d'Émilie que la famille dissimule telle une tare honteuse. Et à cette affection, cette bonne entente qu'on simule devant les étrangers. À elles, qu'est-ce qu'on cache ? Comme elles soupçonnent que cela les concerne, elles préfèrent ne pas trop chercher.

— Lucie et les autres savent tout, à nous on ne dit rien, ajoute Annette.

Émilie renchérit, avec un regard narquois :

— Surtout pour ce qui est de l'argent... C'est pas mêlant, j'ai encore de la misère à différencier un cinq cents d'un trente sous !

Quand arrive le congé des fêtes de fin d'année, les quintuplées prennent le train pour se rendre dans leur famille. La tension nerveuse qu'elles ressentent ne vient pas du fait de voyager seules pour la première fois, mais plutôt du but même de leur périple. Elles voudraient croire que leur absence a réglé les problèmes de la famille, qu'ils se retrouveront tous avec joie, que leur séjour dans la grande maison sera paisible et agréable. Elles voudraient le croire, mais n'y parviennent pas. Et l'anxiété grandit à mesure que le but approche.

Cécile surveille d'un regard inquiet Émilie qui dort, appuyée contre son épaule. Elle a tellement prié pour que tout se passe bien à Corbeil, elle s'est tellement bien conditionnée qu'elle en vient par moments à éprouver un plaisir sincère à l'idée de revoir certains membres de sa famille. Puis la certitude d'être la cible de remarques blessantes, d'être le témoin, sinon l'objet, des disputes coutumières gâche son bonheur naissant. «Ils» n'auront pas changé, elle-même ne l'a pas fait autant qu'elle le souhaitait. Impossible d'oublier neuf années de brimades et de constante anxiété; même à Nicolet, une menace indéfinie plane au-dessus de Cécile, elle continue de vivre avec le sentiment de l'imminence d'un drame.

Son regard se porte sur ses sœurs : Annette somnole, Marie lit la revue *Le Samedi*. Se sentant observée, Yvonne se détourne de la fenêtre. La tension se lit sur ses traits. Elle ouvre la bouche mais ne dit rien car des fêtards qui se promènent d'un wagon à l'autre ralentissent en passant à leur hauteur et, ayant reconnu les fameuses quintuplées, les observent sans vergogne. Comme la plupart des voyageurs, ils rejoignent sans doute des parents ou des amis. Il règne dans le train une ambiance de fête à laquelle les jumelles se sentent totalement étrangères.

Une fois les curieux partis, Marie soupire à l'adresse de Cécile :

— Je voudrais que le congé soit déjà passé !

Posée sur un épais tapis de neige, «*the big house*», ainsi que les quintuplées la nomment, leur semble plus austère encore que dans le souvenir qu'elles en gardaient.

— On dirait des paires d'yeux vides, dit Émilie en désignant les fenêtres de la façade.

Elles entrent par la porte de côté, celle qui donne sur la cuisine, et, aussitôt à l'intérieur, endossent les vieilles habitudes, de la même manière que leur mère passe son tablier en entrant dans cette pièce. Ce séjour sera comme elle l'avait imaginé.

* * *

Cinq mois plus tard, Elzire et Oliva Dionne viennent à Nicolet à l'occasion du dix-neuvième anniversaire de naissance des quintuplées. Les religieuses mettent à leur disposition un cottage situé tout près de l'Institut. Après la traditionnelle séance de pose pour les photos de presse, les jumelles et leurs parents se retrouvent seuls dans le salon coquet mais impersonnel.

— Ça sent le propre, constate Elzire avec satisfaction.

— Ça sent le couvent, réplique Oliva qui a perdu le large sourire qu'il affichait devant les photographes.

De la même voix neutre et indéchiffrable, il demande à ses filles :

— Vous êtes heureuses ici ?

— Oh ! oui, s'empresse de répondre Annette. Merci de nous avoir envoyées ici, même si ça doit vous coûter très cher.

Cécile estime que les propos de sa sœur risquent d'être mal interprétés et elle ajoute :

— Mais on s'ennuie de vous et de *mom,* de la maison.

Elzire sourit d'aise.

— Dans moins d'un mois, vous serez chez nous pour l'été. J'ai bien hâte.

En disant cela, elle a regardé ses filles à tour de rôle ; son sourire s'est évanoui quand ses yeux se sont posés sur Émilie. Une réaction qui n'a échappé à personne, surtout pas à la principale intéressée. Le silence s'installe, se prolonge durant plusieurs minutes. Moins d'un mois... Les jumelles ne le savent que trop !

Afin de dissiper le malaise, Yvonne, la silencieuse, relate ses progrès en art culinaire, elle qui déteste pourtant cuisiner. Chacune de ses sœurs y va de propos similaires, puis elles s'informent des autres membres de la famille. Personne n'est dupe de cet entrain de façade, pas plus la mère que ses filles. Annette se dit que leur retour à la maison n'enchante pas plus ses parents qu'elles-mêmes. Pourquoi alors se livrer à cette mascarade ? Qui veut-on berner ?

Le visage impénétrable, Oliva demeure en retrait de la conversation que mènent les jumelles et leur mère. Il songe que dans deux ans ses filles seront majeures et que le fonds des quintuplées leur reviendra alors de droit. Des complications à l'horizon...

Une fois épuisées les nouvelles sur les parents et connaissances, le silence se fait de nouveau. Mais avant qu'il ne devienne oppressant, Marie se lève de son fauteuil.

— J'ai une annonce à faire.

Ses parents la regardent avec une certaine inquiétude, ses sœurs s'interrogent car elle ne leur a parlé de rien. Fragile et timide, Marie soutient pourtant les regards des autres sans broncher, comme si une force intérieure lui donnait les moyens de son audace.

— Je vais entrer au couvent et me consacrer au service de Dieu. J'ai longuement réfléchi, j'ai prié et je suis décidée.

Prises au dépourvu par cette décision que rien ne permettait de prévoir, Émilie, Annette, Yvonne et Cécile demeurent interdites. Seule Elzire réagit. Rayonnante de joie, elle joint les mains.

— Ah! que tu me fais plaisir! Chaque famille doit avoir au moins une vocation. Les sœurs de l'Assomption?

— Non. Les Servantes du Très-Saint-Sacrement, à Québec.

— Cloîtrée? s'écrie Émilie que blesse la perspective de ne plus voir sa jumelle bien-aimée qu'à travers une grille.

— Oui. Je vais prier pour le salut du monde.

— C'est bien, fait Elzire. Il y a tant de gens, à commencer par votre famille, qui ont prié pour qu'un miracle vous garde en vie! Tu vas leur rendre ces prières, c'est parfait.

Marie regarde avec perplexité ses sœurs qui n'ont pas encore réagi. Elle comprend aussitôt qu'au-delà de l'effet de surprise c'est la désapprobation qui motive leur silence. Une ombre passe sur son visage, ce qui pousse les quatre autres à se lever et à l'embrasser tout en la félicitant.

— On va fêter ça en même temps que votre anniversaire! lance joyeusement Elzire. Tu entres quand au couvent?

— En septembre! décrète Oliva qui n'a pas encore desserré les dents depuis que Marie a fait part de sa décision.

Pas plus que son visage fermé, sa voix ne permet de déchiffrer ses sentiments à ce sujet.

— Oh! vous savez, *dad,* je ne changerai pas d'idée.

— Pas avant septembre! D'ici là, tu n'en parles à personne. Tout le monde garde ça secret.

Sa femme et ses filles acquiescent sans comprendre ses raisons. Cela ne lui ressemble pas, car il s'agit d'une nouvelle dont les journaux seront friands.

À vrai dire, s'il ne manifeste ni plaisir ni déplaisir, c'est qu'il ne sait trop comment réagir dans la circonstance. C'est tellement soudain, imprévisible. Et puis, une telle nouvelle, il faut l'exploiter judicieusement auprès des journalistes.

Émilie est heureuse que son père reporte l'échéance à l'automne. Cela lui donne deux mois de plus pour profiter de la présence de Marie, peut-être essayer de la raisonner, la faire changer d'idée.

En raison de l'exiguïté de la cuisine du cottage, Elzire ne garde que Marie pour l'aider à la préparation du repas. Une fois qu'elles ont mis la table, les quatre autres sortent sous prétexte de faire quelques pas avant le souper. Elles s'éloignent du cottage sans dire un mot, prennent le chemin de terre qui serpente au milieu des champs derrière l'Institut. Cette prairie, baptisée, Dieu sait pourquoi,

«Pouletteville» par les élèves, est leur lieu de promenade favori. C'est sur cette route que Cécile a osé poser à une religieuse en qui elle avait confiance deux questions qui la hantaient depuis longtemps. Le fait d'avoir été nourrie du lait de femmes noires peu après sa naissance avait-il marqué son corps? Et, surtout, était-ce péché que d'aimer ses parents uniquement pour se plier au commandement de Dieu qui ordonne de le faire, sans que cela soit un mouvement naturel du cœur? Aux deux questions, la sœur Léon a répondu, avec sa douceur et sa compréhension coutumières, par la négative.

Quand elle aperçoit enfin les myosotis qu'elle cherchait, Cécile n'a plus envie d'en faire un bouquet ainsi qu'elle en avait l'intention. Ces fleurs lui semblent soudain trop fragiles et délicates pour que sa mère les apprécie.

Yvonne marche la tête basse, inconsciente du monde alentour. Elle envie le courage dont Marie a fait preuve. Elle n'a pas dit «je voudrais» ou «j'aimerais», mais «je *vais* entrer au couvent». C'est pourtant la plus petite! Marie a dit également «je suis décidée», et ces mots n'ont provoqué aucun drame. «Pourrais-je, moi aussi, faire ce que je désire le plus?», se demande Yvonne. Toutefois, elle n'en parlera pas aujourd'hui, ce n'est pas le moment. Elle pourrait nuire au projet de Marie. Mieux vaut attendre une occasion plus propice.

— Ça n'a pas de bon sens! s'exclame Émilie lorsqu'elle est hors de portée de voix du cottage. Je ne la vois pas là, pas dans un cloître.

— C'est vrai, renchérit Annette, elle va tourner le dos au monde avant même de le connaître.

Cécile soupire profondément. Son ton est quelque peu abattu quand elle dit :

— C'est plus facile d'abandonner ce qu'on ne possède pas.

— C'est nous qu'elle abandonne! répond Émilie avec passion. Qu'est-ce que je vais faire, moi? Je croyais qu'on ne se quitterait jamais.

Personne ne réplique à ces derniers mots et Yvonne détourne la tête, un peu coupable de songer elle aussi à s'engager dans une voie divergente. Ce sentiment l'incite finalement à défendre la décision de l'absente.

— Il n'est pas question d'abandon, Peewee répond à un appel. C'est non seulement son droit, mais son devoir de le faire.

— Elle ne nous en a même pas parlé, à nous! s'attriste Annette. Je lui aurais dit de bien réfléchir.

— C'est sans doute ce qu'elle voulait éviter. Nous aurions peut-être essayé de la faire revenir sur son projet. Il faut respecter sa volonté.

En dépit du ton assuré d'Yvonne, Émilie n'est pas convaincue.

— Sa volonté? C'est pas si certain que ça! Comme par hasard, elle choisit le cloître où elle est allée en retraite fermée avec Lucie, il y a quelques semaines. C'est Lucie qui l'a influencée, j'en suis sûre. Qu'elle y aille donc, elle, au cloître, et qu'elle laisse les autres tranquilles!

Émilie tremble d'une colère qui ne lui est pas coutumière. Craignant que l'émotion ne provoque chez sa sœur une nouvelle crise d'épilepsie, Cécile lui prend le bras et l'attire près d'elle, tente de la calmer.

— Quel intérêt Lucie aurait eu à agir de la sorte?

— Le simple plaisir de nous séparer, nous diviser!

— Voyons, Em, tu connais Marie mieux que ça. Ce n'est pas une fille à se laisser influencer à ce point. Rappelle-toi: nous avons toutes songé à devenir religieuses.

— Peewee est pas faite pour être sœur, plaide Émilie. Cloîtrée en plus! Elle n'a pas la santé pour ça.

— Sans doute, admet Cécile, et elle s'en rendra vite compte. Faut la laisser tenter ses propres expériences. On nous a toujours dit quoi faire, on a toujours tout décidé pour nous; on ne va pas répéter ça entre nous.

Yvonne se rapproche d'Émilie, lui caresse affectueusement la nuque.

— Cis a raison, Em. Il faut qu'on respecte le désir de Peewee, et même qu'on la soutienne.

— Respecter, oui, mais l'encourager... Là, tu m'en demandes trop.

— Tu ne seras pas seule. Tu nous as, Annette, Cécile et moi.

La tristesse d'Émilie lui fait dire :

— Je sens que chacune va aller de son côté. D'abord Peewee; laquelle ensuite?

Elle scrute le visage de chacune de ses sœurs, s'arrêtant plus longuement à Yvonne qui a peine à soutenir son regard. Elle ouvre la bouche mais à cet instant précis Marie les appelle pour le repas et Émilie ravale la question qu'elle destinait à Yvonne.

— Attention de ne pas gâcher la joie de Peewee, recommande Cécile. Sourions.

Émilie se laisse distancer par les autres afin d'avoir le temps de se composer un visage serein. Lorsqu'elle s'en rend compte, Annette ralentit le pas afin d'attendre Émilie. En marchant à ses côtés, elle lui donne un léger coup d'épaule.

— Nous, on va rester avec toi, Em. Et puis, Québec, ce n'est pas le bout du monde : nous irons souvent voir Marie.

— À travers un grillage..., marmonne Émilie d'une voix dépitée. Yvonne aussi prépare quelque chose. Elle t'en a parlé, Netta?

— Non.

7

Oliva Dionne est heureux. Tous les journalistes qu'il attendait sont là, massés dans le grand salon de sa maison de Corbeil. Il en est même venu de Toronto, de Montréal et de Québec. Il s'éclaircit la gorge, signal qui fait taire les derniers chuchotements.

— Depuis plusieurs années maintenant, une idée a germé dans la tête et le cœur de la petite Marie. Un désir dont elle n'a pas osé faire part à sa mère et à son père, craignant que nous nous y opposions. Toutes mes décisions ont toujours été prises dans le meilleur intérêt des quintuplées. C'est encore vrai aujourd'hui. J'ai donc le sentiment que je ne dois pas contrarier le souhait le plus cher de Marie. Des questions?

Comme sa déclaration, toutes les réponses d'Oliva ont été préparées d'avance car il prévoyait la teneur des questions des journalistes. L'habitude. Même quand une journaliste demande si on peut entendre la version de la principale intéressée, il n'est pas pris au dépourvu. Marie sait ce qu'elle doit dire.

Elle se lève du divan où elle était assise auprès de sa mère. Les mains serrées afin qu'on ne voie pas qu'elles tremblent, elle déclare, avec une conviction qui masque sa timidité :

— Je suis reconnaissante envers tous les gens qui à travers le monde ont prié pour mes sœurs et pour moi quand nous étions bébés. Je veux rendre cette ferveur dont nous avons bénéficié. À partir de maintenant, mes prières seront à leur intention.

Quand elle se tait, une journaliste demande :

— Qu'est-ce que cela vous fait, l'idée d'être séparée de vos jumelles ?

— Ce sera une très grande souffrance, mais j'offrirai ce sacrifice à Dieu. Ce sera une autre façon de prier pour le monde.

On perçoit une telle foi dans les propos de Marie qu'une nouvelle question paraîtrait déplacée. D'ailleurs, le père a déjà fourni tous les renseignements utiles, toutes les explications nécessaires. Ils ont déjà les photographies qui illustreront leurs articles. Soigneusement mises en scène, elles montrent Elzire Dionne aidant sa fille à faire ses bagages, Marie agenouillée devant son père qui la bénit, Oliva et Elzire qui font leurs adieux à leur fille sur le perron de leur maison.

Une semaine avant le départ pour Québec, une grande fête réunit chez les Dionne la parenté et les amis. Seules manquent Émilie, Annette, Yvonne et Cécile, car on est au milieu de septembre et elles sont déjà retournées au pensionnat, à Nicolet. De toute façon, elles n'ont pas été prévenues. Au fond, l'absence de ses jumelles arrange un peu Marie ; elle aurait très mal supporté la tristesse qu'elles auraient été incapables de lui dissimuler. Il y aurait eu surtout, dans les yeux d'Émilie, sa sœur préférée, la supplication muette qu'elle lui a adressée tout l'été, supplication rendue plus insistante par la proximité de la séparation. Marie regrette amèrement que sa vocation se fasse au prix du chagrin d'Émilie, car elle, c'est avec allégresse qu'elle se donne tout entière à Dieu. Il aurait été tellement bon de faire ce pas avec une plus grande sérénité. Marie a déformé la vérité devant les journalistes : c'est d'abord pour ses jumelles, Émilie au premier chef, qu'elle priera.

* * *

Tandis qu'Elzire et Marie pénètrent dans le couvent du Très-Saint-Sacrement afin de régler les dernières formalités, Yvonne, Cécile et Annette arpentent les rues avoisinantes. Elles croyaient avoir beaucoup à se dire, ayant été séparées depuis quelques semaines.

En effet, Yvonne fait maintenant bande à part. Grâce à l'intervention de sa sœur Lucie, elle a obtenu la permission de son père de fréquenter le collège Marguerite-Bourgeoys, à Montréal. Pour expliquer son souhait de suivre une formation qui prépare à l'École des beaux-arts, Yvonne a fait valoir sa passion pour la peinture et son manque total d'intérêt pour les cours de cuisine et d'économie domestique. Elle s'est bien gardée de mentionner à Oliva qu'elle suivrait également le cours de chimie nécessaire pour être plus tard admise dans une école d'infirmières.

Finalement, les trois sœurs se sont promenées en silence, le geste que pose aujourd'hui Marie faisant paraître insignifiant tout autre sujet de conversation. Quand elles reviennent au cloître, des dizaines de journalistes et de photographes montent la garde devant l'édifice dont les pierres couleur de miel n'atténuent pas l'austérité.

— Encore eux ! murmure Yvonne.

Annette ne répond que par un discret hochement de tête. Ces dernières semaines, à cause de l'entrée de Marie au couvent, les journaux publient à profusion des séries d'articles sur les quintuplées Dionne.

— J'aimerais qu'ils nous oublient un peu, dit encore Yvonne qui ralentit le pas.

— Il y a quelqu'un qui veille à ce que ça n'arrive pas, réplique tout bas Cécile d'un ton grinçant qui dénote la tension qui l'habite.

Ses sœurs savent qu'elle fait allusion à leur père. Annette lui serre le bras en signe de solidarité. Ces derniers jours, elle et Cécile ont beaucoup parlé de la décision de Marie, qu'elles ne croient pas être la meilleure, et elles ont prié afin que Dieu l'éclaire. Annette regarde Cécile du coin de l'œil : ce visage fermé, que les autres peuvent attribuer à la solennité du moment, elle sait qu'il trahit une grande inquiétude.

— Cesse de te torturer, Cis. Tu l'as assez répété : faut que Marie fasse ce qu'elle croit être le mieux.

— Il ne s'agit pas de cela, Netta. Je m'inquiète pour Émilie, toute seule à Nicolet.

— Les sœurs vont bien s'occuper d'elle.

Annette cherche à se convaincre elle-même, car elle ne peut oublier les larmes d'Émilie quand elles lui ont dit au revoir. C'est vrai qu'elle aurait pleuré tout autant au spectacle de Marie portant le voile...

— Déjà qu'elle prend mal le départ de Marie, ajoute Cécile. Lui interdire de venir à Québec aujourd'hui, c'était inhumain !

C'est leur mère, venue les prendre à Nicolet après avoir cueilli Yvonne à Montréal, qui a refusé qu'Émilie soit du voyage. Insensible aux supplications de sa fille, Elzire a décrété : «Ce sera trop d'émotions pour toi, tu vas tomber malade. Je veux pas que tu viennes me faire honte devant les journalistes à Québec.»

Yvonne ne participe pas à la conversation de ses sœurs, qu'elle suit pourtant avec intérêt. Elle se sent coupable et craint que Cécile et Annette ne le détectent dans le ton de sa voix ou dans ses mots. Elle aussi doute de la justesse du geste de Marie, mais, au fond, il l'arrange un peu. Yvonne peut toujours se dire que ce n'est pas elle qui a brisé le cercle de leur «famille», que ça a été d'abord le fait de Marie lorsqu'elle leur a fait part de sa décision.

Seule dans une ville inconnue, Yvonne souffre d'être éloignée de ses sœurs à qui elle écrit chaque semaine. Mais, du moins, cette séparation a un but qui lui donne un sens, qui en fait un mal nécessaire. Il en va autrement pour Émilie qui, elle, subit les départs successifs de Marie et d'Yvonne. Sans doute les vit-elle comme des abandons.

— Vous vous occupez bien d'elle ? demande-t-elle à ses sœurs, sans éprouver le besoin de préciser de qui elle parle.

Annette a tout de suite deviné l'état d'esprit d'Yvonne.

— Aie l'esprit en paix, Ivy, on veille sur elle. Pour qu'elle soit plus tranquille, on lui a donné une chambre dans l'aile des sœurs et Cis dort avec elle.

Le regard affectueux d'Annette quand elle dit ces mots est un véritable baume pour l'âme troublée d'Yvonne. Elle y a entendu : «Fais ce que tu dois, nous nous chargeons d'Émilie; ensuite, quand tu pourras, tu prendras le relais.» Toutes trois ont la conviction que leur sœur à la santé précaire n'est pas encore en mesure d'affronter seule la vie; à tour de rôle, l'une ou l'autre la gardera sous son aile, aussi longtemps qu'il le faudra.

Quand elles passent au milieu des reporters massés devant le portail, les questions fusent, ponctuées par les flashs. Elles baissent les yeux et pressent le pas, mais les journalistes insistent. De guerre lasse, Cécile se tourne vers eux.

— Nous sommes toutes très heureuses que Marie ait trouvé sa voie, déclare-t-elle, donnant ainsi aux deux autres le temps de disparaître à l'intérieur.

Dans le hall d'entrée, Yvonne, Annette et Cécile retrouvent leur mère. Pour une raison obscure, leur père n'a pas fait le voyage, s'en remettant à un de ses gendres pour conduire Elzire et Marie. Est également présent un journaliste du journal *La Patrie*, qui jouit de ce traitement de faveur parce qu'il a autrefois beaucoup aidé Oliva dans son combat contre le docteur Dafoe et le gouvernement de l'Ontario.

Les embrassades sont brèves car les religieuses s'amènent et s'alignent en double haie.

— Mademoiselle Marie, une dernière déclaration pour nos lecteurs avant que vous ne disparaissiez entre les murs du silence, demande le journaliste.

Elzire donne son accord d'un signe de tête. Le visage grave, la jeune femme se retourne. Sa voix est posée, sûre d'elle :

— Les choses du monde ne m'intéressent pas. Je sens que ma place est dans ce couvent. C'est le seul endroit où je puisse être heureuse.

Elle n'a pas regardé le journaliste en parlant mais ses trois sœurs, afin qu'elles comprennent à quel point sa décision est irrévocable et répond à un désir intense. Afin surtout qu'elles cessent de s'en faire pour elle. Un frisson parcourt l'échine d'Annette qui lui envie cette détermination. Au fond, Marie est chanceuse : elle a trouvé sa voie. Peu importe que l'existence choisie soit âpre et recluse, posséder une certitude doit être source de paix intérieure. Tandis que chercher sa route...

Avec des gestes que l'émotion rend un peu gauches, mais le visage empreint de fierté, Elzire conduit sa fille jusqu'aux religieuses. Sans un geste ou un regard d'adieu, Marie s'avance au milieu des recluses, traverse ce couloir aux murs humains, se détachant du monde à chaque pas, s'éloignant de son passé dont elle doit faire le deuil. Tels les battants d'un portail, les deux rangs de femmes voilées se ferment derrière la frêle silhouette de Marie.

Le cœur étreint par un vif sentiment de perte, Cécile n'arrive pas à retenir ses larmes. Elle se dit qu'Émilie n'aurait pu supporter cette scène sans s'effondrer. Yvonne et Annette pleurent elles aussi; même Elzire a les yeux humides.

Tandis que, dans les profondeurs du cloître, des novices aident Marie à quitter ses vêtements de ville pour endosser la bure noire, Elzire et les siens attendent dans le minuscule parloir. Les trois jumelles se regardent en silence, toutes également bouleversées.

— Qu'est-ce que ça vous fait de perdre ainsi une fille, madame Dionne? demande le journaliste.

— Je ne la perds pas, car elle se donne à Dieu. Au contraire, notre famille gagne une religieuse.

— Émilie n'est pas là? Malade?

On sent une certaine suspicion dans la voix du journaliste. Elzire désigne Annette du menton. Prise au dépourvu, cette dernière hésite en cherchant les mots qui ne trahiraient pas le secret. Cécile vient à son secours et ment avec aplomb :

— Pas malade, monsieur Legris, blessée.

— Ça doit être grave pour qu'elle ne puisse pas venir dire adieu à Marie.

— Elle s'est fait mal à la cheville en courant et ne peut marcher pour le moment.

— Une fracture? fait-il tandis que son stylo s'affaire sur la page d'un carnet.

— Une simple entorse.

Devant la voix ferme et les réponses sèches, il comprend que son interrogatoire ne le mènera pas loin, à moins de déséquilibrer son interlocutrice. Mais il se refuse à pareil procédé avec la famille Dionne qui lui a si souvent ouvert la porte de la maison de Corbeil, surtout qu'il s'agit d'une des quintuplées. De toute façon, le lieu se prête mal à une telle manœuvre.

Après une attente qui paraît interminable, la lourde grille de bois noir s'ouvre pour laisser paraître une Marie presque méconnaissable sous le voile blanc de postulante. Annette se dit que ce n'est pas l'habit qui transforme sa sœur, que c'est plutôt la sérénité qui transfigure son visage. Elle comprend qu'elle n'a pas à s'en faire pour Marie.

Les adieux sont courts, quelques minutes à peine, et les paroles échangées demeurent banales. Ce qui a commencé par des sourires se termine par des étreintes et des larmes silencieuses. Juste avant de disparaître, Marie embrasse ses jumelles. Chacune lui souffle un mot à l'oreille.

— Tant que tu n'as pas prononcé tes vœux, y a rien de définitif, dit Yvonne. Si tu n'es pas heureuse ici...

— Je le suis déjà, Ivy, et je souhaite que tu le sois totalement toi aussi.

Cécile a entendu les paroles d'Yvonne : c'était ce qu'elle-même voulait dire. Elle se contente de murmurer :

— Bonne chance, ma belle Marie.

— Vous allez veiller sur ma chère Émilie, hein ?

L'intonation de sa voix a laissé affleurer de l'anxiété, une fissure dans le masque de confiance tranquille que Marie arborait jusque-là.

— Compte sur nous, on ne la quittera pas.

— Bien sûr, excuse-moi. Je ne sais pas pourquoi je prends la peine de le demander.

— Parce que tu l'aimes autant que nous.

Elles s'écartent en se serrant les mains. Annette est tellement émue qu'elle plaisante en étreignant Marie.

— L'habit te change... Avec tes semelles épaisses, tu es plus grande que moi! Vas-tu me réserver une petite place dans tes prières?

— Tu veux que je prie pour que tu grandisses?

Cette repartie rassure tout à fait Annette : l'appel de Dieu n'a pas fait disparaître le sens de l'humour de sa sœur. Le voile et la bure ne parviendront pas plus à éteindre sa joie de vivre.

— Prie pour que je trouve ma voie, moi aussi.

Puis la grille de bois s'entrouvre de nouveau, Marie rejoint sa nouvelle famille et s'éloigne sans avoir la force de jeter un dernier regard à celle qu'elle laisse derrière elle.

Cécile, Yvonne et Annette se sont rapprochées par besoin de chaleur humaine. Elles demeurent figées, à écouter s'éteindre l'écho des pas de leur sœur. Cécile et Yvonne trouvent inconcevable que Marie soit enfermée à jamais derrière cette grille, murée dans ce froid couvent de pierre, tandis qu'il y a dehors un monde qu'elles ont encore à découvrir. Avoir vécu si longtemps derrière des grillages et choisir délibérément de retourner dans une prison?

Annette réalise qu'elle a perdu Marie à jamais. Finis pour toujours la complicité, les secrets, les rires et les jeux qu'elles partageaient. Leur passé commun de quintuplées, elles ne seront plus que quatre à le porter, à continuer de le subir comme à tenter de le comprendre. Quand elle reverra sa sœur à l'occasion, ce ne sera plus Marie qui se tiendra devant elle mais une religieuse dont les préoccupations n'auront rien de commun avec les siennes. Annette imagine ce que doit ressentir Émilie, elle qui était la plus proche de Marie.

La voix d'Elzire les fait soudain sursauter :

— Bon, on s'en va !

* * *

Un rideau de coton tient lieu de porte à la cellule exiguë où Marie dort sur un matelas de paille posé sur des planches. La rudesse des draps, lui a expliqué une professe, est un rappel silencieux des vœux prononcés. Et afin que les postulantes ne développent pas d'attachement sentimental envers ces murs pourtant impersonnels, elles changent régulièrement de cellule. Marie a été autorisée à conserver un seul souvenir de son ancienne vie : une photo de sa famille. Elle évite de la regarder car les sourires de ses jumelles y paraissent contraints et Marie ne peut les interpréter autrement que comme la conséquence de son entrée en religion. Et puis elle n'a pas besoin de poser les yeux sur cette image : la pensée de ses sœurs ne la quitte jamais, même lorsqu'elle tente de s'anéantir dans la prière.

Les jours s'écoulent, rythmés par la sonnerie des cloches qui appellent à la prière ou au travail. La règle de la communauté détermine la conduite des religieuses jusque dans ses moindres détails, ordonne le déroulement des heures d'où est exclue toute occupation frivole. La moindre hésitation à obéir à l'appel des cloches, le plus petit manquement à la règle, la plus involontaire distraction, Marie les note dans le carnet donné à chaque postulante pour faire le bilan de ses faiblesses. Un moyen de plus d'apprendre à s'abandonner totalement à la volonté de Dieu.

À l'exception d'une récréation d'une demi-heure après le dîner et le souper, un silence absolu règne dans le cloître. Lorsqu'il faut absolument communiquer avec les autres, des signes de la main suffisent; autrement, il convient de garder les yeux baissés vers le sol, les mains cachées dans les manches de la bure.

Vivre sans parler, Marie s'en accommode assez facilement, sauf que c'est en elle que le silence ne se fait pas. Après des mois d'une existence consacrée entièrement à l'adoration du saint sacrement et à la prière, des voix habitent toujours Marie. Le détachement du monde et des êtres aimés, elle se rend compte qu'il reste encore à conquérir, alors qu'elle croyait l'avoir déjà atteint avant de prendre le voile. Et c'est souffrant, comme s'il fallait trancher dans la chair vive. Si elle ne peut écrire que deux lettres par mois, elle peut en recevoir un nombre illimité, et celles de ses jumelles ravivent chaque fois une douleur qu'elle était parvenue à endormir au prix d'efforts surhumains. Cette épreuve de la séparation, elle l'offre à Dieu, en lui demandant de l'en délivrer au plus tôt.

Oublier le monde, c'est-à-dire la nature et non la société des humains, n'est pas aisé non plus. Chaque fois qu'elle passe devant une fenêtre, la tentation est grande de lever les yeux afin de contempler le bleu du ciel ou le jeu des nuages. Courir au milieu des arbres, s'étendre dans l'herbe, s'émouvoir du chant d'un oiseau, plonger son nez dans la corolle d'une fleur : voilà le genre de rêveries coupables qui la distraient parfois durant ses dévotions et qu'elle note dans le carnet où sont compilés ses manquements.

Malgré ces difficultés, Marie ne doute pas un instant de l'authenticité de sa vocation. La pratique de la pauvreté, de la chasteté et de l'obéissance lui est aisée, ce qui lui confirme qu'elle s'est engagée dans la voie que Dieu a choisie pour elle.

* * *

Les mois passent, mais les quintuplées ne s'habituent pas à vivre séparées, l'une à Montréal, trois à Nicolet et la dernière à Québec. Leurs lettres se succèdent à un rythme rapide, se croisant souvent, et les jeunes femmes se visitent aussi souvent que possible.

En mai 1954, quelques jours avant leur vingtième anniversaire, Émilie, Annette, Yvonne et Cécile se retrouvent dans la chapelle du cloître du Très-Saint-Sacrement où leur sœur prononce des vœux temporaires. Acceptée par la congrégation après une période d'essai comme postulante, Marie devient novice et prend le nom de sœur Marie-Rachel; deux ans encore et elle prononcera ses vœux perpétuels.

À la fin de l'année scolaire, Annette, Cécile et Émilie retournent chez leurs parents à Corbeil. Yvonne les y rejoindra dès qu'elle aura terminé ses examens.

Quelques jours après leur arrivée dans la grande maison, Émilie dit à Cécile et à Annette :

— Venez aux fraises avec moi.

Le ton, celui d'une demande impérative, surprend un peu ses sœurs car il ne lui est pas coutumier.

— C'est *mom* qui l'a dit? demande Annette. Elle vient elle aussi?

— Non, juste nous trois. J'ai à vous parler.

Une confidence? Nouveau sujet d'étonnement pour Cécile et Annette. Émilie, qui a toujours été peu communicative de nature, s'est encore plus refermée depuis le départ de Marie pour le couvent.

— Allons-y avant que le soleil tape trop fort, suggère Cécile qui comprend qu'il s'agit d'une chose importante.

À force de partager la chambre d'Émilie à Nicolet, elle a appris à interpréter les hésitations ou les silences de sa sœur, à deviner son état d'esprit par la seule intonation de sa voix. Mais, cette fois, elle n'a aucune idée de ce que ressent ou pense Émilie.

— *C'est dans le mois de mai...*, commence à chanter Annette dès qu'elles dépassent la grange et s'avancent dans la prairie où broutent une dizaine de moutons.

Émilie joint sa voix à celle de sa sœur. Soucieuse, Cécile n'a pas le cœur à chanter; elle marche en regardant distraitement les marguerites qui forment des touffes blanches au milieu des épervières orangées. Émilie aurait-elle été importunée à nouveau par leur père? Chaque retour à la maison de Corbeil se révèle plus difficile que le précédent pour Cécile, et les grandes vacances qui commencent l'attristent. Vivement septembre!

L'atmosphère n'est plus aussi tendue à la maison depuis que plusieurs des frères et sœurs ont quitté le toit familial pour vivre leur vie d'adulte. Leur mère a les reproches moins vifs qu'autrefois et elle ne frappe plus, et leur père manifeste moins son autorité. Toutefois, le climat de méfiance s'est encore alourdi. Les jumelles perçoivent chez leurs parents une profonde déception, une espèce de rancœur à leur égard qu'elles s'expliquent mal. Et puis, surtout, les murs de la grande maison rappellent trop à Cécile une période de sa vie qu'elle juge horrible.

— Ça me fait tout drôle qu'on vienne ici juste nous trois, déclare Annette quelques minutes après la fin de sa chanson.

— On ne sera plus jamais toutes les cinq ensemble.

Émilie a dit ces mots sans manifester d'émotion, elle qui autrefois souffrait tellement à l'idée qu'elles puissent être un jour séparées. Il y a tout juste quelques semaines, elle se désolait de l'absence de Marie. Cécile se sent de plus en plus intriguée par l'attitude de sa sœur.

— Marie ne sortira plus jamais de son cloître, c'est vrai, répond Annette, mais on pourra aller la voir toutes les quatre, comme on l'a déjà fait.

Puis elle pense à cette cérémonie à laquelle elles ont assisté à Québec, il y a un mois. Elles se trouvaient toutes les cinq dans la même chapelle, c'est vrai, mais un monde séparait Marie de ses sœurs.

— Tu as raison, Em, ça ne sera plus jamais pareil.

Au lieu de s'arrêter dans le pré, où l'on trouve des fraises à profusion, Émilie entraîne les autres à la lisière du boisé.

— Ici, on sera bien, dit-elle en s'assoyant au pied d'un tremble à l'ombre légère.

Puis elle promène un regard circulaire sur le monde au vert tout neuf, encore tendre, qui les entoure. Elle ajoute :

— Au milieu de la grande nature du bon Dieu, c'est l'endroit qui convient.

Cécile a soudain le pressentiment de ce qu'Émilie veut leur dire. Et elle ne sait si elle doit s'en réjouir.

— Un goglu! lance Annette en désignant l'oiseau à la poitrine noire et à la nuque crème, perché sur un piquet de clôture. Je ne me lasse jamais de la nature.

Émilie répond :

— Moi, je ne pourrais pas m'en passer. À Nicolet, ça me manquait cruellement...

La phrase laissée en suspens et surtout l'intonation finale annoncent aux oreilles de Cécile qu'Émilie va entrer dans le sujet qui la préoccupe. Aussi impose-t-elle d'un geste de la main le silence à Annette qui continuait à parler de la nature.

— On t'écoute, Em.

Avec un large sourire, Émilie regarde longuement ses sœurs.

— J'entre au couvent.

Annette se retient à temps de s'exclamer «Toi aussi!» et demande plutôt :

— Quel couvent?

— L'hospice de l'Accueil-Gai, à Sainte-Agathe-des-Monts.

—Oblate de Marie-Immaculée? demande Cécile.

Comme ses sœurs, Cécile a entendu parler de cette institution fondée par le père Parent, un oblat qui les visitait souvent à la Villa Notre-Dame. Il s'agit d'une maison de retraite pour prêtres âgés, que dirigent des religieuses. Cécile demande encore :

— Tu sais ce que tu fais, Em?

La question est posée d'une voix affectueuse, ce qui réjouit Émilie.

— J'y ai pensé tout l'hiver, je suis décidée.

— Je ne sais pas ce que vont dire *mom* et *dad*, murmure Annette, désarçonnée par la décision de sa sœur.

— Oh...!

Émilie croit qu'au fond cela les arrangera. Ils doivent craindre de la voir un jour revenir définitivement avec sa maladie qui les effraie. Elle ajoute seulement :

— Personne ne me fera changer d'avis.

Annette se rend compte qu'elle n'a pas encore félicité Émilie. Elle l'embrasse sur les joues, aussitôt imitée par Cécile, mais une certaine raideur dans son geste ne passe pas inaperçue d'Émilie. Cette dernière demande, un peu inquiète :

— Tu crois que je me trompe?

— Non! se défend Annette. La surprise, juste la surprise. Admets, Em, que c'est subit. Jamais une allusion...

— Je préférais ne pas en parler avant d'être certaine. J'en ai beaucoup discuté avec mon directeur de conscience.

Et tandis qu'Émilie décrit la grande maison blanche nichée au cœur des Laurentides, toutes fenêtres donnant sur la nature, Cécile s'étonne intérieurement de n'avoir rien soupçonné avant ce jour. Rien ne lui a mis la puce à l'oreille. Ces derniers temps, Émilie avait toujours le nez dans une histoire de l'Église et dans des vies de saints, mais elle lit ce genre d'ouvrages depuis le début de l'adolescence. Elle priait beaucoup, mais elle a toujours été très pieuse. Tout comme elle n'a jamais manifesté d'intérêt pour les beaux vêtements et pour les garçons, ni porté de maquillage.

— «Je préfère demeurer sans attaches, un enfant dans les bois. La nature représente tellement pour moi.» Vous vous rappelez? J'avais écrit ça dans une composition, il y a déjà longtemps. Ce n'étaient pas des paroles en l'air, je n'ai jamais cessé de le penser.

— Tout ce qui compte, lui répond Cécile, c'est que tu sois heureuse.

— Et je le suis, Cis, je le serai toujours. *Le Seigneur est mon berger.*

— Je me souviens qu'à quinze ans tu rêvais déjà de devenir sœur, dit Annette.

— Peut-être que j'entendais déjà l'appel de loin, j'ai l'ouïe fine! Au fond de moi, j'ai toujours su que je consacrerais totalement ma vie à Dieu.

Cécile réfléchit, examinant les aspects concrets de la question. Est-ce que les parents vont accepter? S'ils refusent, il faudra qu'elles se liguent et tiennent tête, les fassent fléchir. Pourvu qu'Yvonne revienne vite de Montréal. Elle va tomber des nues, elle aussi.

— Tu ferais mieux de ne pas présenter ça à *mom* et à *dad* de cette façon, conseille-t-elle à Émilie. Ne mentionne pas que c'est pour la vie. Dis que tu veux essayer, être postulante comme Marie pour voir si cette vie te convient.

— D'accord.

— Es-tu certaine qu'ils vont t'accepter? demande Annette.

— Je corresponds régulièrement avec le père Parent, fait Émilie avec un sourire qui en dit long.

— Dans ce cas, conclut Cécile avec un rire léger, il ne nous reste plus qu'à aller te reconduire à Sainte-Agathe.

Annette s'exclame :

— Jamais je croirai qu'avec deux sœurs religieuses qui prient pour moi, je ne trouverai pas ma voie !

À treize ans, elle rêvait de s'évader, et, maintenant que la liberté se trouve à portée de la main, elle ne sait pas où aller. Elle est la seule à ne pas avoir encore une idée claire de son avenir. Émilie lui serre le bras.

— Patience, Annette, Dieu t'éclairera.

Elle regarde Cécile avant de poursuivre :

— Si vous vouliez me faire plaisir, on se mettrait à genoux sous cet arbre, dans la grande église du monde, et on prierait ensemble. Pour que Marie retrouve ses forces, pour qu'Yvonne réussisse ses examens.

— Et pour que Netta trouve sa voie, plaisante Cécile en s'agenouillant dans l'herbe rasée par les moutons.

* * *

Être la servante de Dieu en soignant ses prêtres malades et âgés, voilà qui comble Émilie de bonheur. Une paix très grande lui vient d'aider les autres. Et dans cette maison nichée au milieu d'abruptes collines d'épinettes touffues, elle éprouve le sentiment d'être parvenue à destination. Ici, elle se fera oublier du monde et renaîtra sous un autre nom. Pour se couper du passé et se sentir libre, il lui a suffi de pardonner le mal qu'on lui a fait.

La pensée de ses jumelles ne trouble pas la quiétude d'Émilie. Elle s'ennuie d'elles, bien sûr, mais paradoxalement ce sentiment est serein. Elle ne nourrit aucune inquiétude pour Marie dont les trop rares lettres témoignent qu'elle a trouvé le bonheur au cloître. Quant à Yvonne, Annette et Cécile, elles sont fortes et sauront bien se tirer d'affaire toutes seules.

— C'est bon de vous entendre chanter, Émilie. Vous remplissez la maison de joie.

Elle sursaute, n'ayant entendu personne s'approcher, et se détourne du lit qu'elle faisait. La sœur Cécile se tient dans l'embrasure de la porte, le visage souriant.

— On vous demande au téléphone, Émilie. Votre sœur.

Laquelle? s'interroge Émilie en courant vers l'appareil situé au rez-de-chaussée. Qu'est-ce qui se passe de grave à Corbeil pour qu'on l'appelle au milieu de l'après-midi, quand les frais d'interurbain sont plus élevés que le soir?

— Allô! fait-elle d'une voix tendue.

— Bonjour, Émilie, ici le père Parent.

— Bonjour, mon père.

Le soulagement d'Émilie est de courte durée car le prêtre lui apprend qu'à la demande de Marie il est allé la chercher à Québec et l'a conduite au couvent des oblates, à Richelieu.

— Qu'est-ce qu'elle a, mon père? Elle est malade?

— Un peu, les conséquences de l'épuisement, rien qui doive vous inquiéter, ma fille. Je crois que la vie du cloître est trop dure pour Marie et ruine sa santé. Ici, elle va se reposer, refaire ses forces. Elle aimerait vous voir.

— Oui, il faut que je la voie. C'est possible, mon père?

— J'ai déjà parlé à votre supérieure : il y a un autobus pour Montréal dans moins d'une heure, on vous y conduira. Ici, quelqu'un vous attendra au terminus.

— Merci, père Parent. Dites à Marie que j'accours.

Tassée contre la fenêtre, Émilie regarde défiler les montagnes, les Laurentides pour lesquelles elle a eu un coup de foudre et qu'elle croyait ne plus jamais devoir quitter. Des remparts qui isolent l'Accueil-Gai du reste du monde. Mais, pour Marie, elle irait jusqu'au bout du monde, à pied au besoin.

Émilie n'a jamais pris l'autobus seule et s'inquiète un peu, craignant surtout de ne pas descendre au bon endroit. Par contre, l'anonymat de ce moyen de transport lui plaît, comme lui a plu la discrétion qui a entouré son départ de Corbeil. Il n'y a eu ni fête d'adieu ni photographes. Son père a déclaré plus tard aux journaux qu'elle n'était plus la même ces derniers mois et qu'elle allait se reposer à Sainte-Agathe où l'air est pur. Il n'a pas parlé de vocation religieuse.

Quand l'autobus s'arrête au terminus, Émilie se précipite à l'extérieur, pressée de retrouver sa sœur. Elle cherche du regard la personne qui doit la prendre, mais il y a une foule nombreuse et tout le monde semble attendre quelqu'un. Peu à peu les gens s'en vont, remplacés par d'autres, mais personne ne se dirige jamais vers elle. Lasse, elle sort de l'immeuble, déterminée à trouver elle-même le couvent des oblates. Il suffira de demander sa route aux passants.

Les trottoirs sont grouillants de monde, des gens pressés qui ne connaissent pas le couvent des oblates ou ne se donnent même pas la peine de répondre aux questions timides d'Émilie. Elle explore les rues avoisinantes, en se disant qu'un couvent ça se remarque facilement. Elle marche depuis une heure, en priant Dieu de la guider, quand elle se rend compte soudain de sa méprise : elle n'est pas à Richelieu mais à Montréal! C'est vrai, elle devait prendre un deuxième autobus. Elle a oublié.

Complètement désorientée, Émilie ne retrouve plus l'endroit où elle est descendue. Fatiguée et bientôt désemparée, elle erre au hasard, en retenant les larmes qui lui viennent. Marie doit s'inquiéter de son retard. La nuit tombe, des affiches aux néons multicolores clignotent tout autour, qui ajoutent à la confusion d'Émilie. Elle n'a plus la force de demander sa route, à peine celle de mettre un pied devant l'autre.

— Hé! vous là, la petite!

C'est à elle qu'on s'adresse. Deux policiers descendent d'une voiture qui s'est arrêtée à sa hauteur.

— Ça ne va pas? Où allez-vous comme ça?

Enfin quelqu'un qui peut l'aider.

— Je veux rejoindre ma sœur au couvent des oblates, à Richelieu.

Les deux hommes en uniforme l'examinent avec suspicion, comme s'ils ne la croyaient pas.

— Et elle s'appelle comment, votre sœur?

— Votre nom, c'est quoi?

Émilie juge préférable de ne pas répondre. Si l'on découvre qu'elle est une des quintuplées Dionne, les journaux relateront sa mésaventure, son père en entendra parler et cela fera toute une histoire.

— Où habitez-vous?

Plus ils poussent leur interrogatoire, plus Émilie s'enferme dans le mutisme et plus ils la trouvent suspecte. Finalement, ils l'embarquent dans leur voiture et la conduisent au poste. Là, nouvel interrogatoire. Devant son manque de coopération, l'officier en charge lui dit :

— Vous n'avez pas de papiers, on va devoir vous garder pour la nuit. Au cachot.

Cette perspective effraie Émilie.

— Je vais vous dire mon nom si vous me promettez de ne rien raconter à personne.

L'officier promet, elle déballe son histoire. Quand elle donne enfin son nom, le policier hoche la tête d'un air entendu.

— Je me disais aussi que votre visage m'était familier. Une des jumelles Dionne... Quand ma femme va savoir ça!

— Vous m'avez promis...

— C'est vrai, ça va rester entre nous.

Ne sachant trop quoi faire d'elle, le sergent la reconduit au palais du cardinal Léger.

* * *

Lorsqu'il revient à la salle à manger où la famille prend le petit déjeuner, Oliva fulmine. Le coup de téléphone qu'il vient de recevoir l'a mis d'humeur massacrante.

— Émilie a passé la nuit dans un poste de police à Montréal! On l'avait ramassée dans la rue parce qu'elle avait l'air perdue.

— En prison? s'écrie Elzire. Qu'est-ce que les gens vont dire?

— Et les journalistes? renchérit son mari. Ils vont en faire toute une histoire! On n'aurait jamais dû la laisser partir.

Yvonne, Annette et Cécile ont cessé de manger et attendent la suite avec inquiétude.

— Est-ce qu'elle va bien? demande Yvonne.

— Nous faire honte comme ça! continue-t-il sans se donner la peine de répondre. Je me fends en quatre pour vous autres, et c'est comme ça qu'on me remercie!

Yvonne répète sa question, mais sa voix est couverte par celle de Roger, qui décrète :

— *Trouble, trouble... All they have brought us is trouble. What was she doing in Montreal?*

Parce qu'Elzire comprend très peu l'anglais, Oliva réplique en français à son fils :

— Elle voulait rejoindre Marie chez les oblates, à Richelieu.

Folle d'inquiétude comme ses jumelles, Yvonne insiste :

— *Dad*, est-ce qu'Émilie va bien? Elle n'est pas malade, au moins?

Il hausse les épaules.

— Malade, elle le sera toujours!

Le père se tourne vers Elzire.

— Tu vas aller la chercher avant qu'elle nous fasse encore honte. Roger va te conduire. Puis vous ramènerez aussi Marie. Elles sont pas prêtes pour le monde extérieur.

De toute évidence, effectuer ce voyage n'enchante ni le fils ni la mère, mais ils ne protestent pas et se mettent aussitôt aux préparatifs de leur départ. Oliva retourne dans son bureau, tandis que les jumelles desservent la table. En aparté dans la cuisine, elles se font part de leurs inquiétudes à propos de leurs deux sœurs. Mais, plus que l'état d'épuisement de Marie et la mésaventure d'Émilie, c'est la perspective du retour de cette dernière à Corbeil qui les tourmente.

— C'est la maison ici qui la rend malade, dit Annette.

— Oui, renchérit Yvonne. Em est bien mieux chez les sœurs à Sainte-Agathe.

Cécile approuve d'un hochement de tête. Annette soupire longuement, et dit d'un ton résigné :

— Mais on n'y peut rien.

— Je vais demander à *mom* de m'emmener, fait Cécile d'un ton décidé. Peut-être que je pourrai lui faire

224

changer d'idée. Elle n'aime pas Em et, au fond, elle ne doit pas avoir envie de la ravoir à la maison.

Yvonne serre le bras de Cécile.

— Oui, Cis, fais ça. Netta et moi, on va prier pour que ça marche.

Elzire consent à ce que Cécile l'accompagne. Le voyage se déroule en silence, un silence que meuble la radio de la voiture. Assise sur la banquette arrière, Cécile ressasse les arguments qu'elle servira à sa mère ; le moyen le plus sûr de convaincre celle-ci est sans doute de jouer sur la terreur que lui inspire la maladie d'Émilie. Les bulletins de nouvelles à la radio parlent tous de la mésaventure montréalaise d'une des jumelles Dionne, laissant planer des doutes sur son état. Et, à chaque fois, les jurons de Roger ponctuent les phrases de l'annonceur. Et, à chaque fois, il lance en direction de Cécile :

— Les *Quints*... Vous nous en aurez donné, du trouble ! Depuis le début. Ça finira donc jamais ?

Cécile sait qu'il vaut mieux ne pas répliquer.

Lorsqu'ils font halte dans un snack-bar le long de la route, les clients discutent de l'affaire et renchérissent sur ce qu'ils ont lu ou entendu à la radio.

— Ça ne me surprend pas, déclare à la ronde un vieil habitué qui tète sa pipe éteinte. Ça s'est toujours dit que les jumelles Dionne sont un peu retardées. Je le sais de bonne source : une cousine de ma bru a travaillé à l'hôpital du docteur Dafoe.

— Peut-être que si on les avait laissées à leur famille..., avance la serveuse d'un air entendu.

Cécile bout de rage d'entendre des inconnus parler ainsi d'elle et de ses jumelles.

— Dépêche-toi de finir ton café, dit-elle à Roger qui arbore un sourire ironique.

Ce n'est que lorsqu'ils sont rendus à destination, à la maison de retraite nichée au milieu des collines des Laurentides, que Cécile a l'occasion de s'entretenir avec sa mère sans la présence de Roger.

— Vous savez, *mom*, Émilie serait bien mieux ici qu'à la maison.

Elzire ne répond pas; sur la défensive, elle regarde sa fille en se demandant s'il s'agit d'une critique qu'elle lui adresse. Cécile se hâte de dissiper tout malentendu.

— Comme disait *dad*, Émilie aura toujours des attaques, personne n'y peut rien, et les sœurs d'ici sont habituées à s'occuper des malades.

La jeune femme n'a pas à argumenter bien longtemps avant de fléchir sa mère que ne réjouit pas l'idée de garder Émilie auprès d'elle. Elzire déclare finalement :

— Je vais avertir les sœurs qu'elle est épileptique. Si elles veulent la garder quand même...

Pendant qu'Elzire discute avec la supérieure, Cécile rejoint Émilie qui se jette dans ses bras.

— Cis! Cis! Comme je suis heureuse!

— Et moi donc...! On s'est beaucoup inquiétées, Annette, Yvonne et moi.

— Comme tu vois, répond Émilie en souriant, je me porte bien.

— Qu'est-ce qui est arrivé au juste? As-tu eu une crise dans l'autobus?

— Non. C'est seulement que je pensais être arrivée à Richelieu quand je suis descendue à Montréal. Là, je me suis égarée.

Émilie raconte son aventure par le menu détail, avec quelle gentillesse on l'a accueillie au palais épiscopal. C'est le chauffeur du cardinal qui l'a reconduite. Elle conclut :

— Je ne voulais pas qu'on sache. Le policier m'avait promis de ne rien dire; il n'a pas tenu parole, c'est mal-poli.

Cécile lui prend la main.

— On est venus ici pour te ramener à la maison.

Émilie tressaille et recule.

— Il n'en est pas question, Cis! Je ne veux plus vivre ailleurs qu'à l'Accueil-Gai. Je ne veux plus mettre les pieds dans la grande maison. Si tu savais comme je suis heu-reuse ici.

— C'est ce que je pensais, Em. C'est pour ça que je suis venue avec *mom*. Je vais faire l'impossible pour que tu ne repartes pas avec nous.

Les yeux d'Émilie sourient à sa sœur.

— Parle-moi des autres, Cis. Peewee, d'abord. J'aurais tellement aimé la voir. Tu as des nouvelles d'elle?

— Juste de l'épuisement, rien de grave. Le cloître, c'est trop dur pour notre Peewee. Elle n'a pas la santé qu'il faut.

— Mais si elle a la vocation? plaide Émilie. Peut-être que sa place est plutôt dans un couvent ordinaire, comme moi.

L'arrivée de leur mère interrompt leur conversation. Émilie est prête à défendre son droit de choisir elle-même sa voie, mais Elzire ne parle plus de la ramener. Elle a avisé la supérieure de l'épilepsie de sa fille et la com-munauté consent à la garder quand même.

— On verra ce qu'en dira votre père. C'est lui qui a le dernier mot.

* * *

C'est Lucie qui ouvre le cadenas de la barrière pour laisser entrer dans la cour la voiture conduite par Roger.

Yvonne et Annette courent à l'extérieur pour accueillir Marie. Cécile en profite pour entraîner Lucie à l'écart. Elle lui demande :

— *Dad ?*

— Dans son bureau, répond Lucie en secouant la main pour évoquer son humeur massacrante.

Cécile attrape le bras de sa sœur.

— Il ne faut pas qu'Émilie revienne ici. Tu me comprends, Lucie ?

Cette dernière réfléchit durant quelques secondes et abonde dans le même sens.

— C'est mieux, je pense. Pour elle et pour tout le monde.

— Parle à *dad*, toi seule peut le convaincre.

Lucie semble hésiter. Elle n'a jamais beaucoup aimé Émilie. Cécile insiste, en la regardant droit dans les yeux :

— Fais-le pour moi.

— O.K.

D'un pas décidé, Lucie se dirige vers la maison. Elle croise sur le perron sa mère pour qui elle n'a même pas un regard. Cécile a rejoint ses jumelles et prend le relais de Marie pour répondre à Annette et à Yvonne qui réclament des nouvelles d'Émilie.

— Rentrez !

La voix d'Elzire est froide. Elle ajoute :

— Vous voyez pas qu'il y a des voitures arrêtées sur la route ?

Des touristes qui, après avoir acheté des souvenirs des quintuplées au magasin de Mme Legros, ont la chance de les apercevoir en chair et en os. Du moins, quatre d'entre elles.

— Pourquoi ils nous oublient pas ? murmure Yvonne alors que les jumelles se hâtent de gagner la maison.

Elle repense avec nostalgie à ses mois à Montréal. Se promener sans crainte d'être reconnue, prendre l'autobus sans attirer les regards, être une personne comme les autres, une parmi tant d'autres : enivrant sentiment de liberté. Quand le retrouvera-t-elle? Ah! cesser d'être une quintuplée aux yeux du monde, ne l'être plus que dans son cœur. Que cette gémellité multiple devienne un secret que l'on porte et qui nourrit... Un rêve sans doute inaccessible, se dit Yvonne.

En revenant dans ce Quintland, le «Dionneville» des journaux francophones, dans ce rang où des millions de visiteurs ont afflué, Yvonne a endossé de nouveau sa «défroque» de quintuplée. Autour d'elle, les monuments qui témoignent d'une célébrité dont la jeune femme se passerait volontiers. La vieille maison où eut lieu le miracle, la pouponnière où se tournèrent tant de films, la galerie d'observation d'où les curieux pouvaient voir jouer les cinq fillettes, les trois magasins de souvenirs, le parc de stationnement, les toilettes publiques... Puis cette grande maison où a été célébrée la réunion de la famille Dionne! Et partout les hautes clôtures avec leurs barbelés.

Ici, Yvonne ne pourra jamais faire oublier qu'elle est l'une des «fameuses» quintuplées. Pas plus qu'elle ne pourra oublier le passé. Tant d'images l'habitent encore, quelques souvenirs heureux d'un temps très lointain, d'autres plus récents et ô combien pénibles! Il y a tant d'événements dans sa mémoire qu'elle a l'impression d'avoir vécu très longtemps déjà. Ah! pouvoir oublier!

«Quand je repartirai d'ici, se dit-elle en franchissant le seuil, ce sera pour toujours.»

Lucie a convaincu son père de laisser Émilie au couvent, et Elzire a conclu, sans se rendre compte qu'elle reprenait l'argument de Cécile :

— Les sœurs sont habituées à soigner des malades. Émilie est à la bonne place.

Elzire n'a jamais pu se débarrasser de l'espèce de terreur que lui inspire la maladie de sa fille.

Cécile, Annette, Yvonne et Marie passent l'été dans la grande maison de briques, sous l'œil vigilant de leur mère. Elles pourraient se croire revenues en arrière, tant ces jours ressemblent à ceux du passé. Mais un léger changement s'est produit en chacune, si fragile encore. Elles ont goûté à l'autonomie et à la liberté, trop peu à leur gré, assez cependant pour ne plus pouvoir s'en passer. Et, jour après jour, chacune mène un combat silencieux contre les vieilles habitudes de soumission et de dépendance qui cherchent à reprendre le dessus, contre un sentiment de culpabilité qui n'a aucun fondement et n'en est que plus fort.

À l'origine de cela, il y a la volonté de leur père qui essaie de s'imposer à nouveau, de les ramener à l'époque où elles vivaient sous sa coupe; il y a aussi les larmes de leur mère, ses plaintes, ses récriminations. Et, comme autrefois, ces attitudes du reste de la famille qui voudrait les convaincre qu'elles ne sont bonnes à rien. Et ces accusations d'avoir fait le malheur de leurs parents, d'avoir brisé la santé de leur père.

— Levez pas la tête, continuez à travailler en parlant. Quelqu'un surveille à la fenêtre.

Après cette recommandation à ses trois jumelles, Annette change de rang pour se rapprocher des autres. Agenouillées sur le sol, elles désherbent le jardin en progressant à la même vitesse afin de se parler à loisir. Les occasions d'être seules toutes les quatre sont si rares !

— Fatigue-toi pas, Peewee, recommande Yvonne. Fais seulement semblant.

Elles profitent de la fraîcheur du matin pour s'acquitter de cette tâche car les après-midi sont torrides cette année. Avec l'arrivée du mois d'août, la question de leur avenir immédiat s'est posée avec encore plus d'acuité. Lorsqu'elles ont l'occasion de discuter ensemble, la conversation porte vite sur cette préoccupation.

Ses sœurs ont fort à faire pour convaincre Marie que la vie au cloître est trop éprouvante pour elle.

— Donne-toi le temps de voir plus clair en toi, quelques mois, lui répète Cécile.

— Oui, prends une année s'il le faut, renchérit Yvonne en cueillant une fève qu'elle mange crue.

— Et je ferais quoi? demande Marie. J'ai pas envie de rester ici.

— Il le faut surtout pas, déclare Annette. Moi, Peewee, je le sais pas encore, ce que je veux faire, mais, chose certaine, je pars. Au besoin, je retourne à Nicolet.

— *Dad* et *mom*, dans tout ça? demande Cécile. On n'est plus des enfants, mais on dirait qu'ils ne le voient pas.

Elle voudrait commencer son cours d'infirmière l'automne suivant, mais elle sait que cela déplaira à ses parents, qu'ils ne voudront peut-être pas en entendre parler. Yvonne, qui a fait le même choix que Cécile, redoute elle aussi la réaction de ses parents, une crainte légère lors de son retour à la fin de juin et qui n'a fait que grandir depuis.

— C'est le temps de préparer le dîner!

En entendant l'ordre de leur mère crié à pleins poumons, les jumelles se relèvent avec un parfait mouvement d'ensemble. Voyant avec quelle rapidité elles ont toutes réagi, Annette marmonne :

— On n'est pas sorties du bois!

Ce midi-là, l'ambiance est bizarre dans la salle à manger. Oliva n'a pas pris place à table; il reste dans son bureau où il a passé toute la matinée au téléphone. Elzire ne tient pas en place, se lève de table, sort et revient, le visage soucieux ou contrarié. Par chance, la radio diffuse une musique entraînante qui allège le climat, et Roger et Serge, qui partagent le repas avec les jumelles, sont de bonne humeur. Il y a des bleuets frais pour dessert et déjà le pot de crème circule autour de la table.

— Encore le téléphone! s'exclame Serge.

Quelques minutes plus tard, Elzire entre en coup de vent, les joues blanches.

— Prenez sur vous, les petites, Émilie est morte.

8

«Cécile, tu n'auras jamais aussi mal de toute ta vie.»

En se disant ces mots, Cécile enfonce les ongles dans la paume de ses poings serrés. Avec Marie, Annette et Yvonne, elle regarde, par les fenêtres de la chambre de leur mère, le corbillard noir qui entre dans la cour, chargé du plus précieux trésor. De l'autre côté de la clôture, journalistes et curieux se découvrent, plusieurs font le signe de la croix; des inconnues essuient leurs larmes.

Les ongles de Cécile mordent la peau tendre de l'intérieur de ses mains. Elle ne s'en rend pas compte, tant la souffrance du cœur efface celles du corps. Ou plutôt celles venues de l'extérieur, car la douleur de la jeune femme s'incarne dans sa chair. La perte d'Émilie, c'est aussi une blessure physique. Une partie de chacune des survivantes est étendue dans le cercueil qui ramène la dépouille de leur jumelle. Aucune ne sera plus jamais la même, chacune est déjà un peu morte.

Quand le cercueil porté par quatre hommes disparaît de leur vue, les jumelles se détournent des fenêtres et se regardent sans rien dire. Quatre visages livides et défaits, quatre quintuplées qui n'ont pas encore su trouver de mots pour exprimer leur tourment. Elles n'ont su que se regarder, chacune vivant miroir du masque funèbre des autres, fondre en larmes et sangloter dans les bras l'une de l'autre. Ou fixer le mur, hébétées, inconscientes des heures, étourdies par un carrousel d'images dont chacune écorchait le cœur au passage. Ou bien ne penser à rien, sinon à un visage qui n'était déjà plus qu'un souvenir, se refermer comme une huître et n'être que pure douleur.

Lorsque leur mère leur a annoncé hier la mort d'Émilie, la terre s'est arrêtée de tourner. Durant quelques minutes, ce fut la stupeur tandis que les paroles d'Elzire faisaient lentement leur chemin en elles. Impossible! Comment l'une d'entre elles pourrait-elle mourir sans les autres? Comment pourraient-elles vivre encore si Émilie avait cessé de respirer? Autour d'elles, le monde se désagrégeait.

Roger s'est levé de table pour fermer la radio. Le silence est tombé comme une chape de plomb. «Émilie est morte.» Ces mots achevaient de distiller leur poison dans le cœur des jumelles survivantes. L'horreur alors leur est apparue. Puis la douleur les a frappées, fulgurante. Elles se sont précipitées dans leurs chambres, jetées sur leur lit, incapables d'autre chose que de larmes.

Trente heures se sont écoulées depuis. Mais ce pourrait être aussi bien trente jours ou trente minutes : le chagrin efface le temps. Aucune n'a pu trouver de mots pour consoler ses jumelles éplorées. De tels mots existent-ils seulement? La foi leur donne l'assurance de retrouver Émilie un jour, mais, d'ici là, qu'est-ce qui leur donnera la force de vivre?

Annette ne trouvait aucun secours dans les prières qu'elle récitait machinalement. Le deuil prenait pour elle couleur de révolte. Un miracle, leur naissance? Pourquoi les faire survivre si c'était pour les tuer toutes à vingt ans en fauchant l'une d'elles?

234

Dans le lit voisin, Cécile pleurait sans parvenir à tarir la source de ses larmes. Elle refusait d'y croire. Le réveil allait sonner, elle ouvrirait les yeux pour découvrir avec soulagement qu'elle émergeait du plus atroce des cauchemars. Elle serait dans la chambre qu'elle partage avec Émilie à l'Institut familial de Nicolet, sa sœur dormirait encore, son visage d'ange souriant sur l'oreiller. Et puis non ! Elle ne rêvait pas, pareille peine ne pouvait pas s'inventer.

Étendue sur le côté, Yvonne fixait le lit vide à côté du sien. Elle n'avait plus de larmes, mais sa respiration sifflait comme si un étau écrasait sa poitrine. Encore pleine d'objets appartenant à Émilie, la chambre vibrait toujours de sa présence, de son rire, et Yvonne se reprochait de ne pas avoir été là pour protéger une nouvelle fois sa sœur, l'empêcher de mourir, la retenir à la vie. Quelque chose s'éteignait en Yvonne, une flamme qui ne pourrait plus jamais être ravivée.

Inconsciente des allées et venues de Lucie qui occupe la même chambre, Marie habitait son chagrin comme une chenille son cocon. Rien n'existait au dehors, si peu subsistait au dedans... Un cri qu'elle n'arrivait pas à pousser. La mort restait encore sans visage ; quand elle le dévoilerait, ce pourrait être aussi bien celui de Marie que celui d'Émilie. C'était elle, la plus petite, née en dernier, qui aurait dû partir, pas Émilie. Elle aurait tout donné pour être étendue à la place de sa jumelle, ou du moins à côté d'elle.

— Allons-y, murmure Yvonne aux trois autres.

Elles descendent en silence pour accueillir leur sœur qui rentre une dernière fois à la maison. En même temps qu'il leur tarde de revoir son visage, de toucher sa joue, elles savent que la vision d'Émilie dans sa caisse de bois verni leur occasionnera une souffrance inhumaine.

Le cercueil a été placé devant les fenêtres du grand salon, à gauche en entrant. Les employés du salon funéraire ont déjà placé des prie-Dieu devant le cercueil dont le couvercle est ouvert. Les jambes flageolantes, les jumelles survivantes s'avancent à la rencontre d'Émilie. Marie se sent défaillir et s'accroche au bras d'Yvonne. Cécile se mord les lèvres pour ne pas crier, Annette joint ses mains afin de contrôler leur tremblement.

Dans une robe bleue, la couleur qu'elle affectionnait depuis l'époque de la pouponnière, Émilie repose au sein d'un nid de satin blanc. Elle tient dans les mains un crucifix blanc et un rosaire. Pour dissimuler la pâleur de la mort, on a abondamment maquillé sa peau. Elle qui ne se maquillait jamais!

En pleurant, les quatre sœurs s'approchent, tendent la main, effleurent les joues d'Émilie, pressent ses mains glacées dans les leurs, et finalement, à tour de rôle, l'embrassent sur le front. Elles demeurent ensuite près du cercueil, regardant le cadavre de leur jumelle avec une incrédulité qui ne faiblit pas. Ce corps, c'est *leur* corps! Nées du même œuf, une seule et même chair. Comment une partie d'un être peut-elle mourir sans que meure le reste?

Attristés par le chagrin des quatre quintuplées, les employés finissent de disposer les fleurs autour du cercueil en se faisant le plus discrets possible. Précaution bien inutile car Marie, Annette, Cécile et Yvonne n'ont pas conscience de ce qui se passe autour d'elles. Elles pleurent sans bruit et chacune mène un dialogue muet avec Em, tandis que derrière elles le reste de la famille répond à voix haute aux prières et aux invocations que récite Elzire Dionne.

Au bout d'une demi-heure, Marie commence à ressentir la fatigue et s'agenouille sur le tapis persan, aussitôt imitée par les trois autres. Elles récitent à l'unisson des Ave, les yeux désespérément fixés sur les paupières closes de leur jumelle. Intimidés, craignant de noyer le mince filet de voix que quatre gorges parviennent tout juste à produire en unissant leurs efforts, les gens présents dans le salon ne se mêlent pas à l'oraison.

Les jumelles veillent Émilie jusqu'à ce que leur mère les envoie dans leurs chambres afin qu'elles se reposent. Mais aucune ne trouve le sommeil, et elles retournent au salon alors que le jour naît. La maison s'anime peu à peu sans qu'elles s'en aperçoivent. C'est l'arrivée de M. Sasse, le photographe, qui les tire finalement de leur recueillement. Cécile ne veut pas de photos, mais Sasse insiste, rappelant qu'elles sont liées par contrat.

— Une seule, alors, concède finalement Cécile.

Sans doute l'effet des années d'entraînement, les quatre jeunes femmes, sans protester, prennent autour du cercueil la pose qu'on leur indique. Le photographe fixe l'ultime image des quintuplées Dionne, celle de leur dernière réunion.

Avec un sursaut de rancœur, Yvonne se dit qu'Émilie aura joué pour la pellicule son rôle de quintuplée jusque dans la mort. D'autres personnes arrivent, on livre des fleurs.

— C'était un ange, l'innocence même, déclare Oliva Dionne aux gens qui l'entourent.

«Et t'en as bien profité!», s'écrie intérieurement Cécile, révoltée.

La photo prise, les jumelles regagnent leurs chambres pour ne pas avoir à supporter les condoléances, même sincères, des nombreux visiteurs attendus.

Ils sont déjà massés par centaines, formant une longue queue le long de l'enceinte grillagée. Des voisins et des amis en complets sombres et robes noires, des touristes en vêtements légers et colorés; des journalistes pressés, des curieux désœuvrés, des inconnus profondément peinés. Des voitures stationnent à perte de vue de chaque côté de la route. Comme aux plus beaux jours de Quintland! Sauf que, cette fois, la procession ne se dirige pas vers la pouponnière du docteur Dafoe mais en sens inverse, vers la porte du père des quintuplées.

La veille, Oliva a envoyé des douzaines de télégrammes pour inviter des gens aux funérailles. Et pour la première fois depuis la construction de la grande maison, onze ans plus tôt, il déverrouille la barrière, ouvre sa porte à tout venant. Assise dans un fauteuil, à droite du cercueil de sa fille, Elzire accueille les visiteurs avec dignité. Ils sont plus de cinq mille à défiler ce dimanche-là devant la dépouille d'Émilie.

Quand il se penche vers Elzire, ce ne sont pas des condoléances que le père Sauvé lui offre. Le visage sévère, il lui dit :

— Vous êtes en partie responsable de sa mort, madame Dionne.

Elle demeure de glace, mais son regard se porte avec insistance vers la sortie. Le prêtre comprend qu'il n'aura plus ses entrées dans cette maison. Il savait que telle serait la conséquence de sa franchise, mais il le devait à la petite morte.

La nouvelle de la mort d'Émilie, survenue le vendredi matin, a vite été répandue par le médecin qui a constaté son décès. Les journaux y consacrent des éditions spéciales et les radios la mettent en tête de leurs bulletins. C'est avec étonnement que le public apprend qu'Émilie souffrait d'épilepsie depuis son arrivée chez ses parents. On est surpris également que, en dépit de toute la publicité qui l'entourait, la famille Dionne ait pu conserver ce secret si longtemps.

La mort d'Émilie a été rapportée dans ses moindres détails, et nombre de ceux qui ont fait autrefois le voyage à Quintland afin d'observer durant quelques minutes cinq fillettes insouciantes des problèmes du monde subissent un véritable deuil.

Le jeudi, veille de son décès, Émilie a participé à un pique-nique donné pour la douzaine de pensionnaires de l'Accueil-Gai. Elle y a subi une attaque, se blessant à la cheville dans sa chute. Sans doute sentait-elle l'imminence de nouvelles attaques car elle a demandé qu'une religieuse demeure dans sa chambre afin de la surveiller.

Durant la nuit, Émilie a eu trois nouvelles crises; au matin, elle est demeurée au lit, refusant de déjeuner. Elle s'est rendormie et, comme elle reposait paisiblement, la religieuse chargée de veiller sur elle a estimé qu'elle pouvait assister à la messe avec le reste de la communauté. À leur retour de la chapelle, les religieuses ont trouvé Émilie sans vie.

Ainsi que l'a expliqué le coroner chargé de l'autopsie, elle n'est pas morte d'épilepsie, mais de suffocation. Seule lors de l'ultime attaque, Émilie s'est tournée sur le ventre et, le visage dans son oreiller, elle s'est étouffée. Un décès accidentel.

C'est cela que ses jumelles acceptent le moins. La mort d'Émilie n'était pas inévitable. Elle *ne devait pas mourir*. Il aurait suffi qu'il y ait quelqu'un à son chevet, une paire de bras pour la retourner sur le dos. Elles, elles n'auraient jamais laissé leur sœur seule dans de pareilles circonstances. Elles avaient l'habitude. Mais les religieuses ne mesuraient pas la gravité de l'état d'Émilie. Sans doute ne les avait-on pas bien informées...

Le lundi matin, Cécile, Marie, Annette et Yvonne font des adieux déchirants à Émilie avant que l'on referme le cercueil. Sous un ciel sombre et menaçant, le cortège funèbre se dirige vers la petite église de briques rouges de Corbeil, construite à l'époque faste où cinq fillettes identiques attiraient des millions de visiteurs et faisaient la fortune de la région. Ce matin, on pourrait se croire reporté à cette époque car on circule pare-chocs contre pare-chocs sur les routes entourant Corbeil. Il y a beaucoup plus de gens que ne peut en contenir l'église paroissiale.

C'est à peine si les jumelles ont conscience de la présence de la foule, à peine si elles reconnaissent les gens qui ont joué un rôle quelconque dans leur vie. Chacune est murée dans son chagrin et a hâte de se retrouver seule avec lui; il leur reste encore à apprivoiser l'idée de ne plus jamais revoir Émilie, d'en être veuve et orpheline. Il faudra réapprendre à vivre en n'étant plus que quatre.

Le service funéraire, auquel assistent une vingtaine de prêtres, est concélébré par les pères La France, Sauvé et Bélanger. Cécile trouve lugubre l'église parée de noir. Tout est tellement sombre, tellement triste... Et cette cérémonie qui n'en finit plus! À la pensée qu'il faudra assister à la mise en terre, elle sent ses dernières forces s'évanouir. Reconduire Émilie au cimetière n'a pas de sens car Cécile essaie plutôt de la garder vivante en elle. Elle étire le bras, attrape la main d'Annette et la serre très fort. À côté d'elles, Marie appuie son épaule contre celle d'Yvonne. Elles ont besoin de se rapprocher, d'être en contact, de sentir qu'elles font partie d'un corps unique toujours en vie, de croire qu'Émilie est toujours avec elles, pas dans le cercueil au pied de l'autel.

La fosse que leur frère Armand a aidé à creuser est située à côté de deux croix grises qui marquent la sépulture des grands-parents. Seule note de couleur vive dans un monde éteint, une montagne de fleurs borde le trou béant. Tout autour, une foule si dense qu'on ne distingue plus les stèles ni les monuments.

Les jumelles suivent le père La France et les enfants de chœur qui portent un grand crucifix et des cierges. Des flashs illuminent par instants les visages gris des quintuplées. Elles éprouvent un sentiment d'irréalité si grand que la cérémonie en perd toute signification. Comme si cela ne les concernait pas vraiment, comme si cela arrivait à d'autres. Émilie demeure au milieu d'elles, présence invisible mais palpable.

Une pluie drue commence à tomber.

* * *

La vie reprend son cours normal dans la grande maison, sauf pour Marie et ses trois jumelles. Ce n'est que petit à petit que leur douleur perd de son acuité. Elles mesurent le temps : trois jours depuis la mort de leur sœur, puis quatre, puis une semaine. Comme autant d'anniversaires dont on attend qu'ils créent une distance qui rende le deuil moins pénible. Mais Émilie n'en finit pas de mourir dans le cœur de ses jumelles ; au contraire, elle demeure aussi présente en elles que lorsqu'elle vivait.

D'autres ont enterré Émilie bien plus vite ! Sa mort les a surpris, certainement peinés, mais, une fois terminées les funérailles qui ont été l'occasion de retrouvailles familiales, chacun est retourné à son quotidien comme si de rien n'était. Avec les tensions et les accrochages coutumiers. Le cercueil était à peine recouvert de terre qu'Elzire disposait déjà des objets personnels de la morte.

Et les enfants qui demeurent loin de la maison sont repartis avec leur part du butin sous le bras, qui un manteau, qui des robes ou des chaussures.

Les jumelles d'Émilie ont reçu elles aussi un souvenir de leur sœur : ses vieilles pantoufles, son livre de prières et des babioles. Encore une fois, un traitement différent de celui de leurs sœurs, mais elles n'y ont pas accordé d'importance. Ce qu'elles espéraient par-dessus tout, des paroles de consolation de leur mère, n'est pas venu. Elzire a simplement dit à Yvonne : «Une chance qu'elle est pas morte ici, on aurait fait une enquête.» Et, une autre fois, elle a laissé tomber devant Cécile : «Je pense qu'Émilie ne m'aimait pas.» Cécile n'a rien répondu afin de ne pas envenimer les choses.

Avec le chagrin de la perte d'Émilie, la question de leur avenir immédiat occupait toutes les pensées d'Yvonne, d'Annette, de Marie et de Cécile. Leurs parents voulaient qu'elles demeurent à la maison, ou du moins qu'elles aillent toutes à l'Institut familial de Nicolet. Les jumelles avaient d'autres projets et, cette fois, elles les ont défendus, encouragées en ce sens par l'exemple d'Émilie qui avait refusé de revenir à la maison comme son père l'exigeait et était retournée dans son couvent de Sainte-Agathe.

Déterminées à entreprendre un cours d'infirmière, Cécile et Yvonne ont tenu tête à Elzire qui continue d'entretenir des préjugés contre toute profession du domaine médical. Elles ressortaient de ces interminables discussions avec leur mère plus décidées que jamais à suivre leurs voies, manifestant un esprit d'indépendance qui les surprenait elles-mêmes.

Comme il n'est plus question pour les quatre jeunes femmes de vivre éloignées les unes des autres, Marie et

Annette se sont inscrites au collège Marguerite-Bourgeoys, à Westmount, à peu de distance de l'hôpital de Côte-Vertu où étudieraient leurs sœurs. De guerre lasse, Oliva et Elzire Dionne ont accepté, non sans manifester leur mécontentement, de les laisser partir. Mais ensuite l'atmosphère s'est détériorée un peu plus à la maison. Les sentiments ambigus qu'on leur avait toujours manifestés se transformaient en une haine sourde, cependant perceptible dans les regards et les moindres paroles, et encore plus dans les silences. Sans qu'elles s'expliquent pourquoi, leur sœur Lucie ne leur adresse plus la parole, les ignore totalement durant les semaines suivantes.

Les adieux d'Elzire sont plutôt froids. Depuis le perron, elle regarde ses jumelles prendre place dans la Cadillac d'Oliva. Comme ses filles, la mère a l'impression qu'une époque prend fin, que rien ne sera plus jamais pareil. Elle éprouve à la fois le sentiment d'avoir échoué et une intense rancœur envers ces ingrates. Ce 6 septembre 1954, une date qu'elle n'oubliera jamais!

Comme la voiture tourne sur la route, les jumelles jettent un dernier regard vers la grande maison de briques ocre où chacune a si souvent pleuré, si souvent connu le désespoir. Elles y reviendront, pour rendre visite à leurs parents, jamais plus pour y habiter, elles en ont l'intime conviction. Dans neuf mois, elles atteindront leur majorité, plus personne n'aura légalement autorité sur elles.

Du coin de l'œil, Annette entrevoit les édifices abandonnés : la maison où elles sont nées, la pouponnière devenue ensuite école primaire privée puis pensionnat pour jeunes filles, la galerie d'observation où le sifflement du vent a remplacé les murmures des visiteurs, la guérite des gardes et les clôtures qui paraissent absurdes depuis qu'elles sont inutiles. «La cage est ouverte, se dit-elle, les oiseaux s'envolent.»

L'image d'un petit homme, au chapeau trop étroit pour sa tête, s'impose soudain à son esprit. Il descend de sa voiture grise de poussière, monte sur le perron, s'avance vers les cinq fillettes identiques qu'il ne parvient jamais à différencier. La pipe au bec, il sourit largement sous sa moustache poivre et sel. Le gros appareil photographique sur trépied fait entendre son cliquetis familier, le docteur Dafoe ouvre les bras, une infirmière murmure : «Allez voir le docteur, allez.» Annette et ses jumelles courent vers l'homme au complet fripé. Est-ce qu'elles l'aimaient ou jouaient-elles pour le photographe? Annette l'ignore. Mais aujourd'hui qu'elle quitte définitivement ce pays, c'est une pensée émue qu'elle a pour le vieux médecin. Lui, au moins, il les a toujours respectées, traitées avec équité.

Du sommet de la colline, le regard embrasse en entier le décor de Quintland, un pays qui n'a été en réalité qu'un champ de foire, un théâtre où, avec ses jumelles, Annette a tenu successivement le rôle de princesse et celui de Cendrillon. Dans cet ordre, à l'envers du conte de Perrault. Mais elle a fini de jouer, la vraie vie commence aujourd'hui. Annette regarde les visages de ses sœurs, aussi tendus que le sien doit le paraître. Cécile se tourne vers elle et l'encourage d'un léger sourire qui semble dire : «C'est la même chose pour moi, un mélange d'angoisse et de soulagement.»

Le trajet jusqu'à North Bay se fait en silence. Derrière le volant, Oliva arbore un visage indéchiffrable, l'impassibilité qu'il affecte quand il ne veut pas laisser voir ses sentiments. Comme sa femme, il devine que les jumelles partent à jamais, et ce départ risque de lui compliquer bientôt la vie...

Leurs valises à leurs pieds, les jumelles se tiennent groupées sur le quai de la gare. Annette, Cécile et Yvonne entourent Marie; elles sentent le besoin de la protéger car elle demeure très affectée par la mort d'Émilie. Se retrouver dans une grande ville l'effraie et elle n'est pas certaine que son état de santé lui permette d'entreprendre des études en littérature, mais pour rien au monde elle ne se séparerait de ses sœurs.

À peu de distance, Oliva discute avec un employé qu'il connaît bien et surveille discrètement celles qu'il nomme encore «les petites». Elles ne sont pas prêtes à voler de leurs propres ailes, mais les retenir à la maison contre leur gré risquerait de déclencher une polémique dans les journaux. Il va plutôt dire aux journalistes qu'elles sont parties à contrecœur, qu'elles se sont résignées à quitter la maison uniquement parce qu'il n'y a pas d'autre moyen de poursuivre leurs études.

Afin de ne pas voir les dizaines de paires d'yeux posés sur elles, les jumelles regardent fixement le lac Nipissing qui miroite au-delà de la gare de triage des wagons de marchandises. Lors des funérailles d'Émilie, les survivantes ont perçu la présence de la foule et des journalistes comme une sorte d'intrusion dans leur vie privée. La curiosité qui les a toujours entourées leur est alors devenue intolérable, elles ont pris conscience de leur désir grandissant d'intimité. Depuis, elles aspirent de toutes leurs forces à l'anonymat. N'être plus qu'elles-mêmes, ne plus jouer les rôles qu'on leur impose.

Une cloche intempestive annonce l'entrée du train en gare.

— Bon, dit Oliva d'un ton détaché, salut.

— Au revoir, répondent-elles en chœur. On se reverra à Noël.

— C'est ça.

— On va écrire chaque semaine, ajoute Annette qui se sent coupable de son désir d'autonomie.

Son père hoche la tête puis retourne à sa voiture sans attendre le départ du train. Il veut sans doute manifester ainsi sa désapprobation quant à leurs projets, désapprobation qu'il a cessé d'exprimer verbalement depuis deux semaines. Cette séparation prématurée arrange les jumelles, les rassure surtout : leur père aurait pu tenter une manœuvre de dernière minute dans le but de les retenir. Malgré cela, elles ne respirent vraiment que lorsque le train s'ébranle enfin.

— Ouf! soupire Yvonne très fort.

Elle exprime de la sorte le soulagement que toutes éprouvent. Annette avoue, d'un ton penaud :

— J'ai un peu honte...

Cécile devine l'état d'esprit de sa sœur, mais elle refuse de se sentir mal à l'aise vis-à-vis de ses parents. Elle demande, avec une certaine brusquerie dans la voix :

— De ne pas avoir de peine à les quitter? D'être heureuse de partir? Tu ne penses pas qu'on a payé cent fois le droit d'être heureuses, toutes les cinq?

Voilà! Le mot a été lâché involontairement, mais il exprime la pensée qui attriste chacune depuis le matin, alors qu'elles ont assisté à une messe célébrée à la mémoire d'Émilie : elles partent sans elle. Leur sœur n'est pas avec elles en ce grand jour, ne sera plus jamais avec elles. Le bruit régulier des roues de métal sur les joints des rails devient assourdissant tant le silence se fait soudain profond. Les quatre jeunes femmes échangent des regards éplorés, Yvonne attire contre elle Marie que secouent des sanglots.

— Un mois déjà..., murmure Cécile qui ne peut retenir ses larmes devant celles de Marie.

— Ça fait aussi mal que le premier jour, fait Annette d'une voix chevrotante.

Yvonne mord ses lèvres et pleure sans bruit. Durant un quart d'heure, elles ne disent mot, mais elles se tiennent les mains, se touchent le bras ou l'épaule afin de ne pas se sentir seules.

Cécile et Yvonne sont les premières à reprendre le contrôle d'elles-mêmes. Parce qu'elles sont les plus déterminées dans leur choix de vie, elles ont le plus à gagner à ce départ. Et puis, ces derniers temps, elles ont développé leur volonté, appris à parler plus librement, à moins se laisser dominer.

Il n'en va pas de même pour Marie et Annette. Elles savent qu'elles *doivent* quitter le toit familial, mais ce geste leur coûte plus qu'aux deux autres car elles ne se sentent pas, comme elles, appelées fortement par une carrière. Annette a opté pour la musique et Marie, pour la littérature, simplement par goût, sans savoir où cela peut les mener, ni même si elles désirent y consacrer toute leur vie.

Quand elle s'écarte finalement de l'épaule d'Yvonne et se redresse sur la banquette après avoir séché ses yeux, Marie murmure :

— Ça m'inquiète un peu, Montréal.

Elle ne peut s'empêcher de penser qu'Émilie s'est égarée dans cette grande ville. Elle reprend :

— Comment c'est ?

La question s'adresse à Yvonne qui a étudié à Montréal l'année précédente.

— Bien... Je ne connais pas tellement la ville. Je ne suis pas sortie souvent de la cour du collège.

Elle cherche comment reformuler sa réponse afin qu'elle soit plus positive.

— C'est vivant, surtout la rue Sainte-Catherine, près d'Eaton et de Morgan. C'est plein de magasins, de cinémas, de restaurants. Westmount, où se trouve Marguerite-Bourgeoys, c'est calme, avec beaucoup d'arbres. Du collège, qui est plus haut à flanc de montagne, on voit la tête des arbres, pas les maisons à leur pied, et on a l'impression d'une grande forêt.

Sa description fait rêver ses sœurs : cette ville, elles seront libres d'y aller et venir.

— Le plus beau, continue Yvonne, c'est qu'on peut se promener, prendre l'autobus, magasiner, sans que les gens nous reconnaissent. On peut parler aux gens sans les sentir intimidés ou gênés comme si nous étions infirmes.

Ces derniers mots font sourire les autres et elles parlent ensuite longuement de cette grande ville où l'inconnu les attend. Tant de choses à découvrir! Des gens nouveaux à connaître. S'installer dans une nouvelle ville, c'est un peu recommencer sa vie. Quoique... Dans leur cas, elles ont encore tout à apprendre de la vie.

* * *

Yvonne et Cécile partagent la même chambre dans la résidence des étudiantes infirmières à l'arrière de l'hôpital Notre-Dame-de-l'Espérance, un vieil édifice d'une banlieue tranquille, parsemée de terrains vacants et encore bordée de fermes. Entre les murs du centre hospitalier, la vie est toutefois trépidante.

Elles doivent mettre les bouchées doubles, car, en plus du travail auprès des malades et des cours communs à toutes les apprenties infirmières, elles ont du rattrapage à faire dans certaines matières de base comme la chimie et la philosophie. Elles ne s'en plaignent pas car cette existence répond à leurs attentes. Au fil des jours, elles découvrent la motivation profonde de leur choix : se dévouer auprès des malades, s'oublier pour aller vers les autres dans lesquels elles reconnaissent le Christ.

Pour Oliva Dionne, l'opinion publique revêt une importance capitale.
Il profite du moindre événement pour que le nom de Dionne
circule dans les médias. Émilie, Yvonne, Annette, Marie
et Cécile (de g. à dr.) ont appris depuis leur tout jeune âge
comment agir devant les caméras.

Cécile, Émilie, Yvonne, Annette et Marie prennent connaissance
avec leur père de l'invitation du cardinal Spellman.

Dans le salon de la résidence familiale, Émilie, Cécile et Yvonne
(assises au premier rang), Marie, Annette (debout avec leur mère),
maintenant âgées de seize ans.

Lors d'un séjour au Canada, la princesse Élisabeth et le duc d'Édimbourg font escale à North Bay où leur seront présentées Yvonne, Annette, Émilie, Marie et Cécile (de g. à dr.).

Des religieuses venant de Sturgeon Falls organisent, à la demande d'Oliva Dionne, une cérémonie officielle de remise des diplômes de fin d'études. Des décorateurs de chez Bannon Bros. montent une scène dans la salle de jeu du sous-sol de la maison des Dionne. L'événement se déroule le jour du dix-huitième anniversaire de Cécile, Yvonne, Marie, Annette et Émilie (de g. à dr.), photographiées avec leur mère.

Émilie, Yvonne, Cécile, Annette et Marie (de g. à dr.) passent rarement inaperçues à chacun de leurs déplacements. Très souvent, leur nouveau photographe fait le voyage depuis New York pour prendre des photos de presse.

*En octobre 1950, une foule importante s'est massée sur le quai de
la Grand Central Station à New York pour assister au départ de Cécile,
Annette, Yvonne, Marie et Émilie, qui, lors de ce voyage,
ont assisté, entre autres, au banquet annuel à cent dollars
le couvert de la fondation Alfred E. Smith.*

*Cécile, Marie, Yvonne et Annette (de g. à dr.) se recueillent
devant la dépouille d'Émilie, décédée
à l'âge de vingt ans, deux mois et douze jours.*

*Le 28 mai 1955, au cimetière de Corbeil, Marie dépose
un bouquet de fleurs sur la tombe d'Émilie,
sous le regard d'Yvonne, de Cécile et d'Annette (de g. à dr.)*

L'aventure de Marie qui inaugure, en mai 1956, sa boutique de
fleuriste — elle recevra ses premiers clients le 21 mai — devient vite
celle de ses soeurs jumelles.

*Aucune de leurs compagnes de classe n'éprouve la moindre
pointe d'envie devant la célébrité dont jouissent Yvonne, Annette, Marie,
Cécile et Émilie (de g. à dr.) à l'occasion de leur séjour
à New York, en octobre 1950.*

L'odeur légère de désinfectant et d'antiseptique qui flotte en permanence dans les couloirs de l'hôpital devient pour elles le parfum même de la liberté. Ici, elles connaissent une intimité hier encore inimaginable. Leur chambre est un lieu privé dont une serrure défend la porte; personne ne lit leur courrier, ni ne s'inquiète lorsqu'elles conversent en tête-à-tête; quand elles ne sont pas en devoir, elles peuvent sortir en ville à leur guise.

Alors qu'à Nicolet on leur interdisait tout maquillage, ici on les encourage à peindre leurs lèvres afin de remonter le moral des patients. Le geste anodin de se mettre du rouge à lèvres chaque matin prend valeur de symbole, à la fois de la liberté conquise et de la reconnaissance de leur féminité. Et puis l'hôpital offre d'innombrables possibilités d'amitié et de camaraderie, ces choses si importantes pour elles depuis qu'elles les ont connues à la Villa Notre-Dame. Leur extrême timidité du début fond vite au contact quotidien des autres étudiantes avec qui elles partagent études et travaux souvent pénibles. Des affinités se découvrent, des complicités se développent, des amitiés naissent.

L'odeur de l'éther en moins, le collège Marguerite-Bourgeoys offre à Marie et à Annette un environnement humain aussi diversifié et passionnant que celui dans lequel baignent Cécile et Yvonne à l'hôpital. Les unes comme les autres n'hésiteraient pas à se dire heureuses. Un peu moins Marie, qui se remet mal de la mort d'Émilie et, de ce fait, demeure fragile. Une espèce de lassitude qu'elle ne s'explique pas et une anxiété sans objet précis forment écran entre elle et le monde, l'empêchent de goûter pleinement cette existence nouvelle.

Marie et Annette ont beau avoir des chambres voisines, Yvonne et Cécile partager la même, toutes quatre s'ennuient. Chaque paire souffre d'être éloignée de l'autre.

Une séparation de plus d'une journée a toujours été difficile pour les quintuplées, le sentiment de solitude se muant en tristesse. Apparaissait alors un besoin impérieux de voir les autres ou du moins d'être en contact avec elles par téléphone ou par lettre. Une sorte d'attraction magnétique, comme celle qui s'exerce entre des aimants, qui se jouait de la distance et des circonstances. À présent qu'elles ne sont plus que quatre, le besoin de réunion est encore plus fort.

Il y a donc un important va-et-vient entre le collège et l'hôpital. La distance entre les deux établissements n'est que de six kilomètres, mais il faut emprunter trois lignes d'autobus, ce qui rend le trajet interminable. Peu habituées à ce mode de transport, les jumelles s'en méfient et préfèrent plutôt le taxi pour leurs déplacements. Cette dépense entame sérieusement l'argent de poche que continue de leur fournir leur père, et elles doivent économiser au chapitre des autres dépenses. Mais le besoin de se retrouver se révèle plus pressant que tous les autres.

Si se promener dans les quartiers tranquilles où se trouvent le collège et l'hôpital ne cause aucun problème, il en va autrement des sorties au centre-ville. Afin de se sentir en sécurité lors de leur première incursion dans les grands magasins de la rue Sainte-Catherine, les jumelles s'y rendent toutes les quatre. Des verres fumés les aideront, espèrent-elles, à garder l'incognito. Il n'en est rien! Chez Eaton, une foule de curieux s'assemble autour d'elles et les suit dans leurs moindres déplacements, comme si elles étaient des amuseurs publics. Cette curiosité, même innocente ou amicale, qu'elles provoquent les terrorise et elles détalent à toutes jambes. La même chose se répétant partout où elles vont, elles regagnent illico leurs résidences, amèrement déçues. L'anonymat de la grande ville leur est refusé, leur sentiment de liberté en souffre. Après cette expérience éprouvante, elles ne vont plus au centre-ville que par deux, ou chacune avec des camarades.

* * *

Installées sur des banquettes au fond du snack-bar où elles ont donné rendez-vous à leurs sœurs, Yvonne et Cécile se regardent avec un air dépité.

— Je ne porterai pas ça! s'exclame Cécile en exhibant la robe noire qu'elle vient d'acheter.

Yvonne secoue la tête en signe de découragement. Elle non plus n'est pas satisfaite de ses achats.

— Ça n'a pas d'allure, Cis, on est plus niaises que des campagnardes qui ne seraient jamais sorties de leur patelin. À vingt ans, on ne sait même pas s'acheter une paire de bas!

— On ne sait rien...

Il y a des accents de rancœur dans le ton de Cécile, et sa sœur comprend ce qu'elle veut dire. Toutes quatre se sont rendu compte qu'elles ne sont pas préparées à affronter la vie en société, même dans ce qu'elle comporte de gestes banals et quotidiens. On n'a pas jugé bon de le leur apprendre. Comment se comporter dans un magasin, choisir des vêtements et comparer les prix : un problème qui leur paraît insoluble. Elles n'ont aucune idée de la valeur de l'argent, ignorent même la taille qui leur convient. Quant à connaître les coupes et les couleurs qui les avantageraient...

Comment leurs compagnes peuvent-elles prendre plaisir à effectuer des emplettes? Pour Marie, Annette, Yvonne et Cécile, il s'agit d'une nécessité à expédier. Elles pénètrent furtivement dans un magasin à rayons, achètent le premier vêtement qui leur tombe sous la main et décampent aussitôt, embarrassées, rougissantes. Et elles se retrouvent avec des vêtements à l'image de ceux que leur mère choisissait pour elles : de couleur sombre et beaucoup trop grands.

Cette situation ne fait que conforter les jumelles dans l'opinion qu'elles sont incapables de prendre des décisions par elles-mêmes, de faire quelque chose sans d'abord en demander la permission à quelqu'un.

— Ça va changer, dit Cécile d'un ton décidé en glissant le sac d'emplettes sous le siège.

— Qu'est-ce que tu veux ? On nous a toujours gardées dépendantes, on a étouffé tout esprit d'initiative chez nous.

— Il faut réagir, Ivy. Moi, je suis bien décidée à apprendre à me débrouiller dans la vie. Ça demandera le temps que ça demandera, je vais y arriver.

— Moi aussi, répond Yvonne, encouragée par la détermination de sa sœur qui semble grandir de jour en jour. Mais Netta ? Et surtout Peewee ?

— Si on s'entraide et si on se soutient...

— Chut ! Elles arrivent.

Annette et Marie viennent à pas rapides, les yeux rivés sur le sol pour ne pas voir les visages qui se tournent vers elles. Car des clients du restaurant remarquent que le couple de jumelles qui vient d'entrer ressemble drôlement à celui qui est déjà attablé, et ils en tirent la conclusion qui s'impose : les jumelles Dionne ! Les journaux, qui parlent d'elles régulièrement, ont révélé qu'elles vivent dorénavant à Montréal.

Après les embrassades, les arrivantes s'assoient.

— Comment était le film ?

Au lieu de répondre à la question d'Yvonne, Annette jette sur la table le journal qu'elle tenait plié dans sa main.

— Vous avez lu ça ?

Dans sa voix transparaît un mélange d'étonnement et de colère. Cécile demande :

— Ça parle de quoi ?

— De nous ! lance Marie. Encore une fois !

Yvonne hausse les épaules.

— On n'a qu'à ne pas lire ces articles, c'est la meilleure façon de ne pas être blessées.

— Mais les gens les lisent, dit Cécile. Ah ! si on pouvait nous oublier un peu.

Marie déplie le journal *La Patrie* et le pousse vers Yvonne.

— Celui-là, tu devrais le lire.

Sa curiosité éveillée, Yvonne jette un rapide coup d'œil à l'article, puis se met à le lire à voix haute, juste assez fort pour que ses sœurs comprennent sans que les gens des tables voisines entendent. Il y est dit que la part d'Émilie dans le fonds des quintuplées s'élève à cent soixante et onze mille trente-cinq dollars.

— Combien ? fait Cécile, incrédule.

Après vérification du montant imprimé dans le journal, Yvonne le répète. On y dit également que l'héritage d'Émilie sera divisé en parts égales entre son père, sa mère et ses douze frères et sœurs.

— Mon Dieu ! s'exclame Cécile. C'est beaucoup d'argent !

— Le fonds des quintuplées, qu'est-ce que c'est ça ? demande Yvonne.

Annette lui dit :

— Continue de lire, tu vas l'apprendre.

L'article affirme que chacune d'elles dispose d'un montant égal à l'héritage laissé par Émilie. Et le journaliste explique qu'il s'agit des sommes perçues durant l'enfance des jumelles pour leur participation à des films et à des campagnes publicitaires. Leur père gère ce fonds et rend des comptes au gouvernement de l'Ontario.

Yvonne interrompt sa lecture pour scruter le visage de ses sœurs. Elle y voit les signes d'une incrédulité aussi grande que la sienne. De l'argent, elles? On ne leur a jamais parlé de cela. Elles ont toujours cru que tout ce qu'elles dépensaient sortait de la poche de leur père, et elles se sentaient constamment coupables de lui coûter aussi cher. Il faut dire que, si elles avaient envie d'un bijou de pacotille ou d'un ruban pour les cheveux, leur mère répétait qu'elles avaient des goûts extravagants.

— Ça expliquerait bien des choses..., marmonne Annette.

Ses sœurs opinent de la tête. Oui, ce qu'elles viennent d'apprendre éclaire rétroactivement les remarques et les allusions des membres de leur famille ou de visiteurs, propos qui leur demeuraient toujours incompréhensibles. «Vous êtes assez riches pour acheter toute l'école.» Cette phrase de la directrice de l'Institut familial de Nicolet prend à présent tout son sens. À l'époque, elles croyaient que ce «vous» faisait référence à la famille d'un homme riche, Oliva Dionne. Une fortune, elles? Il serait tentant d'y voir l'explication de certaines attitudes de leur parenté à leur égard. Mais pourquoi faire tant de mystères avec cela, pourquoi ne leur en avoir jamais parlé?

— Au fond, déclare Yvonne, l'air pensif, je l'ai toujours su sans le savoir.

— Ça prouve, en tout cas, que l'argent ne fait pas le bonheur, lance Annette. J'ai jamais été aussi malheureuse que dans la grande maison!

— T'as encore le temps de souffrir, fait Marie avec un sourire taquin.

— Ça ne pourra jamais être aussi dur... Par contre, j'espère retrouver un bonheur aussi grand qu'à la pouponnière.

Marie fait un signe de dénégation.

— Ça aussi, c'est impossible. À cette époque-là, on se croyait parentes avec les princesses d'Angleterre !

Elles sourient toutes, à l'exception de Cécile qui est perdue dans ses pensées. Elle murmure distraitement :

— Cent soixante et onze mille... Ce doit être beaucoup d'argent.

Ce n'est ni une question ni une exclamation, mais une simple constatation dont ne découle aucune conséquence. Pour Cécile et ses jumelles, qui n'ont jamais eu en leur possession que quelques dollars, le montant de la fortune qu'on leur prête ne signifie rien. Qu'est-ce qu'on peut acheter avec ça ? Une automobile ou seulement une bicyclette ? Cela suffirait pour un manteau de fourrure ? À part le prix d'une course en taxi, d'un goûter au snack-bar ou d'une paire de bas nylon, bref, de tout ce qu'on peut se procurer avec quelques dollars, elles n'ont pas la moindre idée de la valeur des choses.

Annette se revoit à cinq ans, jouant à l'épicerie avec ses jumelles. Elle servait au comptoir avec Marie, les trois autres tenaient le rôle des clientes. Une caisse enregistreuse, des faux dollars, mais de vraies boîtes de conserve, et la grosse caméra noire qui ronronnait sur son trépied. Annette ne peut s'empêcher de frémir : elle n'a jamais mis les pieds dans une véritable épicerie ! Ses études terminées, elle devra préparer elle-même ses repas, ce qui implique de faire d'abord le marché. Elle se sent tout à coup extrêmement démunie.

— Qu'est-ce qu'on fait ? demande Marie.

— On attend qu'ils nous en parlent, répond Cécile en même temps qu'elle consulte les autres du regard. Ça évitera bien des histoires...

Elles restent craintives vis-à-vis de leurs parents. Leur indépendance et même le sentiment de cette indépendance sont en partie encore des rêves. Chaque semaine, elles se font toutes un devoir d'écrire à leurs parents, même si elles n'ont rien de neuf à rapporter et ont plus à taire qu'à dire.

* * *

Assise devant l'appareil téléphonique, Cécile regarde avec perplexité le numéro griffonné sur un bout de papier. Un numéro qui n'a rien de familier. Une collègue a pris le message alors que Cécile était occupée dans une salle de cours. Sans doute une amie du temps de la Villa Notre-Dame ou de l'Institut familial de Nicolet, qui est de passage à Montréal. Elle compose le numéro, une voix masculine lui répond. Après quelques secondes d'hésitation, elle explique :

— Quelqu'un m'a appelée de ce numéro. Mon nom est Cécile Dionne.

— Oh! Bonjour, mademoiselle Dionne. Je m'appelle Laurent Bouchard. C'est moi qui vous ai téléphoné.

Il marque une pause, mais Cécile est trop intriguée pour réagir. Il poursuit donc :

— J'ai appris que vos sœurs et vous êtes séquestrées à Montréal.

— C'est absolument faux! s'écrie la jeune femme.

— Je l'ai lu dans le journal.

— Les journalistes disent n'importe quoi! répond-elle, prête à raccrocher.

Il rit de bon cœur.

— Je devrais le savoir car je travaille à Radio-Canada.

Un journaliste! Elle aurait dû s'en douter.

— Je ne donne pas d'entrevues, monsieur...

— Bouchard. Vous faites erreur : je ne suis pas journaliste mais technicien.

Elle comprend de moins en moins la raison de son appel.

— Donc, vous n'êtes pas prisonnière? J'en suis fort heureux. Cécile... Vous permettez que je vous appelle par votre prénom? Ma sœur porte le même.

— Si vous voulez, répond-elle, hésitante. Quant à notre situation, à mes sœurs et à moi, sachez que nous sommes libres d'aller et venir comme les autres étudiantes.

— Ah! fait-il en donnant un ton déçu à sa voix. Et moi qui espérais voler à votre secours, vous délivrer... même si je n'ai pas de cheval blanc ni d'armure.

Elle ne peut s'empêcher de rire.

— Si vous êtes libre, Cécile, accepteriez-vous de prendre un café avec moi? Nous aurions l'occasion de parler un peu en tête-à-tête.

Cette invitation la prend au dépourvu, elle réfléchit. Il insiste :

— Vous n'avez rien à craindre, je suis un gentleman.

Il a une voix douce et chaleureuse. Un café, cela n'engage à rien. Et puis ne serait-ce que pour lui prouver qu'elle est une femme autonome...

— Un café? J'accepte.

Ils fixent un rendez-vous. En raccrochant, elle s'inquiète déjà de sa décision. Elle ne sait rien de lui, il ne connaît d'elle que les racontars qui circulent dans les journaux. Trop tard pour reculer. Bah! une tasse de café peut toujours se boire en cinq minutes.

La veille de leur rencontre, Cécile dort très mal. Elle regrette de s'être laissé entraîner dans cette histoire et n'ose se confier à personne car elle craint de passer pour une sotte. Qu'est-ce qu'elle va bien trouver à dire à un inconnu? Comment faut-il se comporter quand on est seule avec un homme? Elle pourrait toujours lui faire faux bond, mais ce serait une lâcheté qui la rendrait indigne de l'existence libre qui commence tout juste pour elle.

À l'heure convenue, il l'attend à la porte de l'hôpital. Il lui offre un œillet rouge, puis lui serre la main. Grand et mince, il a le regard vif et pétillant, le sourire engageant. Ils marchent en suivant les rues paisibles et désertes de Côte-Saint-Luc, puis s'attablent dans un restaurant.

Cécile se trouve gauche, la timidité lui enlève tous ses moyens. Par chance, Laurent se charge de la conversation. Il a une confiance inébranlable en la vie et en lui-même, il voit l'avenir lui sourire, fait montre d'un enthousiasme que Cécile lui envie. Comme tout semble facile pour lui! Elle, elle doute d'elle-même, n'est jamais satisfaite de ses résultats d'examens, estime qu'elle ne se dévoue jamais assez auprès des malades. Écouter parler cet homme lui fait oublier un moment ses propres limites.

Avant de prendre congé d'elle devant la porte de l'hôpital, Laurent lui dit :

— J'aimerais beaucoup vous revoir, Cécile. Vous aimez le cinéma?

— J'adore les films.

— Moi aussi. À quand votre prochaine journée de congé?

Tout va trop vite, elle voudrait avoir le temps de réfléchir, mais il attend sa réponse, le regard plein d'espoir. Il lui prend les doigts.

— Jeudi prochain, répond-elle en dégageant sa main.

Voilà, le sort en est jeté. Et Cécile gagne sa chambre, encore incrédule. Qu'on puisse s'intéresser à sa personne, à elle en tant que femme et non comme une des quintuplées Dionne, voilà qui la bouleverse. Et puis cette rencontre l'inquiète : à Corbeil, on leur a appris que l'amour et le sexe sont des péchés, sauf dans le mariage. Un principe que n'ont pas démenti les religieuses de Nicolet. On leur a depuis toujours inculqué l'idée que le mariage n'était pas pour elles, qu'elles devraient soit revenir à la maison paternelle pour toujours, soit entrer en religion. Et aussi qu'il ne faut pas aimer les hommes, mais plutôt se méfier d'eux.

Mais, à mesure qu'approche le jour du rendez-vous avec Laurent, Cécile abandonne ses réticences et se réjouit de revoir le garçon. Lorsqu'elle leur rapporte sa rencontre par le menu détail, Yvonne, Marie et Annette n'en croient pas leurs oreilles. Yvonne s'exclame :

— Comme ça, au restaurant, avec un inconnu qui t'a téléphoné?

— Il t'a pris la main! dit Annette, tout à la fois émerveillée et craintive.

— Juste une poignée de main, pour me saluer, se défend Cécile.

Elle jette un regard à Marie, s'attendant que cette dernière la taquine une nouvelle fois à propos du garçon du Minnesota qui lui avait tenu la main quand elle avait dix-sept ans. Marie se contente de sourire, un sourire quelque peu piteux qui trahit son état d'esprit chagrin. Elle demande toutefois à sa sœur de décrire son nouvel ami, ce que Cécile fait avec un plaisir évident.

— Qu'est-ce qu'il t'a dit? demande Yvonne. Ne nous cache rien.

Cécile rapporte les propos de Laurent, que Marie, Annette et Yvonne écoutent religieusement. Elles s'émerveillent qu'une telle chose, normale pour les autres filles, puisse arriver à l'une d'entre elles. Une vie normale leur serait donc possible? À en juger par le sourire ravi de Cécile, par la joie qui illumine son regard, elle est amoureuse. Elle a beau protester du contraire, ses sœurs ne sont pas dupes; après tout, elles la connaissent aussi bien qu'elles se connaissent elles-mêmes.

— Tu vas nous le présenter? s'enquiert Yvonne.

— C'est peut-être prématuré. Écoutez, je ne l'ai vu qu'une seule fois.

— Mais la prochaine fois, vous allez vous retrouver dans l'obscurité d'un cinéma !

Annette a taquiné sa sœur en lui faisant un clin d'œil complice. Cécile rougit. Marie lui touche le bras et dit, le visage grave :

— On est contentes pour toi, Cis.

Yvonne renchérit :

— Que tu aies eu le courage d'accepter cette invitation d'un garçon ne peut que nous aider, chacune de nous, à prendre notre vie en main.

Cécile s'inquiète soudain de l'importance que ses sœurs accordent au fait qu'elle rencontre un homme. Comme si elles la chargeaient d'une mission.

— Il ne faut pas que chez nous l'apprennent !

Leur père n'a jamais aimé qu'elles aient des amies; qu'est-ce que ce serait s'il savait qu'un garçon est entré dans le décor?

Le deuxième rendez-vous de Cécile est suivi de nombreux autres, et l'idylle qu'elle vit avec Laurent nourrit le romantisme de ses sœurs. En dépit des discours contre les hommes que tenait leur mère, toutes ont rêvé, à un moment ou à un autre, de rencontrer un homme doux, bon et éduqué, dont la seule présence transformerait le monde en un endroit plus hospitalier. Sans le savoir, chacune a un immense besoin d'aimer et d'être aimée, chacune est prête à s'amouracher du premier homme qui s'intéressera à elle.

Si Marie se réjouit du bonheur de Cécile, l'amour est pour le moment le dernier de ses soucis. La joie de vivre dont elle débordait autrefois, elle ne l'a pas retrouvée depuis la mort d'Émilie. Tandis que ses sœurs s'ouvrent peu à peu au monde et s'épanouissent, Marie reste taciturne, repliée sur elle-même. Les efforts de ses jumelles ne parviennent pas à la sortir de cet état dépressif.

À la fin d'octobre, Marie se rend à Corbeil pour le week-end. Ses parents, toujours opposés à ce que «les petites» fassent leur vie à l'extérieur, font pression sur elle. Elzire se plaint d'être abandonnée, affirme qu'elle se sent seule sans ses quintuplées et, finalement, en pleurs, demande à Marie de demeurer avec elle. Sensible et dévouée, la jeune femme n'a pas le cœur de quitter la maison pour retourner à Montréal comme elle en avait l'intention.

La surprise passée, Annette, Yvonne et Cécile se montrent extrêmement déçues. Leur père s'empresse de déclarer aux journaux que Marie n'aimait pas la vie qu'elle menait et que sa femme et lui sont très heureux d'avoir une des quintuplées sous leur toit. Marie, dit-il encore, trouve bonheur et satisfaction à aider sa mère à la maison. Ces articles ne convainquent pas ses sœurs, toujours à Montréal. Elles comprennent que Marie est retombée dans les anciennes ornières d'une soumission totale aux désirs de leurs parents. En plus de se désoler pour leur sœur, elles s'inquiètent pour elles-mêmes. Il n'est peut-être pas aussi facile qu'elles le pensaient de se libérer des attitudes imposées durant des années, de s'affranchir du carcan de la dépendance dans laquelle on les a toujours tenues. Sont-elles aussi fortes qu'elles le croient?

9

— Je comprends pourquoi on nous a fait venir, murmure Yvonne.

Annette et Cécile, qui regardaient le paysage par la fenêtre du train, se tournent vers elle.

Leur mère devait les rejoindre à Montréal en compagnie de Marie afin de célébrer leur vingt et unième anniversaire de naissance, mais, au dernier moment, leur père leur a demandé de venir plutôt à Corbeil. L'idée ne leur plaisait pas, mais comment dire non à un père autoritaire?

— Qu'est-ce que tu comprends? demande Cécile.

Yvonne tend à Cécile le *Nugget's*, le journal de North Bay que dirige un ami de leur père. Il s'agit d'un numéro vieux d'une semaine qu'elle a trouvé sous la banquette où il a été oublié ou jeté par un autre voyageur.

— Lis-le tout haut, dit Cécile.

Annette fait un signe de tête affirmatif. Yvonne replie le journal et résume de mémoire sa lecture.

— Ça dit que les quintuplées vont toucher environ huit cent mille dollars lorsqu'elles atteindront vingt et un ans. *Dad* explique que nous allons placer cette somme dans une fiducie et qu'un avocat, Me Donnely, a préparé les papiers nécessaires. Il dit aussi que recevoir tout cet argent ne changera rien à notre vie.

C'est la première fois qu'elles entendent parler de cette affaire.

— Encore des cachotteries! lance Annette, outrée.

— Ça a toujours été comme ça, réplique Cécile d'un ton las. Pourquoi ça changerait aujourd'hui?

Yvonne lâche un soupir qui en dit long sur son dépit. Elle redoutait cette visite à la grande maison, devinant qu'elle et ses sœurs auraient à supporter les récriminations et les plaintes et les paroles blessantes de leurs parents. Avec cette histoire de fiducie, l'atmosphère risque d'être proprement invivable. Seul le désir impérieux de revoir Marie lui donne la force de ne pas reprendre le train pour Montréal dès son arrivée à North Bay. Pauvre Marie...! Dans quel état vont-elles la trouver? Le ton de ses lettres, contraint et prudent, donne à penser qu'elle est retombée sous le joug de leurs parents.

— Qu'est-ce qu'on va faire? demande Annette.

— Lisons bien avant de signer quoi que ce soit, répond Cécile.

Elle ne peut se départir de cette méfiance à l'égard de leurs parents que neuf années de vie commune lui ont apprise. Le train file trop vite à son goût... Encore une fois, elle va se sentir entourée de haine dans la grande maison, une haine qu'elle ne s'explique pas et qui lui brise le cœur. Elle n'a pas appris à aimer ses parents, ainsi qu'elle le voulait, car ils n'ont rien fait pour que ce sentiment se développe, bien au contraire. Mais, du moins, elle les a toujours respectés, s'est montrée polie et obéissante. Pourquoi ne lui a-t-on jamais retourné ce respect, cette civilité?

Annette rêve en contemplant le lac Témiscamingue qu'elle entrevoit entre les arbres qui défilent à toute vitesse. Une rêverie qui a le visage d'un beau jeune homme dont elle est éprise. Gérard... L'amour lui est littéralement «tombé dessus» sans qu'elle l'ait cherché. Elle ne se sentait pas prête à ça, ou plutôt elle *ne se savait pas* prête.

Ce garçon, qui étudie au collège de Saint-Laurent, Cécile et Yvonne l'ont connu à l'hôpital où il venait voir son frère opéré pour une appendicite. La sœur aînée de ces garçons a travaillé comme cuisinière et professeur d'art culinaire à la Villa Notre-Dame, et une sœur plus jeune a été une compagne d'études des quintuplées à cette même école. Estimant que Gérard s'accorderait bien avec Annette, Cécile l'a emmené voir cette dernière sans la prévenir. «Va au parloir, a-t-elle dit, quelqu'un t'attend.» Et c'est ainsi qu'Annette s'est retrouvée seule avec un inconnu, furieuse contre Cécile qui l'avait piégée de la sorte. Elle est demeurée debout près de la porte, en proie à une sérieuse envie de déguerpir.

— Avez-vous peur de vous trouver seule avec un homme? lui a demandé le jeune homme.

— Qu'est-ce que vous voulez que je vous réponde?

— Vous ne voulez pas vous asseoir?

— Non, merci.

Ce furent leurs premières paroles. Annette ne se sentait pas avantagée par son costume de tous les jours, d'autant plus qu'une couture de la jupe s'était défaite et que cela risquait de paraître si elle s'assoyait. L'arrivée de Cécile et d'Yvonne a par chance mis fin à cette situation inconfortable. Gérard et elle se sont revus, l'amitié est née, puis l'amour. Ils ont échangé leurs photos; Annette a écrit «fidèle souvenir» au verso de la sienne.

Depuis, le monde est devenu un lieu enchanté pour Annette, comme si tout recommençait. Elle qui a toujours préféré l'oubli et conserve peu de souvenirs de son passé, elle engrange maintenant dans sa mémoire les détails les plus infimes de ses rencontres avec Gérard, des images de son visage et des lieux qu'ils affectionnent. Ils sortent souvent à quatre, avec Cécile et Laurent, et parfois Yvonne se joint à eux. Au bras de Gérard, Annette se sent grandie. Et elle se perçoit de plus en plus comme une femme plutôt qu'une jeune fille.

— Cœur qui soupire n'a pas ce qu'il désire !

Annette sursaute en entendant la voix d'Yvonne. Elle se retourne vers ses sœurs qui lui sourient avec tendresse. Elle s'inquiète.

— Ça paraît tant que ça ?

— Bien..., répond Yvonne avec un regard amusé, on voit que tes pieds ne touchent plus le sol !

— Je vais faire attention, promet Annette, à elle-même plus qu'à ses sœurs. Faudrait pas qu'*ils* s'en aperçoivent...

Leurs parents ne se doutent pas que Cécile et Annette fréquentent chacune un garçon; elles savent qu'ils réagiront mal en l'apprenant. Leur père leur a déjà fait voir le film *L'Héritière* où Olivia De Havilland se fait dépouiller par un coureur de dot. Puis il en avait tiré une morale pour ses jumelles : les filles riches doivent se méfier des aventuriers. Avec la suspicion maladive qu'il entretient à l'égard des étrangers, Oliva rangerait immédiatement Laurent et Gérard dans la catégorie des aventuriers. Sans même les connaître !

— Ce serait aussi bien, approuve Cécile. Le mieux, c'est d'en dire le moins possible. Rien de plus que dans nos lettres.

Car elles continuent d'écrire chaque semaine à leurs parents, aucune n'ayant trouvé le courage de mettre fin à cette obligation qui leur a été faite trois ans auparavant, quand elles fréquentaient l'Institut familial de Nicolet. Si la révolte gronde dans leur cœur, elles estiment encore nécessaire de donner l'image de la soumission.

À la gare de North Bay, les jumelles entrevoient la première page de la dernière édition du *Nugget's*. Il y est encore question d'elles, et elles parcourent l'article en vitesse. Cette fois, leur père déclare qu'elles ont déjà signé la convention! Et il ajoute : «J'ai toujours fait de mon mieux pour elles. Je me demande combien de personnes le réalisent. Pas beaucoup, je crois. Tout ce que nous voulons, c'est qu'elles soient heureuses. J'ai refusé pour elles des dizaines d'offres d'apparitions publiques, toutes très payantes. Avec toute l'adulation qui entourait les quintuplées, elles auraient pu facilement se croire supérieures aux autres.» Cette déclaration, au demeurant fort sensée, recèle un message déchiffrable uniquement par les membres de la famille immédiate.

— Se croire supérieures! murmure Yvonne entre ses dents. Je me suis plutôt vue comme une servante.

Cécile redoute tout autant que ses sœurs ce séjour dans leur famille, et elle leur fait une ultime recommandation afin de minimiser les heurts possibles.

— Soyons naturelles, comme si nous n'avions pas vu le *Nugget's*. Essayons de faire abstraction du passé. Cette visite, c'est seulement une formalité, une parenthèse. Notre vraie vie est à Montréal.

Annette, qui vient d'appeler à la maison pour les prévenir de leur arrivée, a le visage soucieux.

— Et si on ne pouvait plus repartir?

— Voyons! proteste Yvonne. Nous avons vingt et un ans aujourd'hui. Nous sommes majeures, on ne peut pas nous retenir de force.

— C'est de moi que j'ai peur. Si je n'avais plus la volonté de retourner à Montréal? Je me croyais libérée : Gérard, Montréal, mes études. Libre et forte. Mais en entendant la voix de *mom,* je me suis sentie encore fragile. Regardez ce qui est arrivé à Marie...

— Nous allons nous soutenir, affirme Cécile que les doutes de sa sœur obligent à se montrer forte pour deux. Et nous allons convaincre Marie de repartir avec nous.

Il est quatre heures du matin quand elles arrivent en taxi à la grande maison. Sensiblement l'heure à laquelle elles sont venues au monde, vingt et un ans plus tôt. Le ciel commence déjà à s'éclaircir et, au ras du sol, le noir de la nuit se transforme en une pénombre violacée dans laquelle les bâtiments de Quintland prennent une apparence fantomatique. La grande maison n'en paraît que plus austère et close.

Mais ce qui frappe le plus, c'est de voir des chèvres brouter à l'endroit précis où se dressait la galerie d'observation en fer à cheval. On a démoli la construction, dont le bois a été récupéré et transporté à Espanola afin d'ériger la maison de Simone. Après avoir été le *Dafoe's Hospital*, puis l'école primaire des enfants Dionne et ensuite la Villa Notre-Dame, la pouponnière est devenue un cloître qu'occupent les recluses de l'ordre de Jésus-et-Marie.

— Les clôtures ! s'exclame Annette. Regardez, il n'y en a plus !

La haute enceinte couronnée de barbelés a été jetée à terre. Les jumelles n'en croient pas leurs yeux. Ces mailles d'acier ont été durant tant d'années leur unique horizon, la frontière de leur monde. Plus de clôtures.

— C'est un signe positif, dit Cécile, un symbole. Nous sommes vraiment libres !

Une fois à l'intérieur de la maison, elle n'est plus aussi sûre d'elle, ses sentiments lui apparaissent confus. Elle est sincèrement heureuse de revoir ses parents et ses jeunes frères, mais, chaque fois que l'un d'eux ouvre la bouche, une grande appréhension s'empare d'elle. On dirait qu'une espèce de tristesse suinte des murs, peut-être parce qu'ils ont été le décor de ces années durant lesquelles elle et ses sœurs se trouvaient malheureuses. Depuis que la plupart des enfants l'ont quitté, le foyer familial paraît encore plus vaste, vide et froid. Et dire que Marie est confinée sous ce toit...

La vue de leur Marie, aussi soumise et contrainte qu'elles l'étaient toutes à l'adolescence, brise le cœur de ses jumelles. Seule fille encore à la maison, elle joue le rôle de servante, de femme de ménage et d'aide-cuisinière.

— Célébrer cinq fêtes le même jour a toujours été bien du «trouble», laisse tomber Elzire d'une voix fatiguée avant de remonter à sa chambre.

Marie se hâte de réparer l'impair.

— J'ai aidé *mom* à faire quatre gâteaux, dit-elle en témoignant un enthousiasme qui ne convainc pas les trois autres.

Annette aurait envie de lui répondre : «Et moi, je me suis fait un amoureux.» Elle a l'impression que les sept derniers mois ont créé un immense fossé entre sa sœur et elle. Comme si Marie était demeurée sur le rivage tandis que les autres s'embarquaient vers des terres nouvelles.

Après le petit déjeuner, les jumelles se font conduire à la tombe d'Émilie pour y déposer des fleurs. En rang devant la stèle, elles demeurent longtemps recueillies; des larmes coulent en silence. La douleur s'est intériorisée, mais elle n'est pas partie, et aucune des jumelles ne passe une journée sans penser à sa sœur défunte. Si Émilie n'est plus avec elles, elle demeure en elles. Et le sixième jour de chaque mois, date anniversaire de son décès, elles font dire une messe à sa mémoire.

— Au moins, elle est morte libre, murmure Cécile d'une voix douce.

Toutes comprennent que la remarque s'adresse à Marie. Cécile s'est dit qu'il serait bon de lui parler devant la tombe d'Émilie. Un peu comme lorsqu'elles faisaient des conciliabules à cinq.

— Reviens à Montréal avec nous, Peewee, dit Yvonne.

— *Mom* et *dad* ont besoin de moi.

— Ils peuvent se payer une servante, réplique Annette.

Marie se défend mollement :

— Vous étudiez. Moi, je ferais quoi, à Montréal ?

— Tu apprendrais la vie, comme nous, répond Cécile.

— C'est tellement bon de se sentir maître de son destin, renchérit Yvonne.

Marie s'assombrit.

— Vous avez changé... Je le vois dans vos yeux.

Annette lui prend la main.

— Non. On n'est pas devenues autres. Au contraire, on commence à être nous-mêmes.

— Moi aussi, Netta !

— Non, Peewee. Et tant que tu resteras ici, tu ne sauras pas qui tu es vraiment.

— Montréal..., murmure Marie en baissant les yeux.

Son regard demeure fixé sur l'épitaphe qui dit : «1954». Bientôt un an ! De retrouver ses sœurs lui rend plus actuelle la perte d'Émilie. L'impression de se réveiller, comme si elle avait vécu les derniers mois en automate.

Quand elles reviennent à la maison, leur père les convoque dans son bureau. Trois hommes se trouvent déjà dans la pièce aux murs de bois verni, où un lustre imposant pend du plafond jaune. Il y a là un représentant de la Guaranty Trust Company, la firme qui gère déjà le fonds des quintuplées, Me Donnely et un deuxième avocat. C'est ce dernier, que les jumelles n'ont jamais vu, qui lit les huit pages dactylographiées de la convention écrite en anglais. Dès qu'il a terminé, Oliva indique les quatre formulaires sur le bureau.

— Vous signez en bas, c'est tout.

Les jumelles n'ont pas bien compris la portée de ce charabia de termes juridiques.

— Pouvez-vous relire? demande Cécile à l'avocat.

Après avoir obtenu l'assentiment des autres, il s'exécute. Les jumelles essaient de se retrouver dans cette suite d'attendus.

— Bon, dit ensuite leur père, vous êtes satisfaites? Vous allez pouvoir signer maintenant.

Elles demeurent un moment interdites, puis se consultent du regard. Les trois visiteurs semblent mal à l'aise, conscients de la lutte sourde qui se déroule devant eux entre Oliva Dionne et ses filles. Le silence devient oppressant.

— Non, répond d'une voix ferme Cécile qui sait parler au nom de ses sœurs. Ça nous est impossible de signer avant d'avoir pu étudier ces documents à tête reposée.

Oliva cache mal sa déception et sa rage, mais, devant des étrangers, il n'ose pas laisser libre cours à sa colère.

— Dans ce cas, ça devra attendre quelques jours.

— Faites-nous savoir quand vous serez prêtes, déclare Me Donnely en prenant congé.

Après cet incident, le climat est à l'orage dans la maison. Et lorsque les jumelles soufflent les bougies des gâteaux d'anniversaire, la joie factice autour de la table ne dupe personne. Oliva Dionne vient de subir une rebuffade; assombri, il esquisse des plans pour la suite de l'affaire. Elzire ne peut s'empêcher de lancer des remarques en apparence anodines sur l'ingratitude propre aux enfants.

Cécile, Annette et Yvonne reprennent le train l'après-midi même. Le soulagement qu'elles éprouvent à repartir se double du bonheur de ramener Marie à Montréal avec elles. Elles ne reparlent pas de l'incident qui a eu lieu dans le bureau de leur père car chacune se demande si cela s'est véritablement produit. Par la bouche de Cécile, elles ont toutes tenu tête à leur père. Pour la toute première fois de leur vie! Une chose jusque-là inimaginable. Et le monde ne s'est pas écroulé, la terre continue de tourner.

Durant le voyage, les jumelles étudient le document qu'on veut leur faire signer. La convention, que la première phrase qualifie d'«irrévocable», leur donne plein contrôle sur les intérêts de leur fortune mais pas sur le capital. Ce dernier leur serait versé ainsi : une part à trente et un ans, une autre à trente-neuf ans et la dernière à quarante-cinq ans. Cela laisserait intact environ un tiers du capital, dont hériteraient les enfants de chacune. Si l'une venait à mourir célibataire, sa fortune irait à ses parents pour être finalement partagée en parts égales entre leurs propres enfants. La maison et le terrain sur lequel elle est bâtie appartiennent aux jumelles, qui en consentiraient l'usage plein et entier à leurs parents jusqu'à leur décès; afin qu'ils l'entretiennent, les jumelles leur verseraient cinq cents dollars par mois.

— On dirait quasiment un testament! commente Annette.

Cécile abonde dans le même sens et déclare qu'elles doivent prendre conseil à ce sujet.

— On devrait commencer par en parler au curé de Westmount, suggère Annette. C'est un homme très instruit.

— Je vais t'accompagner, dit Marie. Ça me fera connaître un peu la ville.

Dans ce train qui l'emporte loin de la grande maison, Marie se sent un peu perdue. Toutefois, en compagnie de ses sœurs, elle a l'impression de revivre.

— J'ai autre chose à te faire connaître aussi, dit Annette d'un ton mystérieux. Quelqu'un, plutôt...

* * *

Invitées à dîner chez une amie qu'elles ont connue à l'Institut familial et qui habite toujours chez ses parents, à Nicolet, Annette et Cécile se sont fait accompagner par Gérard. La famille se montre accueillante et bientôt la rencontre prend des allures de fête, la maison s'emplit de rires. La joie qui règne dans cette famille émerveille toujours Annette et Cécile; les rapports entre les gens y sont empreints d'affection et de respect. Quel bonheur ce doit être de grandir dans un tel climat d'harmonie!

Alors que l'on se prépare à passer à table, le téléphone sonne.

— Cécile, c'est pour toi. Ça vient de l'Institut.

Cécile se rend à l'appareil. Qui cela peut-il bien être? Et comment sait-on qu'elle se trouve ici? Une de ses anciennes institutrices sans doute. On verra bien.

Elle répond. Sa mère!

— *Mom!* Euh... Bonjour.

— Ça n'a pas l'air de te faire plaisir de m'entendre!

— C'est la surprise... C'est si inattendu... Tout va bien, j'espère? Qu'est-ce que vous faites ici?

— J'ai à vous parler, se contente de répondre Elzire.

Un rendez-vous est fixé dans un restaurant. Pas question d'y emmener Gérard, dont leur mère ignore jusqu'à l'existence. Il attendra ici.

À l'approche du restaurant, Annette et Cécile ralentissent le pas sans s'en rendre compte. Elles ne croient pas à la possibilité d'un simple hasard et Annette redoute que sa mère ait été mise au courant de l'idylle qu'elle vit avec Gérard.

— Elle ne serait pas venue de l'Ontario pour ça, dit Cécile afin de calmer sa sœur. Non, il s'agit d'autre chose.

— Les maudites conventions?

— Peut-être.

Il y a maintenant une semaine qu'elles sont revenues de Corbeil et elles n'ont toujours pas décidé de ce qu'il fallait faire. Après avoir étudié le document, le curé de Westmount a déclaré qu'elles pouvaient le signer sans crainte. Mais cela ne les a pas convaincues. Les mots «convention irrévocable» continuant de les agacer, elles ont demandé à un notaire de traduire le document en français pour ensuite bien leur en expliquer les implications. On aura sa réponse sous peu.

Derrière le volant de la voiture stationnée en face du restaurant, leur frère Roger les accueille plutôt froidement. Marie est assise sur la banquette arrière et sa salutation est à peine audible. Aussitôt après, elle baisse les yeux. Elle se sent coupable, on dirait. Peut-être d'être retournée à Corbeil le surlendemain de son arrivée à Montréal. Pourtant, on s'occupait d'elle afin qu'elle ne se sente pas seule et abandonnée. Le premier jour, Annette l'a emmenée souper avec Gérard; Cécile voulait qu'elle les accompagne, Laurent et elle, au cinéma le lendemain. Mais l'oiseau s'était envolé...

Cécile se penche vers Marie, voudrait lui dire de ne pas s'en faire, cherche ses mots.

— La bonne femme vous attend! lance Roger en désignant du pouce le restaurant.

Annette veut savoir comment leur mère les a retrouvées à Nicolet. L'explication que lui fournit Marie est finalement très simple : elle veut s'inscrire à l'Institut familial pour suivre un cours d'été. Leur mère a tenu à l'accompagner et Roger les a emmenées en voiture. Ils ont fait un arrêt à Montréal où Yvonne leur a dit qu'Annette et Cécile se trouvaient à Nicolet.

Elzire est d'une humeur massacrante, cela se devine à la brusquerie avec laquelle elle remue la cuiller dans la tasse de café. Coupant court aux salutations, elle demande :

— Pourquoi vous ne signez pas ? Si vous vous entêtez, vous allez perdre beaucoup d'argent. Pour votre bien et le nôtre, signez donc !

— On y réfléchit, avance prudemment Cécile.

Elzire toise ses filles avec dureté. Annette se sent redevenir petite. Les reproches, encore muets dans les yeux de sa mère, devraient jaillir bientôt de sa bouche. À moins qu'ils ne prennent l'allure de plaintes et de lamentations : «Après tout ce qu'on a fait pour vous autres, les sacrifices, les privations...»

— Toute cette histoire rend votre père malade. Vraiment malade. Je ne sais pas s'il va s'en remettre. Le délai l'inquiète : s'il lui arrivait quelque chose avant que ça soit signé, ce serait bien des problèmes pour tout le monde. Oliva a toujours voulu votre bien, il a tout fait pour vous cinq. Et c'est comme ça que vous le remerciez ?

Elle marque une pause afin de bien laisser ses paroles faire leur effet, puis elle répète, implorante :

—Pourquoi vous ne signez pas ?

Durant un long moment, Elzire continue à débiter ses arguments, jouant avec les sentiments de ses filles. Tantôt elle en appelle à leur pitié, tantôt elle cherche à les faire se sentir coupables. Et cela fonctionne. Annette et Cécile cessent bientôt d'être des jeunes femmes tournées vers l'avenir pour redevenir des fillettes persuadées d'être la cause de tous les malheurs de leur famille, honteuses d'être nées cinq. Les attitudes du passé refont surface.

— Très bien, concède Cécile, je vais signer.

Annette est d'accord également. Et elle comprend mieux le comportement de Marie, sa fuite de Montréal, le fait qu'elle ait déjà signé la convention. Elzire insiste pour les ramener à Montréal, où se trouvent les trois copies de la convention, afin que la chose se règle immédiatement. Cécile et Annette ne peuvent dire non; Gérard devra rentrer par ses propres moyens.

Annette et Cécile prennent place de part et d'autre de Marie sur la banquette arrière. Une fois assise à côté de Roger, Elzire lui dit :

— Finis les enfantillages, les petites vont toutes signer.

— C'est pas trop tôt!

Marie interroge du regard Annette et Cécile. Elles lui font signe que c'est vrai, ce qui semble la soulager.

— Je me suis inscrite à l'École d'agriculture pour un cours d'été.

— C'est une bonne nouvelle, dit Cécile.

Sa voix est neutre, à cause de la présence de sa mère et de son frère, mais elle serre discrètement la main de Marie afin de lui faire savoir sa joie. Qu'importe le lieu? Ce qui compte, c'est que Marie parte de la grande maison. Dirigée elle aussi par les sœurs de l'Assomption, l'École d'agriculture est voisine de l'Institut familial; Marie sera donc en pays de connaissance.

— Tu viendras me voir, Cis?

— Bien sûr, Peewee.

— Et toi, Netta?

Annette n'a pas le temps de répondre car Elzire lance, d'un ton acerbe, sans même se retourner vers ses filles :

— Allez-vous cesser d'employer ces surnoms idiots? Vous n'avez plus quinze ans!

Cette remarque n'appelle pas de réponse, mais elle a pour effet d'imposer le silence aux jumelles. Il ne leur reste que le regard comme moyen de communication; cela leur suffit pour partager la joie qu'elles éprouvent à se retrouver. Et puis cela arrange bien Annette qui ne savait trop que répondre à sa jumelle. L'été arrive, le collège fermera pour les vacances et elle n'aura nulle part où aller. Nulle part sauf la maison familiale à Corbeil, et la perspective de se retrouver loin de ses jumelles, seule avec ses parents, ne l'enchante guère.

Après avoir déposé Marie à l'Institut, la voiture prend la route de Montréal. Le voyage se fait en silence.

Yvonne rejoint sa mère et ses sœurs dans le parc de stationnement tout près de la résidence des infirmières. En la voyant apparaître dans un uniforme blanc, Elzire pousse un grognement qui en dit long sur son opinion de la profession que sa fille a choisie.

Comme Marie a déjà signé et que les deux autres s'apprêtent à le faire, Yvonne laisse tomber ses réserves. Dans la lumière déclinante du soir, les jumelles apposent leurs signatures au bas des documents qui les engagent à jamais. Le capot de la voiture de Roger sert de bureau.

Dès la formalité terminée, Elzire prend congé de ses filles. Elles demeurent sur place, interdites, quelque peu penaudes. Tout s'est fait si vite! On leur a forcé la main avec des arguments qui n'avaient rien de rationnel.

— J'ai l'impression qu'on s'est fait avoir, conclut Yvonne comme la voiture de leur frère tourne le coin de la rue.

* * *

Le 18 juin, Annette descend du train à North Bay. La veille, Yvonne, Cécile, Gérard et Laurent l'ont reconduite à la gare. Des adieux déchirants : elle sera presque trois mois sans voir les êtres qui comptent le plus pour elle ! Yvonne, Cécile et elle avaient en outre le cœur gros pour une raison que n'auraient pu comprendre Gérard et Laurent car ils ne connaissent pas la grande maison. En l'embrassant, Cécile lui a murmuré à l'oreille : «Ne te laisse pas avoir !»

Bien qu'Annette ait prévenu sa mère de l'heure de son arrivée, personne ne l'attend sur le quai ni à l'intérieur de la gare. Elle se fait donc conduire à Corbeil en taxi. Sous une chaleur accablante, la nature semble endormie ; Quintland est désert. Le taxi repart, Annette attend dans l'allée, sa valise à la main. Un soudain épuisement lui enlève le courage de faire les trente pas qui la séparent de la maison paternelle. Une porte qui s'ouvrirait pour l'accueillir, une silhouette dans une fenêtre qui lui enverrait la main : cela suffirait à la tirer de son état léthargique. Mais il n'y a aucun signe de vie dans la maison ni alentour, qu'un silence écrasant que ne brise même pas le chant d'un oiseau ni le meuglement d'une vache.

C'est finalement l'ardeur du soleil qui l'incite à quitter l'allée. Elle n'ose entrer par la grande porte de la façade, se dirige vers celle qui donne directement accès à la cuisine. Bien que l'air soit complètement immobile, elle a l'impression d'avancer en luttant contre un vent fort. Elle frissonne. Un flot de souvenirs surgit de sa mémoire devant cette maison de briques où elle ne s'est jamais sentie chez elle, prison dont elle a si souvent rêvé de s'échapper. Au milieu des corvées, des querelles et des brimades, il y a eu bien sûr des rires, des moments de joie et d'oubli ; mais les périodes de détresse ont été si intenses qu'elles gomment tout le reste, colorent en gris la mémoire d'Annette.

Et elle va retourner là, de son plein gré? Devant la porte, elle hésite, s'arrête. Les minutes passent tandis qu'elle se demande si elle ne devrait pas rebrousser chemin, reprendre le train sans même saluer sa famille. Si la distance à marcher jusqu'à Callander n'était pas si grande... Plus le temps s'écoule, plus sa volonté s'amenuise. Imperceptiblement, les épaules d'Annette s'affaissent, son échine se courbe. Elle inspire profondément. Doit-elle frapper? Non; ce serait avouer qu'elle se sent une étrangère en cette demeure.

L'attitude de ses parents à son égard n'est plus la même qu'autrefois. Ils lui parlent avec moins d'autorité, usant plutôt de propos plus insidieux mais non moins efficaces. Même leurs regards sont pleins de reproche. Et Annette ne peut que se sentir fautive. Sans doute parce qu'elle a été longtemps absente, elle remarque que son père a vieilli physiquement. Son visage jadis étroit s'est empâté pour devenir plus carré, des rides barrent son front plus dégarni. Le regard a perdu de sa vivacité, de sa fierté, et on y lit un profond dépit.

Quant à Elzire... L'espoir d'un rapprochement qu'Annette entretenait au début s'estompe vite; ni le geste tendre ni la parole d'affection ne viennent. Et dire que certaines de ses amies entretiennent un rapport de complicité avec leur mère! Elzire se plaint et pleure encore plus qu'autrefois, ne manque pas une occasion de critiquer Annette ou ses jumelles absentes. Les conversations avec elle, comme avec son père, se limitent aux banalités du quotidien, à la pluie et au beau temps. Pas question qu'Annette leur confie l'existence d'un amoureux dont elle s'ennuie, un garçon adorable que ses jumelles aiment comme un grand frère.

Pour échapper à la tension qui règne dans la maison, à son atmosphère étouffante, Annette s'occupe le plus possible à l'extérieur. Elle travaille au jardin, dans les champs, et, surtout, entretient la tombe d'Émilie, qu'elle trouve bien négligée. Aucune fleur n'orne le terrain, où l'herbe est devenue du foin. Annette perd vite le compte des jours, le temps devient une masse confuse; elle a l'impression de n'être plus dans la vraie vie, de filer un rêve sans fin. Sa volonté d'indépendance se dissout, elle s'abandonne au destin; seule la souffrance d'être séparée de ses jumelles l'empêche d'oublier qu'il existe un avenir. Les lettres et les appels téléphoniques de ses sœurs sont autant de moments où elle émerge de son sommeil, surtout quand elles lui donnent des nouvelles de Gérard.

Au milieu des interminables rêveries qui laissent peu de traces dans la mémoire, une question pressante revient sans cesse. Que faire en partant d'ici? Sa passion pour la musique, Annette ne veut plus la transformer en gagne-pain. Depuis ce printemps, elle jongle avec l'idée de devenir infirmière elle aussi. Tout autant que ses sœurs, elle sent le besoin de donner aux autres. Peut-être pour rendre aux gens, à ces millions d'inconnus qui ont prié et espéré pour les quintuplées, l'amour qu'ils leur ont témoigné.

Avant de quitter Montréal, Annette a posé sa candidature à l'école d'infirmières, où on l'a acceptée. Mise au courant des projets de sa fille, Elzire ne l'entend pas de cette oreille. Deux infirmières, ça suffit! C'est déjà trop. Elzire a l'intuition que, sans le savoir, elles veulent imiter ces femmes qui leur ont servi de mères après qu'on les eut arrachées à celle qui leur a donné le jour. Et toutes ces histoires qu'on rapporte sur les médecins et les infirmières! Non!

Elzire s'oppose au désir d'Annette avec tant de passion, argumente avec tant de véhémence que la jeune femme finit par capituler. Mais il n'est pas question qu'elle demeure à Corbeil. Elle s'inscrit donc à l'Institut familial de Nicolet, un lieu familier et amical, pour étudier cette fois la pédagogie et la psychologie. Et, le 6 septembre, elle part pour Montréal où Yvonne et Cécile entreprennent leur deuxième année comme étudiantes infirmières et où elle retrouve Gérard que la séparation a rendu encore plus précieux à ses yeux.

Annette arrive à Nicolet juste à temps pour croiser Marie qui s'en va à Québec. Estimant avoir refait ses forces durant l'été paisible qu'elle a connu, Marie a demandé et obtenu de retourner au cloître des Servantes du Très-Saint-Sacrement.

— Tu te rends compte, Netta? Je reprends où j'avais laissé : novice. Je n'ai pas à redevenir postulante!

Bien qu'elle entretienne des doutes sur la capacité de sa sœur de supporter la vie rude du cloître, Annette ne cherche pas à l'empêcher d'y retourner. Il y a une telle conviction dans la voix de Marie, une telle joie sur son visage, une telle flamme dans son regard qu'on peut croire qu'elle triomphera de ses limites physiques.

— Je me sens renaître juste à l'idée de retrouver mon couvent, Netta, dit-elle avec enthousiasme. C'est ma voie.

* * *

Au sous-sol de l'Institut, Annette fouille dans son casier. Ses gestes sont un peu brusques, ou plutôt maladroits.

— Pourquoi fallait-il que ça tombe sur moi? maugrée-t-elle en cherchant son manteau d'hiver.

Une enveloppe dépasse de la poche de son uniforme. Une lettre de la supérieure des Servantes du Très-Saint-Sacrement qui lui demande de venir au chevet de Marie, de nouveau malade. Qui lui demande surtout d'annoncer à sa sœur que sa communauté ne la reprendra pas à sa sortie de l'hôpital! C'est cette mission qui rend Annette si nerveuse. Comment dit-on à un être aimé que son rêve est impossible?

Il y a un peu plus d'une semaine, Annette s'est rendue à Québec avec Gérard et Cécile. Marie avait été malade mais s'en remettait bien; elle leur a parlé du bonheur infini qu'elle connaissait entre les murs du cloître.

Soudain se fait entendre un grondement qui semble monter du plancher de ciment. Le bruit s'amplifie, devient vacarme assourdissant; les murs tremblent, Annette a la certitude qu'ils vont s'effondrer sur elle. Un tremblement de terre? La fin du monde? Les oreilles bourdonnantes, étonnée d'être encore en vie, Annette se précipite vers l'escalier. Quand elle parvient au rez-de-chaussée, les vibrations ont cessé, le tumulte s'est tu. En proie à la panique, des filles hurlent, des religieuses au visage livide courent en tous sens.

Dehors règne le chaos. Des maisons en ruine, des incendies, des nuages de poussière et de fumée, des gens hagards qui fuient sans but : on dirait une ville bombardée. Une partie de la ville a disparu, emportée dans la rivière Nicolet par un glissement de terrain. L'école des frères des Écoles chrétiennes s'est évanouie, le palais épiscopal a été proprement coupé en deux, telle une bûche fendue d'un coup de hache. Le pont est endommagé et de profondes fissures lézardent les murs de la cathédrale.

Il n'y a plus de téléphone, les moyens de transport sont en panne. Les policiers ordonnent l'évacuation de l'Institut, comme d'une bonne partie des maisons. Ne sachant où se réfugier, Annette décide de quitter la ville, qu'elle traverse à pied, emportant les messages de camarades qui lui ont demandé de rassurer leurs parents. Des décombres et des poteaux téléphoniques jonchent les rues où se tiennent des gens paralysés par la peur que cela recommence. Les pompiers tentent de maîtriser les incendies qui se propagent.

Annette gagne la sortie de la ville avec une seule idée en tête : rejoindre Gérard qui se trouve chez ses parents, à Drummondville, pour le week-end. L'auto-stop se révèle le seul moyen d'y parvenir. Elle arrive dans la famille de son ami à l'heure du souper, épuisée et couverte de poussière, toujours sous l'effet du choc.

— Faut que j'aille à Québec, dit-elle en entrant.

— Tu vas d'abord te calmer et te reposer, lui répond Gérard qui se montre encore plus attentionné que d'habitude.

Entendue à la radio, la nouvelle du glissement de terrain à Nicolet l'a jeté dans l'inquiétude et il cherchait comment se rendre dans cette ville malgré l'interdiction qu'en ont faite les autorités. À ses côtés, Annette se sent rassurée. Elle mange avec la famille puis écrit une lettre à ses parents pour leur dire qu'elle s'est tirée indemne du sinistre et qu'elle s'est réfugiée à Drummondville, «dans la famille d'une amie». Un copain de Gérard les reconduit à Montréal, où Annette téléphone aux parents de camarades qui lui ont confié des messages.

Après avoir passé la nuit à la résidence des infirmières où logent Cécile et Yvonne, Annette prend le train pour Québec. Marie est hospitalisée à l'Hôtel-Dieu à cause de nouvelles crises d'angine. Le visage blême sous sa coiffe, elle trouve la force de sourire à Annette et s'informe aussitôt de la tragédie survenue à Nicolet.

— Ça peut attendre, répond Annette. Dis-moi plutôt comment tu te sens.

— Mieux, beaucoup mieux. D'ailleurs, tu as failli me manquer : le médecin m'a donné mon congé. Si tu as le temps, tu pourrais me reconduire au cloître.

— J'ai tout mon temps..., dit Annette d'un ton évasif. Je vais t'aider à faire ta valise.

— Tu sais, Netta, une cloîtrée ne possède rien. Tous mes effets tiennent dans un sac à poignées.

Et elle indique le sac proprement plié qui repose sur la table de chevet.

Annette approche le fauteuil vert forêt tout près du lit de sa sœur, s'assoit et prend la main de Marie. Comment le lui dire ? Annette a eu beau se torturer l'esprit, elle n'a trouvé aucune façon de dorer la pilule. Les questions à propos d'Yvonne, de Cécile et de Gérard, questions auxquelles elle répond longuement, lui accordent un ultime répit. Ensuite, il lui faut bien s'acquitter de sa mission.

— C'est difficile à dire...

— Quoi donc ?

Marie ne semble pas inquiète, seulement intriguée. Annette respire à fond, puis se jette à l'eau.

— J'ai reçu une lettre de ta supérieure. À cause de ton état de santé, la communauté ne te reprendra pas.

L'ahurissement le plus total fige les traits de Marie. Annette lui tient la main plus fortement et continue :

— Une vie trop rude pour toi, a dit la supérieure. Elle croit aussi que cela t'affecte trop d'être coupée de nous, tes jumelles.

— C'est vrai que c'est souffrant, s'écrie Marie, éplorée, mais c'est *ma* souffrance ! Je l'offre à Dieu...

Un sanglot étrangle sa voix, elle se met à pleurer. Annette s'assoit au bord du lit, se penche sur sa sœur pour l'étreindre et pleurer avec elle. Elle berce la tête de Marie, lui murmure à l'oreille :

— Tu n'es pas seule, Peewee. Je suis là, Ivy et Cis également.

Au bout de cinq minutes, Marie trouve la force de hoqueter :

— Qu'est-ce... qu'est-ce que je vais faire?

— On va s'occuper de toi, toutes les trois.

— Qu'est-ce que je vais faire? répète Marie.

— C'est Dieu qui permet ça, il doit avoir d'autres projets pour toi. À toi de trouver.

Cette référence à la divine providence calme un peu Marie, qui réfléchit un moment avant de dire :

— C'est une épreuve terrible qu'il m'envoie. Le cloître, c'était ma place, j'en ai la conviction.

— Il le sait mieux que toi, tu ne penses pas?

Nouveau moment de réflexion de Marie durant lequel elle sèche ses larmes. C'est d'une voix plus posée mais traînante qu'elle demande ensuite :

— Où est-ce que je vais aller?

— Faut pas que tu retournes à la maison.

— J'en ai pas envie, mais...

— Je te ramène à Montréal.

— J'ai pas le courage de prendre le train, Netta.

— On va se faire conduire en taxi, j'ai assez d'argent sur moi. Et tu sais quoi? On va se prendre un appartement ensemble à Montréal. Avec la rente qu'on reçoit chaque mois, on a les moyens.

Le visage de Marie s'éclaire légèrement, puis se rembrunit aussitôt.

— Tes cours, Netta?

— Je ne sais pas quand ils vont recommencer, s'ils recommencent, car il a fallu évacuer l'Institut. On s'installera pas trop loin de l'hôpital, pour être près d'Yvonne et de Cécile.

L'enthousiasme d'Annette étourdit Marie; tout va trop vite, les choses ne peuvent pas être aussi simples.

— On ne part pas comme ça du cloître, il doit y avoir des formalités. Il faut que je parle à la supérieure.

— On va y aller, pour chercher tes effets personnels. La supérieure m'a dit que tu es relevée de tes vœux et que tu reprends possession de ton patrimoine. Ça semblait être très facile, déjà tout réglé.

Les deux sœurs se regardent avec une certaine incrédulité, se rendant compte soudain que leurs vies viennent de prendre un tour imprévu. Tout chambarder ainsi en quelques minutes, cela leur ressemble si peu!

— Ensemble, on va y arriver! affirme Annette qui sait qu'une même pensée les tracasse en même temps.

Elles devront se débrouiller toutes seules dans une grande ville, aller même plus loin sur le chemin de l'autonomie que Cécile et Yvonne, toujours encadrées par des règlements et des supérieurs. Sauront-elles quoi faire de leur liberté?

* * *

— *Home, sweet home!* s'exclame Yvonne en pénétrant dans le meublé que Marie et Annette ont loué à Côte-Saint-Luc.

— Tu ne crois pas si bien dire, répond Marie avant de l'embrasser. Ici, c'est votre chez-vous autant que le nôtre.

— Nous avons de la place pour vous garder à coucher quand vous voulez, renchérit Annette, venue accueillir Cécile et Yvonne qui leur rendent visite pour la première fois.

— Et on ne se gênera pas pour venir! répond Cécile qui promène un regard émerveillé sur les lieux.

Pourtant, l'appartement est encore impersonnel, les meubles et la décoration ayant été choisis par le propriétaire, mais, pour la première fois de sa vie, elle se trouve dans un endroit où elle ne se sent pas une étrangère de passage. Un foyer bien à elles!

— C'est pour vous deux, de nous deux, dit-elle en tendant une boîte enrubannée.

Marie et Annette ouvrent ensemble le cadeau qui consiste en une superbe nappe avec huit serviettes de table assorties.

— On l'étrenne, même si la table est déjà mise! s'exclame Annette. On la démonte et on recommence.

— Vous avez le temps de le faire, dit Marie en se dirigeant vers la cuisinette, le repas n'est pas tout à fait prêt.

— Je te donne un coup de main, déclare Yvonne en emboîtant le pas à sa sœur.

Demeurées seules, les deux autres s'affairent à redisposer les couverts. Elles parlent à voix basse, afin de ne pas être entendues par Marie.

— C'est merveilleux de voir Peewee, murmure Cécile, on dirait qu'elle renaît! Quand elle est arrivée de Québec, la semaine dernière...

— Elle a beau être la plus petite, c'est elle qui a le plus d'énergie et de volonté.

— Oui, mais je ne pensais jamais que ça se ferait si vite. *Ils* l'ont quasiment détruite quand elle est restée huit mois à la maison. Et...

— C'est de moi que vous parlez à voix basse? demande Marie, revenue à leur insu de la cuisine.

Le ton taquin de sa voix, ses sœurs en avaient perdu l'habitude. Cécile sourit:

— Oui, on parlait de toi, Peewee. Tu étais tellement découragée de quitter le cloître... Et, une semaine plus tard, je retrouve la Marie des beaux jours. Ça m'émerveille que tu te sois fait si vite une raison.

Marie dépose la soupière au centre de la table et se rapproche de Cécile.

— Je vois ça autrement, Cis. Faut se confier à la divine providence. Je voulais prier jour et nuit pour le monde entier, c'était sans doute trop ambitieux. Je pense que Dieu me veut dans le monde, peut-être pour que je fasse du bien aux personnes que je croise, pour que je sème de la joie autour de moi. Comme vous essayez de le faire, toi et Ivy.

Une fois qu'elles sont toutes quatre attablées, la conversation prend un tour plus léger, enjoué par moments. Les confidences s'échangent avec une liberté que les jumelles ont rarement eu l'occasion de connaître. Cela tient au lieu, car elles se sentent en confiance dans cet appartement qu'Yvonne a qualifié de «repaire secret». Ici, personne ne peut les joindre, sauf quelques amis discrets en qui elles ont pleinement confiance.

Afin d'éviter que Marie et Annette ne soient importunées par des journalistes en mal de copie, le téléphone est enregistré sous le nom d'une collègue d'Yvonne et de Cécile.

— Je ne me suis pas sentie si heureuse depuis longtemps! s'exclame Yvonne en promenant un regard affectueux sur ses jumelles. Si seulement Émilie était là, mon bonheur serait total.

— Elle est ici, répond Marie. Elle nous voit et elle se réjouit, elle aussi.

Durant quelques minutes, plus un mot n'est échangé, chacune menant un dialogue muet avec la jumelle absente.

Ces souvenirs n'engendrent plus la douleur des débuts, rien qu'un sentiment de manque, une nostalgie qui rend encore plus précieux l'inexplicable bonheur que les jumelles connaissent ce soir.

L'appartement de Côte-Saint-Luc devient une sorte de résidence familiale où Yvonne et Cécile accourent dès que leur travail à l'hôpital leur en laisse le loisir. Là, elles recréent la famille qu'elles formaient à la pouponnière avant qu'on les rende à leurs parents. Ce nouveau foyer, elles l'ouvrent aux amis intimes, Gérard, Laurent, d'anciennes camarades du collège et des compagnes d'Yvonne et de Cécile, pour qui elles organisent de petites fêtes. Les meubles sont toujours ceux qui se trouvaient dans l'appartement à leur arrivée, mais les piles de disques, de revues et de livres par terre, des vêtements déposés sur le dossier d'une chaise ou des bas nylon qui sèchent dans la salle de bains et les photographies qui ont trouvé place sur les murs rendent les lieux moins impersonnels.

Marie et Annette occupent leur temps à apprivoiser la ville, où elles découvrent une vie tellement différente de tout ce qu'elles ont connu jusque-là. Comme elles ne sont que deux, personne ne les associe aux quintuplées Dionne; la foule offre alors un anonymat merveilleux. N'étant plus le point de mire des regards, elles peuvent à loisir observer les gens, étudier leur comportement, apprendre les usages de la vie en milieu urbain.

Durant ces explorations de Montréal, Marie demeure l'esprit aux aguets, persuadée que le hasard l'éclairera sur l'orientation à donner à sa vie. Car elle a accepté le fait que l'existence de cloîtrée ne lui convient pas; elle se raccrochait à la croyance en sa vocation religieuse sans doute parce qu'elle y voyait la seule solution pour échapper à la grande maison. Maintenant qu'elle s'aperçoit que le monde entier s'offre à elle, plein d'occasions d'aider les autres et de se réaliser, son départ du cloître ne lui apparaît plus comme un rejet. Le monastère des Servantes du Très-Saint-Sacrement aura été une étape, un tremplin vers autre chose.

Au bout de deux semaines, Annette doit retourner à Nicolet où les cours reprennent, même si l'Institut reste à moitié vide et si la ville est en pleine reconstruction. Elle part l'esprit en paix car Yvonne et Cécile s'occuperont de Marie qui, de toute façon, commence à se sentir aussi à l'aise en ville qu'un poisson dans l'eau. Et puis elle reviendra à l'appartement dans quelques semaines pour les vacances des fêtes. Ce sera son premier Noël dans sa seule vraie famille! Pas de photos pour les journaux, pas de sourires forcés, pas de querelles ni de tensions; la paix, la tranquillité, le bonheur d'une intimité avec ses jumelles dont personne ne prendra ombrage.

* * *

Noël a failli ne pas être la fête dont rêvait chacune des jumelles. En effet, Marie et Annette ont été hospitalisées à l'établissement où travaillent leurs sœurs, la première souffrant d'anémie, la seconde de maux de dos. Par chance, elles ont obtenu leur congé la veille de Noël et les quatre sœurs ont pu célébrer la Nativité dans le calme de leur appartement, entourées d'amis très chers. Yvonne, pourtant peu portée à étaler au grand jour ses sentiments, déclare durant le réveillon :

— C'est le plus beau Noël de ma vie.

Cécile coule un regard tendre vers Laurent. De plus en plus, elle accepte l'idée qu'elle aussi a droit au bonheur, et l'éventualité de fiançailles l'effraie un peu moins. Elle se donne encore du temps pour bien y réfléchir, mais le désir d'avoir des enfants se fait plus obsédant. De petits êtres auxquels elle pourrait donner l'amour qu'on lui a toujours refusé.

L'œillade de Cécile n'a pas échappé à ses sœurs, qui sourient. Marie lève son verre.

— À l'amitié, à la joie d'être au milieu d'êtres qu'on aime ! Je suis chanceuse d'avoir des sœurs telles que vous et des amis sincères que j'aime autant qu'on peut aimer des frères.

Marie ne s'embarrasse pas de fausse pudeur et sait se montrer aussi généreuse en paroles qu'en actes. Les autres rougissent, aussi intimidés qu'ils l'ont été un peu plus tôt par la munificence des cadeaux qu'elle leur a offerts.

Deux jours plus tard, l'atmosphère de fête qui dure encore à l'appartement prend fin brusquement. De simples coups frappés à la porte, et c'est tout le passé qui ressurgit. C'est Solange, une compagne de Cécile et d'Yvonne devenue l'amie de toutes, qui répond.

— Bonjour. Je suis journaliste au *Petit Journal* et j'aimerais parler aux demoiselles Dionne.

Solange tente de refermer la porte et il l'en empêche avec son pied.

— Vous faites erreur, répond-elle, je ne les connais pas.

Trop tard. Il a aperçu Annette, Cécile et Marie dans le salon. Il lance :

— Qu'est-ce que vous avez à répondre à votre père ? Qui sont ces «étrangers» qui vous éloignent de votre famille ? Pourquoi vous n'êtes pas allées à Corbeil pour les fêtes ?

— Laissez-nous tranquilles ! répond Solange en élevant la voix.

— Ce n'est pas à vous que je parle. Vous, c'est Marie ? Vous n'êtes plus dans un couvent à Québec ? Et Yvonne, où est-elle ?

Attiré par les éclats de voix, le concierge s'amène et chasse l'intrus. Il revient aussitôt après.

— Je suis désolé. C'est pas moi qui ai dit que vous habitiez ici ; je vous avais promis le silence, j'ai tenu parole.

Cécile le rassure.

— On ne doute pas de vous, monsieur Charles.

— Tant mieux, parce que...

Il s'avance dans la pièce, écarte le rideau et indique une fenêtre éclairée dans l'aile du building qui forme un angle droit avec celle où ils se trouvent. Une silhouette se découpe dans le rectangle lumineux.

— J'ai loué cet appartement ce matin. J'ai l'impression que c'est un autre journaliste. De là, il peut vous surveiller ; gardez vos stores baissés.

Il referme soigneusement les draperies et soupire.

— Une vraie engeance. Je me demande bien qui le leur a dit.

— Ça, réplique Annette, on s'en doute...

Durant quelques secondes, il attend la révélation du nom du coupable, et, comme la confidence ne vient pas, il conclut :

— En tout cas, c'est quelqu'un qui voulait vous faire du trouble !

Juste avant de refermer la porte, il ajoute :

— Ah ! j'oubliais : il y en a une dizaine d'autres qui montent la garde devant l'entrée. Je les laisserai pas passer, mais si vous sortez... Si je peux vous être utile, gênez-vous pas.

Une fois seules, Marie, Cécile et Annette se regardent avec perplexité. Quelqu'un à l'hôpital aurait révélé l'adresse de leur appartement? Pas impossible, mais peu probable.

— Ça ne finira donc jamais? se plaint Annette. Tout ce que je demande, c'est d'avoir la paix!

— Ça, dit Cécile, ça ressemble à *dad*! Les journalistes lui téléphonent toujours avant Noël pour savoir comment les quintuplées vont passer les fêtes.

Marie et Annette abondent dans son sens. Mais elles ont beau examiner la question sous tous ses angles, impossible de deviner les motivations de leur père. Au fait, ont-elles jamais compris ce qui dictait sa conduite?

Quelques minutes plus tard, Yvonne les appelle de l'hôpital, où elle a repris son service. Des journalistes l'y ont retrouvée et lui ont demandé pourquoi elle et ses sœurs n'avaient pas envoyé de carte de souhaits à leurs parents. Surprise, elle s'est défendue, en retenant ses larmes : «C'est faux! Nous avons posté une carte quelques jours avant Noël. Est-ce notre faute si elle n'est pas arrivée à temps?» Les reporters l'ont harcelée de questions suggérant toutes qu'une «crise» divisait la famille Dionne.

Cela renforce les soupçons de Cécile, qui trouvent confirmation peu de temps après. Laurent, qui a réussi à échapper aux journalistes en utilisant une porte à l'arrière de l'édifice, arrive les bras chargés de journaux. L'«affaire Dionne» y défraie les manchettes. On y cite abondamment les déclarations de leur père qui se plaint que ses jumelles n'aient pas envoyé de carte de Noël ni téléphoné à cette occasion. «Nous n'avons pas été surpris que les quintuplées ne viennent pas à la maison pour les fêtes. Depuis quelques mois, nous nous rendons compte qu'elles s'éloignent de nous. Mme Dionne et moi savons que des étrangers sont à blâmer pour cela.» Il affirme qu'il sait qui sont ces étrangers mais refuse de les identifier publiquement.

Oliva Dionne déclare encore : «Ces derniers temps, les quintuplées se sont mises à traiter leurs frères et sœurs avec mépris. Beaucoup de gens m'ont demandé pourquoi elles n'étaient pas à la maison pour les fêtes. Ils trouvent cela étrange, et ils ont raison. Mme Dionne et moi y avons longuement réfléchi et nous croyons qu'il est préférable de ne plus essayer de camoufler une situation qui dure depuis un certain temps et ne fait qu'empirer. Depuis plusieurs années, nous nous doutions que des gens extérieurs à la famille tentaient d'influencer les quintuplées. Cela nous a été confirmé par l'attitude des jumelles à notre égard depuis qu'elles ont quitté la maison, et surtout depuis qu'elles ont atteint la majorité et pris possession de leur argent.»

Marie fulmine.

— La seule chose qui lui aurait fait plaisir, ç'aurait été de nous garder toute notre vie derrière ses clôtures, comme des moutons dociles !

La colère est la seule façon qu'elle a de ne pas se laisser submerger par le chagrin.

— Ça ne finira jamais ! s'exclame Annette, répondant ainsi à la question qu'elle se posait une demi-heure plus tôt.

Cécile ne dit rien car la dureté des mots qui lui viendraient l'effraie elle-même. Bien sûr, elle en veut à son père d'épancher ainsi ses états d'âme dans les journaux : il savait pertinemment qu'il les blesserait et qu'il troublerait leur quiétude.

Un mois auparavant, Elzire est venue faire soigner ses jambes à l'hôpital où ses filles apprennent leur métier d'infirmières. Durant son séjour, Cécile s'est beaucoup occupée de sa mère et, pour la première fois de sa vie, elle a eu l'impression qu'Elzire ouvrait sa carapace, laissait entrevoir son cœur de mère. Toutes les quatre ont eu le fol espoir de goûter enfin l'amour maternel; Annette lui a même présenté Gérard! Elzire avait promis de ne pas parler à Oliva de l'existence de cet amoureux, de laisser Annette lui annoncer la nouvelle quand elle se sentirait prête à le faire. De toute évidence, elle n'a pas tenu parole. «Des étrangers sont à blâmer...» Cécile connaît assez son père pour décoder ses sous-entendus. Qu'elle a donc bien fait de taire l'existence de Laurent à sa mère!

— Il ne nous laissera jamais tranquilles, dit Marie. Aussi bien en prendre notre parti.

— Ah non! s'exclame Cécile. Faut que ça cesse! Ça ne va pas en rester là; on monte à Corbeil pour mettre les choses au clair.

— Tu ne parles pas sérieusement? s'étonne Annette.

— Est-ce que j'ai l'air de rire, Netta?

— Non, et c'est justement ce qui m'inquiète. On ferait mieux de laisser le feu s'éteindre tout seul.

Cécile est décidée.

— Si on laisse passer ça, Marie aura raison : il ne nous fichera jamais la paix. Yvonne a congé demain, je pense bien qu'elle acceptera de venir.

— Je ne me sens pas assez bien pour ce voyage, annonce Marie, un peu piteuse.

Cécile lui tapote affectueusement l'épaule.

— Je le sais, Peewee. Solange resterait peut-être avec toi durant notre absence?

Cette dernière accepte sans se faire prier. S'étant tenue jusque-là à l'écart de la conversation, elle profite de l'occasion pour approuver la démarche que Cécile veut entreprendre.

— Je suis du voyage, dit Annette, mais compte pas trop sur moi pour parler. Je me sentirais plus rassurée s'il y avait quelqu'un d'autre avec nous.

— Tu veux dire un «étranger»? demande Cécile en souriant.

— Je travaille demain, s'empresse de dire Laurent.

— Pourquoi pas Gérard, reprend Cécile, puisque *dad* a déjà entendu parler de lui?

C'était précisément à lui qu'Annette songeait. Joint par téléphone, Gérard donne son accord sur-le-champ. Cécile appelle ensuite son frère Roger à son travail. Il les conduira à Corbeil.

Reste à trouver un moyen de partir sans attirer l'attention des journalistes. On échafaude des plans, tous plus farfelus les uns que les autres. C'est finalement le concierge, lorsqu'il raccompagne Yvonne, qui trouve la solution : elles vont descendre au garage, dans le sous-sol, et se cacher au fond de sa voiture. Il pourra alors les faire sortir au nez et à la barbe des journalistes qui font le pied de grue devant l'édifice.

Larry Edwards, le gérant de la succursale montréalaise de la Guaranty Trust Company, qui gère leur bien, accepte de leur venir en aide, même s'il estime qu'elles ne devraient pas se rendre à Corbeil. C'est chez lui que Gérard et Roger attendront Yvonne, Annette et Cécile.

Le stratagème réussit, les jumelles quittent l'édifice où elles logent sans éveiller les soupçons. Toutefois, d'autres reporters ont prévu le coup et les attendent en face de la maison d'Edwards où elles se précipitent, les bras chargés de cadeaux destinés aux membres de leur famille. Elles ressortent aussitôt par la porte arrière, qui donne sur une ruelle où Roger a garé sa voiture.

— Un vrai film d'espionnage! s'exclame Gérard que les événements amusent.

— Je m'en serais bien passée, maugrée Yvonne, épuisée après son quart de travail.

Cette visite imprévue à Corbeil la déprime car elle risque de raviver les souvenirs d'un passé qu'elle s'efforce d'oublier. Et, en plus, elle doute que cette démarche puisse arranger les choses.

Il tombe une neige fondante qui réduit la visibilité et rend les routes glissantes. Les essuie-glaces réussissent à peine à dégager le pare-brise qui s'embue. Et Roger qui conduit vite! Yvonne somnole, appuyée sur l'épaule d'Annette elle-même endormie sur celle de Gérard. Cécile ne trouve pas le sommeil; elle surveille la route en essayant d'imaginer la rencontre qui risque de tourner à l'affrontement. Cette fois, il ne faut pas qu'elles courbent l'échine. Elle a toute une nuit pour trouver les mots qui conviennent.

À Petawawa, à mi-chemin de Corbeil, ils s'arrêtent dans un restaurant ouvert toute la nuit. Les jumelles estiment plus prudent de demeurer dans la voiture tandis que Gérard et Roger vont chercher du café. Comble de malchance, ils tombent sur Phyllis Griffiths, la correspondante du *Toronto Telegram* à Montréal, une journaliste déterminée qui traque les jumelles depuis des années, à l'affût de la moindre nouvelle. Anticipant la réaction des quintuplées, elle a engagé un chauffeur pour la conduire à Corbeil avec son photographe. Elle reconnaît Roger quand il pénètre dans le restaurant et elle se précipite dehors.

Cécile a ouvert la glace pour aérer l'habitacle de la voiture; Phyllis Griffiths passe la tête à l'intérieur et mitraille les jumelles de questions auxquelles elles répondent par de vagues grognements. Un éclair les éblouit: le photographe vient de prendre une image à travers la glace d'une portière. On n'y verra que trois formes emmitouflées dans d'épais manteaux, trois paires d'yeux bouffis de fatigue. Aussitôt après, la journaliste et le photographe sautent dans leur voiture qui démarre en trombe.

Quand la voiture de Roger arrive à proximité de la maison familiale, au petit matin, de nombreux reporters battent la semelle devant la grille. Parmi eux, Phyllis Griffiths et son photographe.

— Passe tout droit, demande Cécile.

Ils continuent jusqu'à Callander, d'où Roger téléphone à la maison. Un beau-frère qui s'y trouve en visite accepte de se tenir près de la grille et de l'ouvrir lorsqu'ils arriveront, afin qu'ils n'aient pas à ralentir près des journalistes. Quand ils parviennent de nouveau en vue de la maison, les jumelles supplient leur frère de continuer. Il accepte, croyant sans doute que les reporters les intimident. La véritable raison, c'est qu'elles ne trouvent pas le courage d'affronter leur père, et, tandis que la voiture roule vers le village de Corbeil, chacune se prend à espérer une embardée, un accident qui les enverrait à l'hôpital. Les résolutions, la détermination, c'était beau à Montréal; à présent qu'elles sont de retour à Quintland, leur démarche semble insensée. Cette contrée est pour elles celle de la résignation et de la docilité.

Au troisième essai, elles ne disent rien, craignant de paraître ridicules aux yeux de Gérard. La voiture passe à toute vitesse au milieu des journalistes, qui ont à peine le temps de s'écarter. Toute la famille est réveillée pour les accueillir. Une réception plutôt réservée, qui devient carrément glaciale quand on aperçoit l'«étranger». Espérant briser la glace, Annette mène son petit ami devant son père.

— Je te présente Gérard.

Dans son énervement, elle a tutoyé son père!

— Qu'est-ce que j'ai entendu? fait-il, irrité.

Annette essaie maladroitement de réparer les pots cassés, bredouille des excuses, parle de la fatigue consécutive à huit heures de route et au manque de sommeil.

Puis elle fait à nouveau les présentations, dans les formes cette fois. Au regard que le père pose brièvement sur lui, Gérard comprend qu'on le considère comme un intrus. Aucun mot de bienvenue !

Durant une demi-heure, on parle du temps qu'il fait, on demande aux autres des nouvelles de leur santé, on débite des banalités. Pas un mot sur la «crise» dont font état les journaux. La distribution des cadeaux que les jumelles ont apportés détend brièvement l'atmosphère, mais la gêne reprend aussitôt ses droits. Puis tous se retirent dans leurs chambres pour rattraper quelques heures de sommeil.

Au petit déjeuner, Oliva Dionne reprend ses tirades habituelles à propos des étrangers qui ont toujours empoisonné la vie de sa famille. L'allusion est claire, mais Gérard se garde bien de réagir; avec prudence, il fait celui qui ne se sent pas concerné par ces propos. Il ne peut cependant plus feindre lorsque Oliva le regarde droit dans les yeux pour dire, d'un ton plein d'insinuations :

— Ça s'est promené pas mal d'une chambre à l'autre, cette nuit ! Des portes de salle de bains qui s'ouvraient et se fermaient...

Gérard a dormi dans une chambre séparée de celle d'Annette par une salle de bains commune. Cette fois, il se sent attaqué de front et réplique poliment, mais d'une voix ferme.

— Voyons, monsieur Dionne, vous pensez que je ferais de telles choses ? Sous votre toit, en plus ? J'attendrais plutôt d'être à Montréal.

Oliva n'a pas l'habitude d'un langage aussi direct et franc, et ne sait trop comment réagir. Sans se donner la peine de répondre, il se tourne vers Roger et s'informe de son travail.

La journée se déroule dans un climat étrange qui n'est pas sans rappeler le temps lourd qui précède les orages d'été, violents et subits. Gérard, à qui l'on s'adresse par un distant «monsieur», se réfugie dans la lecture. Yvonne, Annette et Cécile se sentent désœuvrées dans cette maison où elles sont devenues elles aussi des étrangères.

Juste avant le souper, Oliva invite ses trois filles à le suivre dans son bureau. La porte n'est pas sitôt refermée qu'il passe à l'attaque.

— Qu'est-ce que c'est que ces façons de faire? Arriver avec un inconnu sans nous prévenir! À Noël, votre mère et moi...

Cécile lui coupe la parole :

— Pourquoi avez-vous parlé aux journaux et déclenché toute cette histoire?

Sa voix tremble de colère et elle est aussi surprise que son père de s'entendre parler. Les mots qu'elle cherchait en vain depuis la veille lui viennent d'eux-mêmes, claquant sec comme des coups de fouet.

— Qu'est-ce qui vous a poussé à raconter toutes ces choses à notre sujet? Pourquoi faites-vous des histoires alors que nous, nous n'avons jamais rien dit à propos de rien?

Pour la première fois, Oliva ne cherche pas à jeter le blâme sur «les petites». Au contraire, il admet qu'il a commis une erreur en se plaignant dans les journaux pour une simple carte de Noël en retard. Cécile poursuit :

— C'est vous qui cherchez des histoires, qui inventez des «crises». Nous, nous nous fermons la boîte. Pourtant, nous en aurions des choses à dire, vous le savez...

Oliva hoche piteusement la tête, affirme qu'il s'est laissé influencer par d'autres membres de la famille, qu'il a commis une erreur. Il ne va pas jusqu'à présenter des excuses, mais c'est tout comme.

Yvonne, Annette et Cécile n'en croient pas leurs oreilles. Les surprennent autant les paroles de leur père que celles que Cécile a prononcées en leur nom à toutes. Hier encore, elles n'auraient jamais imaginé qu'une telle scène fût possible. Cet homme devant qui elles tremblaient, voilà qu'elles lui rivent son clou. Elles ont changé bien plus qu'elles ne se l'imaginaient. En sortant de la pièce, chacune se sent grandie...

* * *

Afin de mettre un terme aux articles des journaux à propos d'une «crise dans la famille Dionne», Oliva a publié un communiqué qui ramène l'affaire à un simple malentendu. Des photos montrant toute la famille réunie ont été prises pour la circonstance. Toutefois, l'absence de sourires et la tension des visages sur ces clichés se remarquent au premier coup d'œil. Et nombre de journalistes ne sont pas dupes : le «malentendu», ainsi que l'appelle Oliva Dionne, est bien plus profond qu'il ne le prétend.

Après leur retour à Montréal, Annette reprend ses cours à Nicolet. Quant à Marie, elle s'ouvre à ses sœurs d'un projet qui lui trotte par la tête depuis quelques semaines : se lancer en affaires afin d'assurer elle-même sa subsistance. Le domaine qui l'intéresse le plus, celui qu'elle connaît quelque peu, même si ce n'est que comme cliente, est le commerce des fleurs. Elle ouvrira donc une boutique de fleuriste !

— Je n'ai pas d'expérience, c'est vrai, dit-elle à Yvonne et à Cécile, mais je vais apprendre. Je vais réussir.

Cette manifestation d'indépendance ravit ses sœurs, qui l'encouragent dans cette voie. Que l'une d'entre elles décide de prendre ainsi sa vie en main les émerveille. C'est comme si Marie brisait une malédiction ancienne qu'on leur a répétée à satiété et qui pèse toujours sur elles : «Vous n'êtes bonnes à rien, vous ne serez jamais capables de réaliser quoi que ce soit.» Si quelqu'un peut prouver le contraire, c'est bien Marie. En dépit de sa santé souvent chancelante, elle possède une détermination et un courage à toute épreuve.

Les soirées à l'appartement de Côte-Saint-Luc sont bientôt occupées à tirer des plans et à établir des stratégies. Gérard et Laurent s'intéressent eux aussi au projet de Marie; même que Laurent songe à quitter son emploi à Radio-Canada afin de la seconder à la boutique. Mais lancer un commerce demande du capital et si Marie possède quelque deux cent mille dollars en dépôt à la Guaranty Trust, elle ne peut disposer de cet argent à sa guise. En vertu de la convention irrévocable que son père lui a fait signer, elle ne peut que demander au comité qui gère ses fonds de lui donner les quelques milliers de dollars dont elle a besoin. On ne lui refusera certainement pas un petit pourcentage de *sa* fortune pour une raison aussi valable!

Marie a beau afficher une belle assurance quant à la réponse de la compagnie de fiducie, au fond d'elle-même subsiste un doute. Le comité qui a la main haute sur son argent se compose de son père, de l'avocat de son père et d'un représentant de la Guaranty Trust. Elle se doute bien que c'est Oliva Dionne qui y détient finalement le pouvoir; si elle l'a de son côté, les autres ne pourront qu'acquiescer à sa demande de fonds.

Afin de mettre toutes les chances de son côté, elle se rend à Corbeil pour expliquer son projet à ses parents. Laurent l'accompagne en train. La famille ignore toujours l'existence de cet homme et ce n'est pas le moment de leur amener un nouvel «étranger». Il attend donc à North Bay tandis que Marie se fait conduire à Corbeil en taxi. Ils ont convenu que dans une heure Laurent prendra lui aussi un taxi afin d'aller la chercher; si Marie juge qu'elle a besoin d'un peu plus de temps pour convaincre ses parents, elle accrochera un mouchoir à l'extérieur de la maison et Laurent comprendra qu'il doit revenir un peu plus tard.

Intrigués par la visite imprévue de leur fille, Elzire et Oliva la reçoivent sans se départir d'une certaine réserve. Marie a apporté des orchidées pour sa mère et un bouquet de roses qu'elle veut déposer sur la tombe d'Émilie.

— Es-tu folle? s'exclame Elzire qui joue distraitement avec les pétales d'une orchidée. Mettre des fleurs dans un cimetière en plein hiver! Les gens vont rire de nous. On va les donner aux recluses pour leur chapelle.

Elle fait référence aux religieuses qui se sont installées dans l'ancienne pouponnière. Marie encaisse le coup sans réagir et se met plutôt à expliquer son idée avec enthousiasme. Mais, en face d'elle, les visages fermés de ses parents prennent vite un air sarcastique.

— Pauvre innocente! murmure son père. Tu ne connais rien aux affaires. Tu vas te casser la gueule.

Marie s'efforce de lui prouver le sérieux avec lequel elle se prépare au commerce des fleurs. Oliva réagit de plus en plus mal. Le ton monte, des mots durs sont échangés. Dans un geste de colère, Elzire lance à bout de bras les orchidées qui s'écrasent par terre.

— Fleuriste! Hein? laisse-moi rire! Pourquoi pas bonne à tout faire, tant qu'à y être?

Marie se tourne vers son père, le regard suppliant.

— Est-ce que vous allez dire un bon mot pour moi au Trust?

Il prend son temps pour répondre, comme s'il soupesait le pour et le contre. En fait, il savoure le pouvoir qu'il détient toujours sur ses jumelles. Il déclare finalement, d'un ton sentencieux :

— Mon rôle est de bien administrer vos avoirs, comme je l'ai toujours fait. Et parfois ça veut dire vous protéger contre vous-mêmes.

Marie ne se fait plus d'illusions mais ne veut pas leur donner le plaisir de savourer sa défaite.

— Il faut que je retourne à Montréal, dit-elle. J'ai beaucoup à faire pour que mon magasin soit ouvert pour la fête des Mères.

Ce disant, elle contemple du coin de l'œil les cinq orchidées étalées sur le plancher qu'elle a si souvent lavé à genoux. Cinq fleurs délicates et précieuses : Elzire a bien compris le symbolisme de ce bouquet. Et son geste de le jeter par terre se voulait un autre symbole que Marie interprète aussi facilement. Ces fleurs brisées sur le linoléum sont à l'image de ce qu'a été leur vie, à elle et à ses jumelles, dans cette maison. Le cœur en miettes, elle garde cependant la tête haute.

— J'ai affaire à North Bay, dit Oliva, je te dépose à la gare.

Lorsqu'ils sortent dehors, un taxi ralentit devant la grille. Marie se hâte d'ouvrir la porte du garage, espérant que Laurent interprétera correctement ce signal. Il a compris : le taxi repart.

Quand son père la reconduit sur le quai, Marie y voit Laurent qui évite de les regarder et joue au voyageur pressé. Ils montent dans le même wagon, mais par des portes différentes, et s'assoient chacun à un bout afin de ne pas éveiller les soupçons d'Oliva Dionne. Ils ne partageront la même banquette qu'une fois le train hors de la gare.

Comme elle s'y attendait, Marie voit sa demande refusée sur-le-champ et sans aucune explication. Son père et les deux autres croient sûrement que leur décision va faire avorter le projet de la jeune femme, car ils ont l'air étonné lorsqu'elle déclare avec fierté :

— J'ai l'intention d'aller de l'avant, je n'arrêterai pas maintenant! Je trouverai le capital ailleurs.

Le refus qu'elle a essuyé ne fait que renforcer la volonté de Marie. Elle entreprend un stage de formation chez un cousin de Gérard qui est fleuriste à Sorel. Là, elle apprend comment gérer un commerce, s'initie à l'art d'acheter des fleurs chez les grossistes, à celui de les garder fraîches et de les agencer en bouquets. Quand il l'estime prête, son mentor accompagne Marie à Montréal afin de l'aider à trouver un emplacement propice où s'établir. Ils dénichent un local au rez-de-chaussée d'un nouvel édifice, à l'angle de l'avenue des Pins et de la rue Saint-Urbain, à proximité d'importants hôpitaux. Marie signe le bail et accroche dans la vitrine une affiche écrite de sa main : «Surveillez notre ouverture vers le 10 mai».

Le temps presse pour aménager les lieux et la question du capital nécessaire n'est toujours pas réglée. Les jumelles ont chacune quelques centaines de dollars dans leurs comptes en banque; Yvonne, Annette et Cécile prêtent volontiers ces fonds à leur sœur. Les quatre sœurs s'entendent ensuite pour retirer à leur père l'allocation supplémentaire qu'elles lui paient. En vertu de la convention qu'elles ont signée, leurs parents reçoivent déjà cinq cents dollars chaque mois. Quand leur mère s'est plainte qu'ils n'arrivaient pas à joindre les deux bouts, les jumelles ont demandé à la compagnie de fiducie de retenir trois cents dollars chaque mois sur la rente qu'elles doivent toucher et de donner cette somme à leurs parents. Aujourd'hui, Marie en a plus besoin qu'eux.

Même en grattant les fonds de tiroirs, Marie n'a pas ce qu'il faut pour payer l'ameublement de sa boutique et les mille et un accessoires nécessaires. Mais il y a un compte ouvert à son nom au magasin Eaton et la Guaranty Trust en règle le solde chaque mois. Elle a donc trente jours pour y acquérir tout ce dont elle a besoin; quand la compagnie de fiducie recevra le compte, il sera trop tard, elle n'aura plus qu'à régler la note!

— Après tout, c'est mon argent! déclare Marie pour se justifier.

Aidée de Laurent, elle écume jour après jour les étages du magasin et y trouve tout ce dont elle a besoin, jusqu'au papier à lettres, aux cartes de visite et aux factures où elle fait imprimer le nom et l'adresse de sa boutique. Comme elle n'a pas de voiture pour transporter tout cela, elle engage un chauffeur de taxi, chaque jour le même, qui a accepté de lui remettre une facture à la fin du mois. Elle la transmettra à la Guaranty Trust...

L'aventure de Marie devient vite celle de ses sœurs. Après leurs quarts de travail, Yvonne et Cécile la rejoignent souvent au local et, tout en l'aidant à aménager les lieux, elles écoutent, amusées, le récit vivant que Marie leur fait de sa journée de magasinage. Et elles rient en pensant à la tête des membres du comité de gestion lorsqu'ils verront les factures à la fin du mois.

— Tu devrais appeler ta boutique *Eaton's*, suggère Yvonne qui cherche toujours un nom pour le commerce de sa sœur.

Marie prétend avoir déjà trouvé une raison sociale, mais se refuse à la dévoiler pour l'instant.

— En temps et lieu; c'est une surprise, répond-elle quand on l'interroge à ce sujet.

Le matin du 19 mai, à neuf jours de son vingt-deuxième anniversaire, Marie inaugure enfin sa boutique.

Avec son employée, elle a passé la nuit à faire les ultimes retouches à la décoration, mais elle ne ressent aucune fatigue. Au contraire, elle se sent capable de saisir la vie à pleins bras, d'attaque pour conquérir le monde. D'ailleurs, n'a-t-elle pas commencé à le faire ?

Annette, venue tout spécialement de Nicolet, Cécile et Yvonne arrivent une demi-heure avant l'ouverture des portes afin de soutenir moralement leur sœur. Peut-être aussi pour s'abreuver un peu à son triomphe, pour puiser dans son exemple la détermination de poursuivre leurs propres rêves.

Elles s'émeuvent en apercevant le nom de la boutique peint dans la vitrine : *Salon Émilie*. Chacune avait l'intuition que Marie inclurait le nom de leur jumelle disparue dans celui de son magasin, mais elles n'en ont pas soufflé mot afin de ne pas gâcher le plaisir que Marie prendrait à les surprendre.

— J'ai des fleurs pour vous, dit-elle, mais je vous les donnerai devant les photographes.

— Une vraie femme d'affaires ! la taquine Annette avec une pointe de fierté dans la voix.

— Pour une fois qu'on se fait photographier parce qu'on le veut bien, dit Yvonne.

Marie consulte sa montre.

— Encore une minute, dit-elle, d'un ton où transparaît le trac.

Cécile s'approche et l'embrasse. Elle murmure :

— Je ne te dis pas bonne chance, Peewee, mais bravo ! Tu prouves à la face du monde que nous ne sommes pas aussi stupides que certains le disent.

— *Dad* et *mom* ne viendront pas, dit Marie qui cache mal sa déception. Je leur ai envoyé une invitation, ils n'ont même pas répondu.

— C'est aussi bien, répond Cécile. Ils auraient trouvé le moyen de gâcher ton bonheur en ce grand jour.

Marie acquiesce et se dirige vers la porte d'un pas dégagé; le trousseau de clés tinte dans sa main droite.

— Aujourd'hui, je *donne* mes fleurs!

— Pas trop de générosité, Marie, conseille Gérard qui discute avec Laurent. On les paie chez le grossiste.

— Tant pis! Aujourd'hui, je veux faire des heureux.

Tous les journaux de Montréal ont envoyé un photographe et un journaliste; plusieurs correspondants de journaux étrangers se présentent également à la boutique parfumée. Sans se faire prier, les jumelles posent ensemble.

Un jeune photographe de *La Presse,* dont c'est la première journée de travail, s'étonne intérieurement tandis qu'il observe les célèbres jumelles Dionne dans le viseur de son appareil. Elles ressemblent si peu aux photos d'elles qu'il a déjà vues. Les jeunes femmes qui se tiennent devant lui ont des visages pleins de vie, des yeux pétillants, des sourires qui semblent venir de l'intérieur. Sur leurs photos, il a toujours vu des sourires plaqués tels des masques, et une expression de lassitude dans leurs yeux. On disait qu'elles fuyaient les journalistes; il les voit répondre aux questions avec beaucoup de bonne volonté et de simplicité.

Qu'y a-t-il de changé chez elles? De son regard exercé à relever les moindres détails, le jeune homme les étudie attentivement. En peu de temps lui vient une illumination : elles se ressemblent moins! Chacune est habillée et coiffée différemment, et possède un style bien à elle, des particularités qui la distinguent des autres. Sans doute qu'il n'est pas besoin de les fréquenter bien longtemps avant de pouvoir les différencier à coup sûr.

Il remarque ensuite les regards langoureux que Cécile et Annette coulent vers les deux garçons se trouvant derrière le comptoir. Il y a de l'amour dans l'air!

— Tenez.

Il sursaute en entendant la voix de Marie qui lui tend un bouquet. Tout occupé à ses observations, il ne l'a pas vue approcher.

— Pour moi?

— Oui, pour vous remercier de vous être déplacé.

Elle a un sourire ineffable, un regard enjoué. Il accepte les fleurs, incapable de prononcer autre chose que de simples vœux de succès.

Yvonne a reculé près de la porte afin d'admirer l'aisance de ses jumelles au milieu d'inconnus. Puis elle se plante devant la vitrine, regardant l'Hôtel-Dieu dont les pierres grises s'effacent peu à peu en même temps que la rumeur des conversations joyeuses s'éteint dans son oreille.

Elle se revoit un soir de novembre, marchant avec ses quatre jumelles dans un champ au-dessus duquel souffle un vent lugubre. Sa poupée Shirley Temple sous le bras gauche, une valise au bout du droit, elle suit son père qui les mène à la grande maison comme un berger mène son troupeau. Il y a treize ans de cela, et elle ne réussit pas à oublier complètement malgré ses efforts incessants. Elle entend soudain un bruit monter du passé, d'abord faible mais qui s'amplifie vite. Les pas de son père dans le couloir!

Elle détourne vivement la tête, se replonge dans l'animation qui balaie les souvenirs. Marie trône comme une maîtresse de maison, joue son rôle d'hôtesse qui ne néglige personne. Chacune de leur côté, Cécile et Annette se sont rapprochées discrètement de leur amoureux. La nuit de novembre 1943 a pris fin, mais Dieu qu'il en aura fallu, des larmes, avant d'en arriver là!